Tusculum-Bücherei
Herausgegeben von H. Färber und M. Faltner

Georg von Reutern

HELLAS

Urtext und Übertragung

Ein Führer durch Griechenland
aus antiken Quellenstücken

ERNST HEIMERAN VERLAG·MÜNCHEN

Auf Seite 3: Silen mit Leier und Hermes. Bauchamphora des Berliner Malers. Um 490. Berlin.

5. veränderte Auflage 1969. Archiv 123.
Satz und Druck
Ferdinand Oechelhäuser, Druck- und Verlags-GmbH,
Kempten (Allgäu)

NATUR

ΕΥΡΙΠΙΔΗΣ

Ἤδη μὲν ἀρτιφανὴς
 Ἕως ἱππεύει κατὰ γᾶν.
ὑπὲρ δ' ἐμᾶς κεφαλᾶς
 Πλειὰς ἐκλείπει νυχία·
μέλπει δὲ δένδρεσι λεπτὰν
 ἀηδὼν ἁρμονίαν
ὀρθρευομένα γόοις
 Ἴτυν Ἴτυν πολύθρηνον.

Σύριγγας δ' οὑριβάται
 κινοῦσι ποιμνᾶν ἐλάται·
ἔγρονται δ' εἰς βοτάναν
 ξανθᾶν πώλων συζυγίαι.
ἤδη δ' εἰς ἔργα κυναγοὶ
 στείχουσι θηροφόνοι.
πηγαῖς δ' ἐπ' ὠκεανοῦ
 μελιβόας κύκνος ἀχεῖ.

Ἄκατοι δ' ἀνάγονται ὑπ' εἰρεσίας
 ἀνέμων τ' εὐάεσσιν ῥοθίοις,
ἀνὰ δ' ἱστία ναῦται ἀειράμενοι
 ἀχοῦσιν· 'ἄγου πότνι' αὔρα
ἡμᾶς σὺν ἀκύμονι πομπᾷ
 σιγώντων ἀνέμων
ποτὶ τέκνα τε καὶ φιλίας ἀλόχους',
σινδὼν δὲ πρότονον ἐπὶ μέσον πελάζει.

Phaethon, Suppl. Eur. (Arnim), p. 70

Morgenfrühe

Schon seh ich über die Erde
den Wagen der Eos sich heben,
und oben am Himmel verbleichen
die nächtlichen Lichter der Pleias,
und aus den Büschen erklingen
der Nachtigall Melodien,
erwachend beginnt sie
um Itys, um Itys ihr klagendes Lied.

Es rufen der Hirten Schalmeien
die Herden hinaus auf die Weiden,
die braunen Rosse in der Koppel
erwachen und suchen ihr Futter.
Schon machen die rüstigen Jäger
sich auf zu fröhlichem Waidwerk.
Weit über das Weltmeer
erklingt des Singschwans süßer Gesang.

Ruderschlag und frische Brise
lockt schon auf das Meer die Kähne,
aufgezogen wird das Segel,
und die Schiffer rufen alle
„Liebes Windchen,
bring uns auch auf glattem Spiegel
ohne Sturmgebrause
heim zu Frau und Kindern",
und das Segel bläht sich bis zum Stag.

Euripides, 5. Jh. v. Chr.   Wilamowitz

ΑΔΗΛΟΝ

Ἔρχευ, καὶ κατ' ἐμὰν ἵζευ πίτυν, ἃ τὸ μελιχρὸν
πρὸς μαλακοὺς ἠχεῖ κεκλιμένα Ζεφύρους.
ἠνίδε καὶ κρούνισμα μελισταγές, ἔνθα μελίσδων
ἡδὺν ἐρημαίοις ὕπνον ἄγω καλάμοις.

Anthol. Pal. XVI (App. Plan.) 12

[ΠΛΑΤΩΝ]

Σιγάτω λάσιον Δρυάδων λέπας, οἵ τ' ἀπὸ πέτρας
κρουνοὶ καὶ βληχὴ πουλυμιγὴς τοκάδων,
αὐτὸς ἐπεὶ σύριγγι μελίζεται εὐκελάδῳ Πάν,
ὑγρὸν ἱεὶς ζευκτῶν χεῖλος ὑπὲρ καλάμων.
αἱ δὲ πέριξ θαλεροῖσι χορὸν ποσὶν ἐστήσαντο
Ὑδριάδες νύμφαι, νύμφαι Ἀμαδρυάδες.

Anthol. Pal. IX 823

ΘΕΟΚΡΙΤΟΣ

Οὐ θέμις, ὦ ποιμήν, τὸ μεσαμβρινὸν οὐ θέμις ἄμμιν
συρίσδεν. τὸν Πᾶνα δεδοίκαμες· ἦ γὰρ ἀπ' ἄγρας
τανίκα κεκμακὼς ἀμπαύεται· ἔντι δὲ πικρός,
καί οἱ ἀεὶ δριμεῖα χολὰ ποτὶ ῥινὶ κάθηται.

I Thyrsis 15—18

Mittagsrast

Komm, Freund, setze dich hier an meine Pinie und höre,
 wie sie rauschend im Spiel zärtlicher Weste sich wiegt.
Sieh auch den rieselnden Quell! Hier flöt ich in einsamer Ruhe
 auf meiner Syrinx und führ süß dir den Schlummer herbei.

Dichter unbekannt, Hellenistisch   H. Beckby

Mittagsgeister

Schweige, bewaldete Wand der Dryaden! Ihr Bronnen des Felsens
 und du, buntes Geblök trächtiger Schafe, verstummt!
Denn Pan selber erhebt auf melodischer Syrinx ein Liedchen,
 über der Rohre Gefüg gleitet geschmeidig sein Mund;
und im Reigen um ihn, mit jungem, blühendem Fuße,
 tanzen die Nymphen vom Quell, tanzen die Nymphen vom Wald.

Platon zugeschrieben.   H. Beckby
Wahrscheinlich 3. Jh. v. Chr.

Dämonie der Mittagsstille

Brauch nicht ist es, o Hirte, bei uns, nicht Brauch ists, am Mittag
Flöte zu spielen; wir fürchten Gott Pan; denn er schläft zu der Stunde,
 müd wie er ist, und ruht von der Jagd. Seine Art ist ja heftig,
und es sitzt ihm beständig der grimmigste Groll in der Nase.

Theokrit, 3. Jh. v. Chr.   F. P. Fritz

ΣΑΠΦΩ

Νῦν δὲ Λύδαισιν ἐμπρέπεται γυναί-
κεσσιν, ὥς ποτ' ἀελίω
  δύντος ἀ βροδοδάκτυλος μήνα
πάντα περρέχοισ' ἄστρα, φάος δ' ἐπί-
σχει θάλασσαν ἐπ' ἀλμύραν
  ἴσως καὶ πολυανθέμοις ἀρούραις.
ἀ δ' ἐέρσα κάλα κέχυται, τεθά-
λαισι δὲ βρόδα κἄπαλ' ἄν-
  θρυσκα καὶ μελίλωτος ἀνθεμώδης.

Fr. 98 6—14 Diehl

ΑΛΚΜΑΝ

Εὔδουσιν δ' ὀρέων κορυφαί τε καὶ φάραγγες,
πρώονές τε καὶ χαράδραι,
φῦλά τ' ἑρπετὰ τόσσα τρέφει μέλαινα γαῖα,
θῆρές τ' ὀρεσκῷοι καὶ γένος μελισσᾶν
καὶ κνώδαλ' ἐν βένθεσσι πορφυρέας ἁλός·
εὕδουσιν δ' οἰωνῶν
φῦλα τανυπτερύγων.

Fr. 58 Dieh

ΑΛΚΜΑΝ

Ὥρας δ' ἔσηκε τρεῖς, θέρος
καὶ χεῖμα κὠπώραν τρίταν,
καὶ τέτρατον τὸ ἦρ, ὅκα
σάλλει μέν, ἐσθίην δ' ἄδαν
οὐκ ἔστιν.

Fr. 56 Diehl

Nacht

Fein und schön lebt jetzt sie unter Lydiens
Fraun, wie nach Sonnenuntergang
    rosenfingrig der Mond mit seinem Scheine
aller Sterne Glanz hell überstrahlt, sein Licht
breitet er übers salz'ge Meer
    gleicherweise wie über Blumenauen,
und da liegt frisch der Tau und die Rosen blühn
und der Kerbel, der zarte, und
    Honiglotos mit seinen Blütendolden.

Sappho, um 600 v. Chr.   M. Treu

Nacht

Nun ruhen der Berge Gipfel und Schluchten,
Die Matten und Täler der Flüsse,
Alles Gewürm, das die dunkle Erde gebiert,
Das Wild im Wald am Gebirg
Und die schwärmenden Völker der Bienen,
Die Ungetüme am Grunde des purpurnen Meeres;
Nun ruhen die vielen schmalgefiederten Vögel.

Alkman, 7. Jh. v. Chr.   H. Rüdiger

Die vier Jahreszeiten

Drei Jahreszeiten gab der Himmel:
Wenns heiß ist, regnet, wenn man erntet.
Als vierte käme noch der Frühling:
    da blühts wohl schön, doch ach, zum Essen
    gibts nicht genug!

Alkman, 7. Jh. v. Chr.   K. Preisendanz

ΙΒΥΚΟΣ

Ἦρι μὲν αἵ τε κυδώνιαι
μαλίδες ἀρδόμεναι ῥόαι τ'
ἐκ ποταμῶν, ἵνα Παρθένων
κᾶπος ἀκήρατος, αἵ τ' οἰνανθίδες
αὐξόμεναι σκιεροῖσιν ὑφ' ἕρνεσιν
οἰναρέοις θαλέθοισιν.

Fr. 6 Diehl

ΜΕΛΕΑΓΡΟΣ

Χείματος ἠνεμόεντος ἀπ' αἰθέρος οἰχομένοιο
πορφυρέη μείδησε φερανθέος εἴαρος ὥρη.
γαῖα δὲ κυανέη χλοερὴν ἐστέψατο ποίην
καὶ φυτὰ θηλήσαντα νέοις ἐκόμησε πετήλοις.
οἱ δ' ἀπαλὴν πίνοντες ἀεξιφύτου δρόσον Ἠοῦς
λειμῶνες γελόωσιν ἀνοιγομένοιο ῥόδοιο.
χαίρει καὶ σύριγγι νομεὺς ἐν ὄρεσσι λιγαίνων
καὶ πολιοῖς ἐρίφοις ἐπιτέρπεται αἰπόλος αἰγῶν.
ἤδη δὲ πλώουσιν ἐπ' εὐρέα κύματα ναῦται
πνοιῇ ἀπημάντῳ ζεφύρου λίνα κολπώσαντες.
ἤδη δ' εὐάζουσι φερεσταφύλῳ Διονύσῳ
ἄνθεϊ βοτρυόεντος ἐρεψάμενοι τρίχα κισσοῦ.
ἔργα δὲ τεχνήεντα βοηγενέεσσι μελίσσαις
καλὰ μέλει, καὶ σίμβλῳ ἐφήμεναι ἐργάζονται
λευκὰ πολυτρήτοιο νεόρρυτα κάλλεα κηροῦ.
πάντῃ δ' ὀρνίθων γενεὴ λιγύφωνον ἀείδει,
ἀλκυόνες περὶ κῦμα, χελιδόνες ἀμφὶ μέλαθρα,

JAHRESZEITEN

Frühling

Frühling ist ins Land gezogen,
und die Quittenbäume blühn.
Fröhlich rauschen blaue Wogen
um des Gartens junges Grün.
An der schattigen Rebenlaube
schwillt und rundet sich die Traube.

Ibykos, um 500 v. Chr. K. Preisendanz

Frühling

Hat sich der stürmische Winter vom Himmelsraume verzogen,
lacht in purpurnem Prangen das Blumengefilde des Lenzes.
Nun hat die dunkele Erde bekränzt sich mit grünendem Rasen,
und im Blättergewand stehn jung die sprossenden Bäume.
Wiesen lächeln im Schmelz des perlenden Taues, womit sie
zart der Morgen getränkt, und knospend entfalten sich Rosen.
Klingend läßt fröhlich der Hirt auf den Bergen die Syrinx erschallen,
und der Hüter der Ziegen ergötzt sich am schimmernden Zicklein.
Schon durchschneiden die Schiffer die weiten Wogen des Meeres,
lockend säuselt der West, und es schwellen im Winde die Segel.
Schon haben Winzer ihr Haar mit den Blütentrauben des Efeus
heiter umfangen und jubeln zu Bakchos, dem Gotte der Reben.

κύκνος έπ' όχθαισιν ποταμού καί ύπ' άλσος άηδών.
εί δέ φυτών χαίρουσι κόμαι καί γαΐα τέθηλεν,
συρίζει δέ νομεύς καί τέρπεται εΰκομα μήλα
καί ναύται πλώουσι, Διώνυσος δέ χορεύει
καί μέλπει πετεεινά καί ώδίνουσι μέλισσαι,
πώς ού χρή καί άοιδόν έν εΐαρι καλόν άεΐσαι;

Anthol. Pal. IX 363

ΑΡΙΣΤΟΦΑΝΗΣ

'Ηνίκ' άν δ' άχέτας
ᾄδη τόν ἡδύν νόμον,
διασκοπών ήδομαι
τάς Λημνίας άμπέλους,
εί πεπαίνουσιν ή-
δη - τό γάρ φίτυ πρῷ-

Bienen, die Kinder des Stiers, beginnen am kunstvollen Werke
ihre willkommene Arbeit, und, sitzend im schützenden Korbe,
schaffen sie glänzend aus Wachs die schönen, unzähligen Waben.
Ringsum singen und zwitschern in bunten Scharen die Vöglein,
Halkyonen am Meer, am Balken des Daches die Schwalben,
Schwäne am Ufer des Stroms und Nachtigallen im Haine...
Wenn's an den Bäumen nun sproßt und die Erde mit Blumen sich kleidet,
wenn bei der Hirten Schalmei froh springen die wolligen Lämmer,
Schiffer stechen in See und Bakchos zum Reigen sich rüstet,
Vögel ihr Liedlein erheben und Bienen den Honig bereiten:
soll da der Sänger allein nicht singen und jubeln im Lenze?

Meleagros, um 100 v. Chr.   H. Beckby

Frühsommer

Wenn ihre Weise
lieblich die Grille zirpt,
geh' ich so gerne,
seh' in dem Garten nach:
färbt wohl die Traube
schon sich, die lemnische,

ον φύσει - τόν τε φή-
ληχ' όρῶν οἰδάνοντ'·
εἶθ' ὁπόταν ᾖ πέπων,
ἐσθίω κἀπέχω
χἆμα φήμ'· 'ὧραι φίλαι·' καὶ
τοῦ θύμου τρίβων κυκῶμαι·
κᾆτα γίγνομαι παχὺς
τηνικαῦτα τοῦ θέρους.

Pax 1159—1171

ΗΣΙΟΔΟΣ

Ἦμος δὲ σκόλυμός τ' ἀνθεῖ καὶ ἠχέτα τέττιξ
δενδρέῳ ἐφεζόμενος λιγυρὴν καταχεύετ' ἀοιδὴν
πυκνὸν ὑπὸ πτερύγων, θέρεος καματώδεος ὥρῃ,
τῆμος πιόταταί τ' αἶγες καὶ οἶνος ἄριστος,
μαχλόταται δὲ γυναῖκες, ἀφαυρότατοι δέ τοι ἄνδρες
εἰσίν, ἐπεὶ κεφαλὴν καὶ γούνατα Σείριος ἄζει,
αὐαλέος δέ τε χρὼς ὑπὸ καύματος· ἀλλὰ τότ' ἤδη
εἴη πετραίη τε σκιὴ καὶ βίβλινος οἶνος,
μᾶζά τ' ἀμολγαίη γάλα τ' αἰγῶν σβεννυμενάων,
καὶ βοὸς ὑλοφάγοιο κρέας μή πω τετοκυίης
πρωτογόνων τ' ἐρίφων· ἐπὶ δ' αἴθοπα πινέμεν
                                                οἶνον,
ἐν σκιῇ ἑζόμενον, κεκορημένον ἦτορ ἐδωδῆς.

Erga 582—593

ist doch die Sorte eigentlich früh.
Wachsen am Feigenbaum
immer die Früchte noch? Ist eine reif,
kost' ich sie, eß ich sie, sage dazu:
Dank euch, ihr Horen.
Pflück' mir auch Thymian,
rühr' mir ein Süppchen.
Ja, in der Sommerzeit
da wird man fett.

Aristophanes, 5. Jh. v. Chr. Wilamowitz

Hundstage

Wenn die Distel erblüht und wenn die laute Zikade,
Sitzend im Laub der Bäume, ihr schmetternd Singen entsendet
Unter den Flügeln hervor in des Sommers ermüdenden Tagen,
Dann sind in fettestem Stand die Ziegen, der Wein ist der beste
Und die Weiber am geilsten, enthaltsam aber die Männer,
Da ihnen Haupt und Knie der sengende Sirius ausdörrt,
Und es schrumpft die Haut von der Hitze zusammen, dann sei dir
Schattiger Platz am Felsen bereit und biblinischer Weintrank,
Grobes Gerstenbrot und Milch nicht säugender Ziegen,
Waldlaubgenährter Kühe Fleisch, die noch nicht geboren,
Auch von Erstlingsböcken, dann schlürfe des Weines Gefunkel,
Sitzend im Schatten, das Herz mit reichlicher Speise gesättigt.

Hesiod, 7. Jh. v. Chr. Thassilo von Scheffer

ΘΕΟΚΡΙΤΟΣ

Ἔν τε βαθείαις
ἀδείας σχοίνοιο χαμευνίσιν ἐκλίνθημες
ἔν τε νεοτμάτοισι γεγαθότες οἰναρέαισι.
πολλαὶ δ' ἄμμιν ὕπερθε κατὰ κρατὸς δονέοντο
αἴγειροι πτελέαι τε· τὸ δ' ἐγγύθεν ἱερὸν ὕδωρ
Νυμφᾶν ἐξ ἄντροιο κατειβόμενον κελάρυζε.
τοὶ δὲ ποτὶ σκιαραῖς ὁροδαμνίσιν αἰθαλίωνες
τέττιγες λαλαγεῦντες ἔχον πόνον· ἁ δ' ὀλολυγὼν
τηλόθεν ἐν πυκιναῖσι βάτων τρύζεσκεν ἀκάνθαις.
ἄειδον κόρυδοι καὶ ἀκανθίδες, ἔστενε τρυγών,
πωτῶντο ξουθαὶ περὶ πίδακας ἀμφὶ μέλισσαι.
πάντ' ὦσδεν θέρεος μάλα πίονος, ὦσδε δ' ὀπώρας.
ὄχναι μὲν πὰρ ποσσί, παρὰ πλευραῖσι δὲ μᾶλα
δαψιλέως ἁμῖν ἐκυλίνδετο· τοὶ δ' ἐκέχυντο
ὄρπακες βραβίλοισι καταβρίθοντες ἔραζε·
τετράενες δὲ πίθων ἀπελύετο κρατὸς ἄλειφαρ.

VII Thalysia 132—147

ΗΣΙΟΔΟΣ

Ψυχρὴ γάρ τ' ἠὼς πέλεται Βορέαο πεσόντος,
ἠώιος δ' ἐπὶ γαῖαν ἀπ' οὐρανοῦ ἀστερόεντος
ἀὴρ πυροφόρος τέταται μακάρων ἐπὶ ἔργοις·
ὅς τε ἀρυσσάμενος ποταμῶν ἄπο αἰεναόντων,

JAHRESZEITEN

Erntefest im Spätsommer

Wo wir sodann auf schwellendem Lager von duftenden Binsen
Und auf soeben geschnittenem Weinlaub fröhlich uns streckten.
Oben zu unseren Häupten, da rauschten die Pappeln und Ulmen
Reich an Zahl. In der Nähe rieselte heiliges Wasser,
Welches aus einer Grotte der Nymphen plätschernd herabfloß.
In den beschattenden Zweigen waren die sonnenverbrannten
Dunklen Zikaden emsig beim Schwatzen. Und in den dichten
Hecken des Dorngestrüppes quakte von fernher der Laubfrosch;
Lerchen und Finken sangen ihr Lied, und es gurrte die Taube,
Und um das Wasser der Quelle flogen und summten die Bienen.
Alles roch nach gar fruchtbarem Sommer, es roch nach der Ernte.
Birnen zu Füßen uns, und zur Seite uns Äpfel, sie rollten
Ringsum in Hülle und Fülle. Und auf die Erde hernieder
Bogen sich über und über mit Schlehen beladene Zweige.
Vier Jahr alter Verschluß ward oben gelöst von den Krügen.

Theokrit, 3. Jh. v. Chr.   F. P. Fritz

Winter

Eisig kalt ja ist's am Morgen beim Blasen des Nordwinds.
Früh sinkt auf die Erde vom Himmel mit seinen Gestirnen
Fruchtbefördernder Nebel herab auf die Äcker der Reichen,
Der emporgestiegen aus ewigströmenden Flüssen,

ύψοῦ ὑπὲρ γαίης ἀρθεὶς ἀνέμοιο θυέλλῃ,
ἄλλοτε μέν θ' ὕει ποτὶ ἕσπερον, ἄλλοτ' ἄησι
πυκνὰ Θρηϊκίου Βορέω νέφεα κλονέοντος.
τὸν φθάμενος ἔργον τελέσας οἶκόνδε νέεσθαι,
μή ποτέ σ' οὐρανόθεν σκοτόεν νέφος ἀμφικαλύψῃ
χρῶτα δὲ μυδαλέον θήῃ κατά θ' εἵματα δεύσῃ,
ἀλλ' ὑπαλεύασθαι· μεὶς γὰρ χαλεπώτατος οὗτος,
χειμέριος, χαλεπὸς προβάτοις, χαλεπὸς δ' ἀνθρώποις.

Erga 547—558

ΑΛΚΑΙΟΣ

Ὕει μὲν ὁ Ζεῦς, ἐκ δ' ὀράνω μέγας
χείμων, πεπάγαισιν δ' ὑδάτων ῥόαι
- - - - - - - - - - - - -
- - - - - - - - - -
κάββαλλε τὸν χείμων'· ἐπὶ μὲν τίθεις
πῦρ, ἐν δὲ κέρναις οἶνον ἀφειδέως
μέλιχρον, αὔταρ ἀμφὶ κόρσᾳ
μόλθακον ἀμφιβάλων γνόφαλλον.

Fr. 90 Diehl

ΛΟΓΓΟΣ

Ἦρος ἦν ἀρχὴ καὶ πάντα ἤκμαζεν ἄνθη, τὰ ἐν δρυμοῖς, τὰ ἐν λειμῶσι καὶ ὅσα ὄρεια· βόμβος ἦν ἤδη μελιττῶν, ἦχος ὀρνίθων μουσικῶν, σκιρτήματα ποιμ-

Hoch dann über die Erde von brausenden Winden getragen,
Bald am Abend zu Regen sich wandelt, bald aber stürmisch
Jagt mit düsterm Gewölk bei des thrakischen Boreas Ansturm.
Ihn zu vermeiden vollende das Werk und kehre nach Hause,
Daß dich nicht vom Himmel die schwarzen Wolken umhüllen
Und die Haut dir nässen, und deine Gewänder dir triefen.
Nein, das meide du wohl. Dies ist der beschwerlichste Monat,
Winterszeit, beschwerlich für Herden, beschwerlich für Menschen.

Hesiod, 7. Jh. v. Chr. Thassilo von Scheffer

Winter

Der Himmel regnet, Sturm schickt uns Zeus herab,
zu Eis erstarrt vor Frost ist der Flüsse Lauf,
....
....
Vertreib die Kälte, schüre das Feuer nach,
und geiz nicht, wenn du heute den Trunk mir mischst
von süßem Wein, und in den Nacken
lege mir, Knabe, ein weiches Kissen.

Alkaios um 600 v. Chr. M. Treu

Die vier Jahreszeiten

Der Lenz begann, und alle Blumen entfalteten sich in den Wäldern, auf den Wiesen und in den Bergen. Da tönte das Summen der Bienen und die Stimme gesang-

νίων άρτιγεννήτων· άρνες έσκίρτων έν τοΐς δρεσιν, έβόμβουν έν τοις λειμώσι αί μέλιτται, τάς λόχμας κατήδον δρνιθες.

I 9 1

*

Ήρος ήν ήδη τέλος και θέρους άρχή, και πάντα έν άκμη· δένδρα έν καρποΐς, πεδία έν ληΐοις. ήδεΐα μέν τεττίγων ήχή, γλυκεΐα δέ όπώρας όδμή, τερπνή δέ ποιμνίων βληχή. εϊκασεν άν τις και τούς ποταμούς άδειν ήρέμα ρέοντας και τούς άνέμους συρίττειν ταΐς πίτυσιν έμπνέοντας και μήλα έρώντα πίπτειν χαμαί και τόν ήλιον φιλόκαλον όντα πάντας άποδύειν.

I 23 1—2

*

Ήδη δέ τής όπώρας άκμαζούσης και έπείγοντος τοΰ τρυγετοΰ πάς ήν κατά τούς άγρούς έν έργω· ό μέν ληνούς έπεσκεύαζεν, ό δέ πίθους έξεκάθαιρεν, ό δέ άρρίχους έπλεκεν· έμελέ τινι δρεπάνης μικράς ές βότρυος τομήν και έτέρω λίθου θλΐψαι τά ένοινα τών βοτρύων δυναμένου και άλλω λύγου ξηράς πληγαΐς κατεξασμένης, ώς άν ύπό φωτί νύκτωρ τό γλεΰκος φέροιτο.

II 1—2

*

Γίνεται δέ χειμών Δάφνιδι και Χλόη τοΰ πολέμου πικρότερος· έξαίφνης γάρ περιπεσοΰσα πολλή χιών πάσας μέν άπέκλεισε τάς όδούς, πάντας δέ κατέκλεισε τούς γεωργούς. λάβροι μέν οί χείμαρροι κατέρρεον,

reicher Vögel durch die Luft, und die neugeborenen Lämmer sprangen. Die Lämmer hüpften auf den Bergen, auf den Wiesen summten die Bienen, die Vögel erfüllten das Gebüsch mit Gesang.

*

Schon war das Ende des Frühlings da und der Anfang des Sommers, und alles stand im Flor; die Bäume mit Früchten, die Flur mit Saaten geschmückt. Süß war der Zikaden Gezirp, lieblich der Duft des Obstes, ergötzlich der Herden Geblök. Man hätte gemeint, daß auch die Flüsse sängen, wenn sie leise dahinglitten, und daß die Winde flöteten, wenn sie in die Pinien hauchten, und daß die Äpfel in Liebeslust zur Erde fielen und die Sonne, der Schönheit Freundin, alles entkleide.

*

Schon war der Herbst in voller Kraft, und die Weinlese nahte mit starken Schritten, und alles war auf den Feldern in Arbeit. Der eine richtete die Keltern zu; der andere reinigte Fässer; ein dritter flocht Körbe. Einer sorgte für eine kleine Hippe zum Schneiden der Trauben; ein anderer für einen Stein, die saftreichen Trauben zu pressen; noch einer für trockene, mürbegeklopfte Weidenzweige, um bei Licht zur Nachtzeit den Most zu tragen.

*

Jetzt begann aber der Winter, der für Daphnis und Chloë herber war als der Krieg; denn ein starker Schnee, der plötzlich gefallen war, sperrte alle Wege ab und alle Landbewohner in ihren Häusern ein. Ungestüm ergossen sich die Bäche

ἐπεπήγει δὲ κρύσταλλος· τά δένδρα ἐῴκει κατακλω-
μένοις· ἡ γῆ πᾶσα ἀφανὴς ἦν ὅτι μὴ περὶ πηγάς που
καὶ ῥεύματα. οὔτε οὖν ἀγέλην τις εἰς νομὴν ἦγεν οὔτε
αὐτὸς προῄει τῶν θυρῶν, ἀλλὰ πῦρ καύσαντες μέγα
περὶ ᾠδὰς ἀλεκτρυόνων οἱ μὲν δὴ λίνον ἔστρεφον, οἱ δὲ
αἰγῶν τρίχας ἔπλεκον, οἱ δὲ πάγας ὀρνίθων ἐσοφίζοντο.

Daphnis et Chloe III 3 2—3

ΟΜΗΡΟΣ

Τῶν δ', ὥς τε νιφάδες χιόνος πίπτωσι θαμειαὶ
ἤματι χειμερίῳ, ὅτε τ' ὤρετο μητίετα Ζεὺς
νιφέμεν, ἀνθρώποισι πιφαυσκόμενος τὰ ἃ κῆλα·
κοιμήσας δ' ἀνέμους χέει ἔμπεδον, ὄφρα καλύψῃ
ὑψηλῶν ὀρέων κορυφὰς καὶ πρώονας ἄκρους
καὶ πεδία λωτοῦντα καὶ ἀνδρῶν πίονα ἔργα,
καί τ' ἐφ' ἁλὸς πολιῆς κέχυται λιμέσιν τε καὶ ἀκταῖς,
κῦμα δέ μιν προσπλάζον ἐρύκεται· ἄλλα τε πάντα
εἴλυται καθύπερθ' ὅτ' ἐπιβρίσῃ Διὸς ὄμβρος·
ὣς τῶν ἀμφοτέρωσε λίθοι πωτῶντο θαμειαί.

Ilias XII 278—287

hernieder; es fror Eis, und die Bäume sahen wie gestutzt aus. Das ganze Erdreich war bedeckt, außer etwa um die Quellen und Flüsse her. Niemand trieb also die Herden auf die Weide; niemand ging selbst vor die Tür hinaus; sondern nachdem sie beim Hahnenruf ein großes Feuer angezündet hatten, spannen einige Flachs, andere filzten Ziegenhaare, noch andere verfertigten mit Kunst Fallen für Vögel.

Longus, 3. Jh. n. Chr.   Fr. Jacobs—H. Floerke
Aus dem Hirtenroman „Daphnis und Chloë".

Schneefall

Gleich wie Schnee in dichtem Gestöber am Tage des
                                                   Winters
Niederfällt, wann Zeus, der Berater, zu schneien sich auf-
                                                  macht,
Seine blinkenden Pfeile den sterblichen Menschen zu wei-
                                                  sen;
Ruhen heißt er den Wind und schüttet, bis endlich die
                                                  Höhen
Ragender Berge verhüllt und die Vorgebirge beschneit
                                                  sind,
Auch die Felder voll Klee und die üppigen Fluren der
                                                  Menschen
Selber die Buchten des schimmernde Meeres und seine
                                                  Gestade –
Nur die brandende Flut erwehrt sich –, aber das andre
Alles von oben bedeckt das stürzende Wetter Kronions:
Also flogen von Heer zu Heer in Haufen die Steine.

Homer   H. Rupé

ΟΜΗΡΟΣ

'Ως δ' εὖρός τε νότος τ' ἐριδαίνετον ἀλλήλοιιν
οὔρεος ἐν βήσσης βαθέην πελεμιζέμεν ὕλην,
φηγόν τε μελίην τε τανύφλοιόν τε κράνειαν,
αἵ τε πρὸς ἀλλήλας ἔβαλον τανυήκεας ὄζους
ἠχῇ θεσπεσίῃ, πάταγος δέ τε ἀγνυμενάων,
ὣς Τρῶες καὶ Ἀχαιοὶ ἐπ' ἀλλήλοισι θορόντες
δῄουν, οὐδ' ἕτεροι μνώοντ' ὀλοοῖο φόβοιο.

Ilias XVI 765—771

ΟΜΗΡΟΣ

Τὼ μὲν ἄρα προπάροιθε πυλάων ὑψηλάων
ἕστασαν ὡς ὅτε τε δρύες οὔρεσιν ὑψικάρηνοι,
αἵ τ' ἄνεμον μίμνουσι καὶ ὑετὸν ἤματα πάντα,
ῥίζῃσιν μεγάλῃσι διηνεκέεσσ' ἀραρυῖαι.

Ilias XII 131—134

ΟΜΗΡΟΣ

Οἱ δ' ἴσαν ὑλοτόμους πελέκεας ἐν χερσὶν ἔχοντες
σειράς τ' εὐπλέκτους· πρὸ δ' ἄρ' οὐρῆες κίον αὐτῶν·
πολλὰ δ' ἄναντα κάταντα πάραντά τε δόχμιά τ' ἦλθον.
ἀλλ' ὅτε δὴ κνημοὺς προσέβαν πολυπίδακος Ἴδης,

Sturm im Gebirgswald

So wie die Winde, der Ost und Süd, um die Wette zusammen
Streiten, im waldigen Tal den dichten Forst zu erschüttern,
Buchen und Eschen, die wilde Kornelle mit länglicher Rinde,
Daß sie gegeneinander die spitzigen Äste zerschlagen
Krachend, und mächtig erschallt der Lärm der brechenden Stämme:
Also stürzten die Troer und Danaer gegeneinander
Wütend, und keiner gedachte der schmählichen Flucht von den Männern.

Homer   H. Rupé

Baumriesen im Gebirge

Beide standen sie dort am Eingang des ragenden Tores,
Gleich den Eichen der Berge mit hochgewachsenen Wipfeln,
Welche dem Wind und Wetter trotzen an jeglichem Tage,
Festgehalten von großen und weithinlangenden Wurzeln.

Homer   H. Rupé

Holzfäller im Gebirge

Diese wanderten nun, in den Händen die schneidenden Äxte
Und die geflochtenen Seile, voran vor den Männern die Mäuler,
Weit hinauf und hinab und hinüber, die Kreuz und die Quere.
Als sie die Schluchten erreicht des quellendurchflossenen Ida,

αὐτίκ' ἄρα δρῦς ὑψικόμους ταναήκεϊ χαλκῷ
τάμνον ἐπειγόμενοι· ταὶ δὲ μεγάλα κτυπέουσαι
πῖπτον. τὰς μὲν ἔπειτα διαπλήσσοντες Ἀχαιοὶ
ἔκδεον ἡμιόνων· ταὶ δὲ χθόνα ποσσὶ δατεῦντο
ἐλδόμεναι πεδίοιο διὰ ῥωπήια πυκνά.

Ilias XXIII 114—122

OMHΡΟΣ

Ὡς δ' ὅτ' ἐν οὐρανῷ ἄστρα φαεινὴν ἀμφὶ σελήνην
φαίνετ' ἀριπρεπέα, ὅτε τ' ἔπλετο νήνεμος αἰθήρ·
ἔκ τ' ἔφανεν πᾶσαι σκοπιαὶ καὶ πρώονες ἄκροι
καὶ νάπαι οὐρανόθεν δ' ἄρ' ὑπερράγη ἄσπετος αἰθήρ,
πάντα δὲ εἴδεται ἄστρα, γέγηθε δέ τε φρένα ποιμήν·
τόσσα μεσηγὺ νεῶν ἠδὲ Ξάνθοιο ῥοάων
Τρώων καιόντων πυρὰ φαίνετο Ἰλιόθι πρό.

Ilias VIII 555—561

OMHΡΟΣ

Ὡς δ' ὅτ' ἐν αἰγιαλῷ πολυηχέι κῦμα θαλάσσης
ὄρνυτ' ἐπασσύτερον ζεφύρου ὕπο κινήσαντος·
πόντῳ μέν τε πρῶτα κορύσσεται, αὐτὰρ ἔπειτα

Fällten sie stracks mit langgeschliffenem Erze der Eichen
Hochgewipfelte Stämme; die stürzten mit mächtigem
Krachen
Nieder. Das Holz zerspalteten rasch die Männer Achaias,
Banden es fest auf die Mäuler; die trabten mit stampfen-
den Hufen
Über den Grund durch dichtes Gebüsch, nach der Ebene
trachtend.

Homer H. Rupé

Sternhelle Nacht

Wie die Sterne den leuchtenden Mond umkränzen am
Himmel,
Strahlend im herrlichen Glanz, wann windstill ruhet der
Äther;
Hell sind rings die Warten und ragenden Gipfel der
Berge,
Auch die Schluchten, es öffnete sich der unendliche Äther;
Aller Gestirne wird man gewahr, und es freut sich der
Hirte:
Also loderten zwischen den Schiffen und Fluten des Xanthos,
Weit erglänzend vor Ilios' Feste, die Feuer der Troer.

Homer H. Rupé

Brandendes Meer

Wie wenn die Meeresflut zum hallenden Felsengestade,
Wog' an Woge, sich stürzt, vom Zephyroswinde getrie-
ben;
Fern auf der See zuerst erhebt sie sich, aber am Strande

χέρσῳ ῥηγνύμενον μεγάλα βρέμει, ἀμφὶ δέ τ' ἄκρας
κυρτὸν ἐὸν κορυφοῦται, ἀποπτύει δ' ἁλὸς ἄχνην·
ὣς τότ' ἐπασσύτεραι Δαναῶν κίνυντο φάλαγγες.

Ilias IV 422—427

ΟΜΗΡΟΣ

Ὣς εἰπὼν σύναγεν νεφέλας, ἐτάραξε δὲ πόντον
χερσὶ τρίαιναν ἑλών· πάσας δ' ὀρόθυνεν ἀέλλας
παντοίων ἀνέμων, σὺν δὲ νεφέεσσι κάλυψεν
γαῖαν ὁμοῦ καὶ πόντον· ὀρώρει δ' οὐρανόθεν νύξ.
σὺν δ' Εὖρός τε Νότος τ' ἔπεσον Ζέφυρός τε δυσαὴς
καὶ Βορέης αἰθρηγενέτης, μέγα κῦμα κυλίνδων.
καὶ τότ' Ὀδυσσῆος λύτο γούνατα καὶ φίλον ἦτορ.

Odyss. V 291—297

ΑΛΚΑΙΟΣ

Ἀσυννέτημι τῶν ἀνέμων στάσιν·
τὸ μὲν γὰρ ἔνθεν κῦμα κυλίνδεται,
  τὸ δ' ἔνθεν· ἄμμες δ' ὂν τὸ μέσσον
  νᾶϊ φορήμεθα σὺν μελαίνᾳ

χείμωνι μόχθεντες μεγάλῳ μάλα·
πὲρ μὲν γὰρ ἄντλος ἰστοπέδαν ἔχει,

Platzt sie tosend alsbald und bäumt sich über die Klip-
pen,
Hoch im Bogen gekrümmt, und speit den Schaum des
Gewässers:
Also zogen gedrängt die Danaer, Haufen an Haufen.
Homer H. Rupé

Poseidon zürnt

Sprachs und ballte die Wolken zu Haufen; er wühlte das
Meer auf,
Griff mit den Händen den Dreizack; Winde, wie sie nur
wollten,
Ließ er toben, alle zusammen; in dampfendes Düster
Hüllte er Land wie Meer, und Finsternis stürzte vom
Himmel.
Prallend warf sich der Ost auf den Süd, wild wehte der
Westwind,
Mächtig wälzte die Wogen der Sohn des Äthers, der
Nordwind.
Jetzt versagten Odysseus das liebe Herz und die Kniee.
Homer A. Weiher

Seenot

Nicht mehr begreifen kann ich der Winde Streit:
denn eine Woge wälzt sich von hier heran,
  von dort die andre. Wir inmitten
    treiben im Sturme auf schwarzem Schiffe.

Das Ungewitter bracht' uns in Todesnot.
Schon schlagen hoch über Bord und Deck,

λαῖφος δὲ πᾶν ζάδηλον ἤδη
καὶ λάκιδες μέγαλαι κὰτ αὖτο.

Fr. 46 A Diehl

ΑΡΙΣΤΟΦΑΝΗΣ

Ἀέναοι Νεφέλαι,
ἀρθῶμεν φανεραὶ δροσερὰν φύσιν εὐάγητον,
πατρὸς ἀπ' Ὠκεανοῦ βαρυαχέος
ὑψηλῶν ὀρέων κορυφὰς ἔπι
δενδροκόμους, ἵνα
τηλεφανεῖς σκοπιὰς ἀφορώμεθα,
καρπούς τ' ἀρδομέναν θ' ἱερὰν χθόνα,
καὶ ποταμῶν ζαθέων κελαδήματα,
καὶ πόντον κελάδοντα βαρύβρομον·
ὄμμα γὰρ αἰθέρος ἀκάματον σελαγεῖται
μαρμαρέαισιν αὐγαῖς.
ἀλλ' ἀποσεισάμεναι νέφος ὄμβριον
ἀθανάτας ἰδέας ἐπιδώμεθα
τηλεσκόπῳ ὄμματι γαῖαν.

Nubes 275—290

durchlöchert ist das ganze Segel,
   Fetzen nur flattern von ihm im Winde.

Alkaios   M. Treu

Ziehende Wolken

Wolken, ihr ewigen Wand'rer,
steiget empor und lasset erscheinen
eure beweglichen, feuchten Gestalten,
schwingt aus der tosenden Tiefe des Vaters Okeanos
hoch auf den ragenden Grat des bebuschten Gebirges euch,
lugt nach den Warten, die ferne sich zeigen, hin,
hin auf berieselte Gärten, der heiligen Erde Schmuck,
hin auf der murmelnden, nimmer versiegenden Bäche
                                              Lauf,
hin auf die rasende, rollend erbrausende See.
Denn unermüdlich mit flirrendem Glanze
schimmert das Auge des himmlischen Äthers.
Auf denn, schüttelt die wolkigen tropfenden Hüllen ab,
wendet den weithin schweifenden Blick
nieder zur Erden.

Aristophanes, 5. Jh. v. Chr.   Wilamowitz

LAND UND VOLK

ΗΡΟΔΟΤΟΣ

Αί δ' έσχατιαί κως της οίκεομένης τα κάλλιστα έλαχον, κατά περ ή Ελλάς τάς ώρας πολλόν τι κάλλιστα κεκρημένας έλαχε.

III 106

ΗΡΟΔΟΤΟΣ

Τη Ελλάδι πενίη μέν αίεί κοτε σύντροφός έστι, άρετή δέ έπακτός έστι, άπό τε σοφίης κατεργασμένη καί νόμου ίσχυρου· τη διαχρεωμένη ή Ελλάς τήν τε πενίην άπαμύνεται καί τήν δεσποσύνην.

VII 102

ΗΡΟΔΟΤΟΣ

Ήκον δέ σφι αύτόμολοι άνδρες άπ' Άρκαδίης όλίγοι τινές, βίου τε δεόμενοι καί ένεργοί βουλόμενοι είναι. άγοντες δέ τούτους ές όψιν τήν βασιλέος έπυνθάνοντο οί Πέρσαι περί τών Ελλήνων τί ποιέοιεν· εΐς δέ τις πρό πάντων ήν ό είρωτών αύτούς ταΰτα. οί δέ σφι έλεγον ώς Όλύμπια άγουσι καί θεωρέοιεν άγώνα γυμνικόν καί ίππικόν. ό δέ έπείρετο ό τι είη σφι κείμενον περί ότευ άγωνίζονται· οί δέ είπον της έλαίης τόν

Vorzügliches Klima

Die äußersten Länder der Erde besitzen die kostbarsten Dinge gleichwie Griechenland bei weitem die schönste Mischung der Jahreszeiten.

Herodot, 5. Jh. v. Chr. J. Feix

Tätiger Geist auf dürftigem Boden

In Griechenland ist die Armut von jeher zu Hause; die mannhafte Haltung aber ist anerzogen, durch Weisheit und strenges Gesetz bewirkt. Durch sie schützt sich Griechenland gegen Armut und Knechtschaft.

Herodot, 5. Jh. v. Chr. J. Feix

Perser und Griechen

Nun kamen zu den Persern Überläufer, einige wenige Leute aus Arkadien; sie hatten nichts zu leben und verlangten Arbeit. Die Perser führten sie vor den König und fragten, was die Griechen jetzt täten. Ein Perser führte das Wort für alle und horchte sie aus. Jene erwiderten, die Griechen feierten das olympische Fest und schauten dem Kampfspiel zu Fuß und zu Wagen zu. Da fragte der Perser, was man dabei für einen Kampfpreis ausgesetzt habe. Sie erwiderten, der Sieger erhalte einen Kranz von Ölbaum-

διδόμενον στέφανον. ένθαῦτα είπας γνώμην γενναιοτάτην Τριτανταίχμης ὁ 'Αρταβάνου δειλίην ὤφλε πρὸς βασιλέος. πυνθανόμενος γὰρ τὸ ἄεθλον ἐὸν στέφανον ἀλλ' οὐ χρήματα, οὔτε ἠνέσχετο σιγῶν εἶπέ τε ἐς πάντας τάδε· Παπαί, Μαρδόνιε, κοίους ἐπ' ἄνδρας ἤγαγες μαχησομένους ἡμέας, οἳ οὐ περὶ χρημάτων τὸν ἀγῶνα ποιεῦνται ἀλλὰ περὶ ἀρετῆς.

VIII 26

ΠΛΑΤΩΝ

Καί τινα εἰπεῖν τῶν ἱερέων εὖ μάλα παλαιόν· ''Ὦ Σόλων, Σόλων, Ἕλληνες ἀεὶ παῖδές ἐστε, γέρων δὲ Ἕλλην οὐκ ἔστιν.' ἀκούσας οὖν, 'Πῶς τί τοῦτο λέγεις;' φάναι. 'Νέοι ἐστέ', εἰπεῖν, 'τὰς ψυχὰς πάντες· οὐδεμίαν γὰρ ἐν αὐταῖς ἔχετε δι' ἀρχαίαν ἀκοὴν παλαιὰν δόξαν οὐδὲ μάθημα χρόνῳ πολιὸν οὐδέν.'

Timaios 22 b

ΑΡΙΣΤΟΤΕΛΗΣ

Τὰ μὲν γὰρ ἐν τοῖς ψυχροῖς τόποις ἔθνη καὶ τὰ περὶ τὴν Εὐρώπην θυμοῦ μέν ἐστι πλήρη, διανοίας δὲ ἐνδεέστερα καὶ τέχνης, διόπερ ἐλεύθερα μὲν διατελεῖ μᾶλλον, ἀπολίτευτα δὲ καὶ τῶν πλησίον ἄρχειν οὐ δυνάμενα· τὰ δὲ περὶ τὴν 'Ασίαν διανοητικὰ μὲν καὶ

zweigen. Darauf sagte Tritantaichmes, der Sohn des Artabanos, ein sehr edles Wort, das ihm allerdings beim König den Vorwurf der Feigheit einbrachte. Als er nämlich hörte, der Kampfpreis sei ein Kranz, aber kein Geld, hielt er nicht länger an sich, sondern rief vor allen Leuten: „Weh, Mardonios! Gegen was für Leute führtest du uns in den Krieg, die nicht um Geld ihre Kampfspiele halten, sondern um den Preis der Tüchtigkeit!"

Herodot, 5. Jh. v. Chr. J. Feix

Ägypter und Griechen

Da sprach ein hochbetagter *ägyptischer* Priester: „Ach Solon, Solon! ihr Hellenen bleibt doch immer Kinder; einen greisen Mann gibt es unter euch Hellenen nicht." Als dieser es vernommen, fragte er: „Wie meinst du das?" Jener antwortete: „Jung und unerfahren in der Seele seid ihr alle, denn ihr hegt in euch keine Überzeugung, die auf althergebrachter Kunde beruht, noch irgendein altersgraues Wissen."

Platon, 4. Jh. v. Chr.

Zwischen Europa und Asien

Die in den kalten Gegenden und zwar in Europa wohnenden Völker sind voller Mut, es fehlt ihnen aber an Denkkraft und Kunstfertigkeit. Daher bleiben sie zwar eher frei, doch bilden sie keine Staatswesen und sind nicht imstande, die benachbarten Völker zu beherrschen. Die asiatischen Völker aber besitzen eine geistige und künstlerische Veranlagung der Seele, doch fehlt es ihnen an Tapferkeit, weswegen

τεχνικὰ τὴν ψυχήν, ἄθυμα δέ, διόπερ ἀρχόμενα καὶ δουλεύοντα διατελεῖ· τὸ δὲ τῶν Ἑλλήνων γένος ὥσπερ μεσεύει κατὰ τοὺς τόπους, οὕτως ἀμφοῖν μετέχει. καὶ γὰρ ἔνθυμον καὶ διανοητικόν ἐστιν. διόπερ ἐλεύθερόν τε διατελεῖ καὶ βέλτιστα πολιτευόμενον καὶ δυνάμενον ἄρχειν πάντων, μιᾶς τυγχάνον πολιτείας.

Polit. VII 7. 1327 b 23

sie unselbständig und geknechtet bleiben. Das Volk der Hellenen aber hält gleichsam die Mitte, was die Lage betrifft, und hat darum Anteil an beidem; es ist mutvoll und geistbegabt zugleich. Daher lebt es frei und regiert sich selbst aufs trefflichste, und es wäre imstande, alle anderen zu beherrschen, wenn es politisch einig wäre.

Aristoteles, 4. Jh. v. Chr.

LANDSCHAFTEN UND STÄTTEN

ΣΟΦΟΚΛΗΣ

Γενοίμαν
ἵν' ὑλᾶεν ἔπεστι πόν-
του πρόβλημ' ἁλίκλυστον, ἄ-
κραν ὑπὸ πλάκα Σουνίου,
τὰς ἱερὰς ὅπως προσεί-
ποιμεν Ἀθάνας.

Aias 1217 ff.

RHETORISCHER PREIS DES LANDES

ΑΡΙΣΤΕΙΔΗΣ

Οἵ τε γὰρ οἰκήσαντες ἀεὶ τὴν χώραν ἐναργῆ καὶ θαυμαστὰ τῆς αὑτῶν ἐπιεικείας σημεῖα ἐξήνεγκαν ἐν παντὶ τῷ παρασχόντι, τὰ μὲν ἦν οὑτωσί τις ἂν εἴποι φιλανθρωπίαν ἐπιδεικνύμενοι τῇ τῶν τρόπων πραότητι καὶ ταῖς ὁμιλίαις, οὐδέσιν ἄλλοις ὁμοίως ἡμέροις εἶναι δοκεῖν λιπόντες, τὰ δ' ἐν ταῖς χρείαις καὶ τοῖς κινδύνοις ἐν προβόλου μοίρᾳ τοῖς Ἕλλησι τεταγμένοι. καὶ τὸ τῆς χώρας αὖ σχῆμα τοιοῦτον ἐκ γῆς καὶ θαλάττης θεωροῦντι. πρόκειται γὰρ ἀντ' ἄλλου φυλακτηρίου τῆς Ἑλλάδος τὴν γιγνομένην τάξιν ἔχουσα πρώτη πρὸς ἥλιον ἀνίσχοντα, προμήκης εἰς τὸ πέλαγος, καὶ μάλα ἐναργὴς συμβαλεῖν ὅτι τῆς Ἑλλάδος ἐστὶν ἔρυμα ὑπὸ τῶν κρειττόνων πεποιημένον καὶ μόνη ταύτῃ κατὰ φύσιν ἔστιν ἡγεῖσθαι τοῦ γένους. εἶτα καὶ τῆς φιλανθρωπίας ὡσπερεὶ σύμβολον ἐκφέρει· προβαίνει γὰρ

Heimweh

O wär' ich,
wo waldreich überm Meere das
Vorgebirg, das umwogte, ragt:
unter Sunions hohem Fels,
daß wir die heil'ge Stadt Athen
wieder begrüßten!

Sophokles, 5. Jh. v. Chr.   W. Willige

RHETORISCHER PREIS DES LANDES
Lage und Leistung

Die Bewohner dieses Landes haben bei jeder Gelegenheit leuchtende und bewunderungswürdige Beispiele ihrer Gesinnung gegeben, indem sie bald durch die Milde ihrer Sitten und durch ihre Umgangsformen das, was man Menschlichkeit nennen kann, an den Tag legten (und kein anderer darf sich rühmen, ihnen an Güte gleichzukommen), bald in Notlagen und Gefahren sich als Vorkämpfer Griechenlands dem Feinde stellten. Ja, die Gestalt Attikas begünstigt dies, wenn man Land und Meer betrachtet. Denn wie ein Bollwerk ist es Griechenland vorgelagert und wahrt gegen Osten den ihm zugewiesenen ersten Platz, indem es sich als Halbinsel vorstreckt, woraus denn leicht zu verstehen ist, daß es von den Göttern für Hellas als Schutzwehr geschaffen wurde und daß es allein ihm von Natur zubestimmt ist, an der Spitze des Griechentums zu stehen. Auch stellt es gleichsam ein Sinnbild der Menschlichkeit dar.

μέχρι πλείστου, τὴν θάλατταν ἡμεροῦσα, καὶ ταῖς νήσοις ἐγκαταμίγνυται, θεαμάτων ἥδιστον, ἤπειρος ἐν νήσοις· πρώτη μὲν τοῖς ἐκ τοῦ πελάγους ὡσπερεὶ χεῖρα προτείνουσα εἰς ὑποδοχήν, παντοδαποὺς δὲ ὅρμους καὶ λιμένας παρεχομένη κύκλῳ περὶ πᾶσαν ἑαυτήν, καὶ πορθμοὺς πρὸς τὰς ἐπικειμένας νήσους οὐ πλέον διαλείποντας ἢ ὅσον αἱ νῆσοι πρὸς ἀλλήλας. αἱ δὲ ἐπίκεινται πανταχόθεν, πεποικιλμέναι Κυκλάδες καὶ Σποράδες περὶ τὴν Ἀττικήν, ὥσπερ τῆς θαλάττης ἐξεπίτηδες ἀνείσης ἀντὶ προαστείων τῇ πόλει, χοροῦ σχῆμα σῷζουσαι, καὶ τὰ ἐκείνων κάλλη καὶ κόσμους τῆς πόλεως κάλλη καὶ κόσμους εἶναι συμβέβηκε.

Panathen. 95f. (166f.)

ΑΡΙΣΤΕΙΔΗΣ

Τοῦτο δὲ τὸ σχῆμα καὶ ταύτην τὴν θέσιν τῆς χώρας ἐχούσης, τὸν μὲν ἀεὶ κατάπλουν τῶν ἐμπόρων τε καὶ καθ' ἱστορίαν ἢ χρείαν εἰσαφικνουμένων, μεθ' ὅσης τῆς ῥᾳστώνης καὶ ψυχαγωγίας γίγνεται καὶ τρυφῆς οὐ ῥᾴδιον εἰπεῖν, πλὴν εἰς ὅσον αὐτούς τις ἐπιμαρτύραιτο· οὕτω γὰρ παντάπασιν ἡ ψυχὴ προκαθαίρεται καὶ μετέωρος καὶ κούφη γίγνεται καὶ σφόδρα τῶν Ἀθηνῶν τῆς θέας ἐν παρασκευῇ, ὥσπερ ἐν ἱεροῖς προτελουμένη. ἐπίδηλον δὲ καὶ τοῖς ὀφθαλμοῖς πλέον τοῦ συνήθους τὸ φῶς ἐγγιγνόμενον, ἀφαιρούσης ἤδη τὴν πολλὴν ἀχλὺν ὡς ἀληθῶς, καὶ καθ' Ὅμηρον εἰπεῖν τῆς Ἀθηνᾶς ἔτι

Indem es sich nämlich sehr weit vorstreckt, mildert es die Gewalt des Meeres und mischt sich unter die Inseln: ein wundervoller Anblick, dieses Stück Festland unter den Inseln! Als erstes streckt es den von der See Kommenden gleichsam die Hand zum Empfang entgegen; es besitzt vielerlei Ankerplätze und Häfen ringsum und wird von den vorliegenden Inseln durch Meerengen getrennt, die nicht breiter sind als die Abstände zwischen diesen untereinander. In buntem Kreise liegen sie rings um Attika herum, die Kykladen und die Sporaden, wie wenn sie vom Meere absichtlich dem Lande dargereicht wären; Vorstädten ähneln sie, die sich rings um eine Stadt lagern, gleichsam einen Reigenkranz bildend, und ihre Zierden und Schönheiten sind zugleich Zierden und Schönheiten der Stadt.

Aelius Aristides, Rhetor des 2. Jh. n. Chr.

Stätte der Weihe

Da nun das Land derart schön gelegen und gestaltet ist, muß es einem schwer fallen zu sagen, mit welcher Befriedigung und Lust und wie stark in der Seele bewegt die Kaufleute und wen sonst ein Geschäft oder aber Bildungsdrang dorthin führt, sich diesen Gestaden nähern, es sei denn daß man diese selbst davon Zeugnis ablegen ließe. Denn die Seele läutert sich völlig, wird schwebend und beschwingt und fühlt sich im Zustand einer Vorbereitung auf den Anblick Athens, gleich wie wenn sie Vorweihen für ein Mysterium erhielte. Auch erscheint den Augen das Sonnenlicht leuchtender als gewöhnlich, weil die Göttin Athene, um ein Homerwort zu gebrauchen, denen, die sich dem Lande nähern, gleichsam noch einen Dunstschleier von den Augen nimmt. So löst der Anblick ein traumhaftes Glücks-

τῇ χώρᾳ προσαγόντων. ὥστε ἔοικεν ὀνείρατος εὐφροσύνῃ τὰ θεάματα, καὶ χορείαν ἐξελίττειν, οὐ πλοῦν ἀνύτειν δόξαις ἄν, οἷα τὴν ναῦν ἀεὶ κύκλῳ περιίσταται κάλλη παντοδαπὰ ἄγοντα μεθ' εὐθυμίας ἐπὶ τὴν Ἀττικήν.

Panathen. 97 (168 f.)

DICHTERISCHE VERKLÄRUNG
ΕΥΡΙΠΙΔΗΣ

Ἐρεχθεῖδαι τὸ παλαιὸν ὄλβιοι
καὶ θεῶν παῖδες μακάρων, ἱερᾶς
χώρας ἀπορθήτου τ' ἀποφερβόμενοι
κλεινοτάταν σοφίαν, αἰεὶ διὰ λαμπροτάτου
βαίνοντες ἁβρῶς αἰθέρος, ἔνθα ποθ' ἁγνὰς
ἐννέα Πιερίδας Μούσας λέγουσι
ξανθὰν Ἁρμονίαν φυτεῦσαι·

Τοῦ καλλινάου τ' ἐπὶ Κηφισοῦ ῥοαῖς
τὰν Κύπριν κλῄζουσιν ἀφυσσαμέναν
χώραν καταπνεῦσαι μετρίας ἀνέμων,
ἡδυπνόους αὔρας. ἀεὶ δ' ἐπιβαλλομέναν
χαίταισιν εὐώδη ῥοδέων πλόκον ἀνθέων
τᾷ Σοφίᾳ παρέδρους πέμπειν Ἔρωτας,
παντοίας ἀρετᾶς ξυνεργούς.

Medea 824—845

gefühl aus; man glaubt einen Reigen zu tanzen, nicht eine Seefahrt zu vollenden: derartige Schönheiten umgeben unaufhörlich in bunter Fülle das Schiff und geleiten es, Frohmut spendend, nach Attika.
Aelius Aristides, 2. Jh. n. Chr.

DICHTERISCHE VERKLÄRUNG

Euripides

Gesegnet von alters, Erechtheus' Volk,
der seligen Götter erlauchtes Geschlecht.
Euch spendet der Boden der heiligen Flur,
der nimmer versehrte,
erhabener Wissenschaft geistiges Brot.
Die Luft ist so leicht, und der Himmel so hell,
da wandelt sich's wohlig.
Und alle die Musen im keuschen Verein,
sie fanden zum höchsten harmonischen Sang
in Athen den vollsten Akkord.

Wo lieblich murmelnd Kephisos rinnt,
da schöpft Aphrodite erfrischendes Naß.
Das tragen die Winde so frisch und so lau
weit über die Gärten.
Es hören die Rosen zu blühen nicht auf,
und die Göttin bricht sich das frischeste Reis
zu duftigem Kranze.
Und der Wissenschaft schickt zum Geleite sie Kunst
und Anmut und Streben und Sehnen: da lernt
das Höchste zu leisten der Mensch.

5. Jh. v. Chr. *Wilamowitz*

ΑΡΙΣΤΟΦΑΝΗΣ

Παρθένοι ὀμβροφόροι
ἔλθωμεν λιπαρὰν χθόνα Παλλάδος, εὔανδρον γᾶν
Κέκροπος ὀψόμεναι πολυήρατον·
    οὗ σέβας ἀρρήτων ἱερῶν, ἵνα
    μυστοδόκος δόμος
ἐν τελεταῖς ἁγίαις ἀναδείκνυται,
οὐρανίοις τε θεοῖς δωρήματα·
ναοί θ' ὑψερεφεῖς καὶ ἀγάλματα
καὶ πρόσοδοι μακάρων ἱερώταται
εὐστέφανοί τε θεῶν θυσίαι θαλίαι τε
    παντοδαπαῖσιν ὥραις,
ἦρί τ' ἐπερχομένῳ Βρομία χάρις,
    εὐκελάδων τε χορῶν ἐρεθίσματα,
    καὶ μοῦσα βαρύβρομος αὐλῶν.

Nubes 299—313

ΣΟΦΟΚΛΗΣ

    Εὐίππου, ξένε, τᾶσδε χώ-
ρας ἵκου τὰ κράτιστα γᾶς ἔπαυλα,
    τὸν ἀργῆτα Κολωνόν, ἔνθ'
    ἁ λίγεια μινύρεται
    θαμίζουσα μάλιστ' ἀη-
    δὼν χλωραῖς ὑπὸ βάσσαις,
    τὸν οἰνωπὸν ἔχουσα κισ-
    σὸν καὶ τὰν ἄβατον θεοῦ
φύλλαδα μυριόκαρπον ἀνάλιον
    ἀνήνεμόν τε πάντων

Aristophanes

Jungfrauen mit tauendem Haar
schweben wir hin zu Athenes gesegneten
  Gauen, des Kekrops
heldenerzeugende, liebliche Flur zu schauen,
die das Geheimnis mystischer Feier wahrt,
  wo sich das Heiligtum
öffnet am Feste der Weihe den Schauenden,
dort, wo Geschenke, Bilder und ragende
Tempel die himmlischen Götter verherrlichen,
festliche Züge der Frommen, der Seligen,
Jubel der Blumenbekränzten und Schmausenden
  wechselnd im Tanz der Horen;
heut, mit dem nahenden Lenze, des Bakchos Fest,
fröhlich mit Tanz und Gesang um die Wette zum
  helltönenden Klang der Flöten.

5. Jh. v. Chr. Chor der Wolken. L. Seeger
Die mystische Feier ist das Eleusinische Mysterium. Des Bakchos Fest sind die großen Dionysien in Athen.

Sophokles

Freund, zur prangendsten Siedlung hier
dieses Landes der schönen Pferde kamst du:
Zum kalkhellen Kolonos, wo
schluchzt und flötet die Nachtigall,
wo allzeit sie am liebsten weilt,
in der grünenden Waldschlucht,
im weinfarbenen Efeu wohnt,
im unnahbaren Gotteshain,
der in der Fülle des Laubs und der Früchte doch
vor Sonnenglut und Stürmen

χειμώνων· ἵν' ὁ βακχιώ-
τας ἀεὶ Διόνυσος ἐμβατεύει
θείαις ἀμφιπολῶν τιθήναις.

θάλλει δ' οὐρανίας ὑπ' ἄ-
χνας ὁ καλλίβοτρυς κατ' ἦμαρ αἰεὶ
νάρκισσος, μεγάλοιν θεοῖν
ἀρχαῖον στεφάνωμ', ὅ τε
χρυσαυγὴς κρόκος· οὐδ' ἄυ-
πνοι κρῆναι μινύθουσιν
Κηφισοῦ νομάδες ῥεέ-
θρων, ἀλλ' αἰὲν ἐπ' ἤματι
ὠκυτόκος πεδίων ἐπινίσεται
ἀκηράτῳ σὺν ὄμβρῳ
στερνούχου χθονός· οὐδὲ Μου-
σᾶν χοροί νιν ἀπεστύγησαν, οὐδ' αὖ
ἁ χρυσάνιος Ἀφροδίτα.

ἔστιν δ' οἷον ἐγὼ γᾶς
Ἀσίας οὐκ ἐπακούω,
οὐδ' ἐν τᾷ μεγάλᾳ Δωρίδι νάσῳ
Πέλοπος πώποτε βλαστὸν
φύτευμ' ἀχείρωτον αὐτοποιόν,
ἐγχέων φόβημα δαΐων,
ὃ τᾷδε θάλλει μέγιστα χώρᾳ,
γλαυκᾶς παιδοτρόφου φύλλον ἐλαίας·
τὸ μέν τις οὐ νεαρὸς οὐδὲ γήρᾳ
συνναίων ἁλιώσει χερὶ πέρσας· ὁ
γὰρ εἰςαιὲν ὁρῶν κύκλος
λεύσσει νιν Μορίου Διὸς
χἀ γλαυκῶπις Ἀθάνα.

bleibt geschützt, wo der immerdar
freudetrunkne Dionysos einherzieht,
mit den göttlichen Mägden schwärmend.

Hier, benetzt von des Himmels Tau,
blühn tagtäglich in Träubchen hold Narzissen
zum altheiligen Kranz der zwei
Großen Göttinnen. Golden strahlt
ringsum Krokus, und, nimmer müd,
nie versiegen die Quellen
des Kephisos: sie spenden uns
Wasser. Doch allzeit, Tag um Tag,
eilends die Fluren befruchtend, berieselt er
mit ungetrübten Fluten
breit sich dehnenden Boden; auch
Musen-Reigen verschmähn ihn nicht und auch nicht
Aphrodite mit goldnem Zügel.

Eins ist, das es im Land
Asien nicht gibt, wie ich höre;
nicht einmal auf der Groß-Insel des Pelops
konnt' er je Dorern gedeihen,
der Baum, durch nichts tilgbar, selbstgewachsen,
den auch des Feindes Speere scheun,
der hier erblüht kraftvoll diesem Lande,
Jugendnährend, vom Laub schimmernd: der Ölbaum,
den niemand, kein Jüngling noch wem das Alter
Macht gibt, frevelnder Hand schändet und ausmerzt, denn
mit Augäpfeln, die allzeit schaun,
blickt nach ihm der Beschützer Zeus
und lichtäugig Athene.

ἄλλον δ' αἶνον ἔχω μα-
τροπόλει τᾷδε κράτιστον,
δῶρον τοῦ μεγάλου δαίμονος, εἰπεῖν,
χθονὸς αὔχημα μέγιστον,
εὔιππον, εὔπωλον, εὐθάλασσον.
ὦ παῖ Κρόνου, σὺ γάρ νιν ἐς
τόδ' εἷσας αὔχημ', ἄναξ Ποσειδάν,
ἵπποισιν τὸν ἀκεστῆρα χαλινὸν
πρώταισι ταῖσδε κτίσας ἀγυιαῖς.
ἁ δ' εὐήρετμος ἔκπαγλ' ἁλία χερσὶ
παραπτομένα πλάτα
θρῴσκει, τῶν ἑκατομπόδων
Νηρῄδων ἀκόλουθος.

Oedip. Col. 668 ff.

LAND UND VOLK

ΠΛΑΤΩΝ

Ταύτην οὖν δὴ τότε τὴν διακόσμησιν καὶ σύνταξιν ἡ θεὸς προτέρους ὑμᾶς διακοσμήσασα κατῴκισεν, ἐκλεξαμένη τὸν τόπον ἐν ᾧ γεγένησθε, τὴν εὐκρασίαν τῶν ὡρῶν ἐν αὐτῷ κατιδοῦσα, ὅτι φρονιμωτάτους ἄνδρας οἴσοι· ἅτε οὖν φιλοπόλεμός τε καὶ φιλόσοφος ἡ θεὸς

Noch ein Lob dieser Stadt,
die mich gebar, darf ich, das höchste,
künden, Gabe der allwaltenden Gottheit,
dieses Gaus herrlichste Zierde:
Die Zucht des Pferds, Reitkunst, sichre Seefahrt.
O Kronos' Sohn, du hast uns ja
geschenkt die Zier, Herrscher du Poseidon,
der den Pferden zuerst hier in der Gegend
den Zügel umwarf, um sie zu zähmen.
Doch durchs Meer hin mit Macht eilt, den Händen
sich bequemend, das Ruderholz
wie im Fluge, von Seejungfraun
hundertfüßig begleitet.

Sophokles, 5. Jhr. v. Chr. W. Willige

Angesprochen ist der blinde Ödipus, der am Kolonos eines geheimnisvollen Todes sterben soll. Der Kolonos ist ein weißlicher Kalkfelsen, der heute von Vorstadtbauten umklammert ist. — In der zweiten Strophe sind die Göttinnen Demeter und Persephone gemeint.

LAND UND VOLK

Klima und Menschen

Diese gesamte Regelung nun und Ordnung der Dinge führte die Göttin zuerst bei euch ein, nachdem sie mit aller Umsicht den Ursprungsort für euch ausgewählt hatte unter Berücksichtigung der klimatischen Verhältnisse und ihres für die Entwicklung der menschlichen Geisteskräfte besonders günstigen Einflusses. Als Freundin des Krieges sowohl wie der Weisheit wählte also die Göttin eine Ört-

οὖσα τὸν προσφερεστάτους αὐτῇ μέλλοντα οἴσειν τόπον ἄνδρας, τοῦτον ἐκλεξαμένη πρῶτον κατῴκισεν.

Tim. 24 c—d

ΠΛΑΤΩΝ

Πᾶσα ἀπὸ τῆς ἄλλης ἠπείρου μακρὰ προτείνουσα εἰς τὸ πέλαγος οἷον ἄκρα κεῖται· τὸ δὴ τῆς θαλάττης ἀγγεῖον περὶ αὐτὴν τυγχάνει πᾶν ἀγχιβαθὲς ὄν. πολλῶν οὖν γεγονότων καὶ μεγάλων κατακλυσμῶν ἐν τοῖς ἐνακισχιλίοις ἔτεσι - τοσαῦτα γὰρ πρὸς τὸν νῦν ἀπ' ἐκείνου τοῦ χρόνου γέγονεν ἔτη - τὸ τῆς γῆς ἐν τούτοις τοῖς χρόνοις καὶ πάθεσιν ἐκ τῶν ὑψηλῶν ἀπορρέον οὔτε χῶμα, ὡς ἐν ἄλλοις τόποις, προχοῖ λόγου ἄξιον ἀεί τε κύκλῳ περιρρέον εἰς βάθος ἀφανίζεται· λέλειπται δή, καθάπερ ἐν ταῖς σμικραῖς νήσοις, πρὸς τὰ τότε τὰ νῦν οἷον νοσήσαντος σώματος ὀστᾶ, περιερρυηκυίας τῆς γῆς ὅση πίειρα καὶ μαλακή, τοῦ λεπτοῦ σώματος τῆς χώρας μόνου λειφθέντος. τότε δὲ ἀκέραιος οὖσα τά τε ὄρη γηλόφους ὑψηλοὺς εἶχε, καὶ τὰ φελλέως νῦν ὀνομασθέντα πεδία πλήρη γῆς πιείρας ἐκέκτητο, καὶ πολλὴν ἐν τοῖς ὄρεσιν ὕλην εἶχεν, ἧς καὶ νῦν ἔτι φανερὰ τεκμήρια· τῶν γὰρ ὀρῶν ἔστιν ἃ νῦν μὲν ἔχει μελίτταις μόναις τροφήν, χρόνος δ' οὐ πάμπολυς ὅτε δένδρων αὐτόθεν εἰς οἰκοδομήσεις τὰς μεγίστας ἐρεψίμων τμηθέντων στεγάσματ' ἐστὶν ἔτι σᾶ. πολλὰ δ' ἦν ἀλλ' ἥμερα ὑψηλὰ δένδρα, νομὴν δὲ βοσκήμασιν ἀμήχανον

lichkeit aus, die eine ihr möglichst ähnliche Gattung von Menschen hervorbringen sollte. Dort legte sie den Grund zu eurem Staate.

Platon, 4. Jh. v. Chr. O. Apelt
Aus dem Dialog Timaios, in dem ein ägyptischer Priester Solon gegenüber von der Entstehung des idealen Urathen spricht, das die Göttin Athene 9000 Jahre zuvor gegründet haben soll.

Verkarstung schon in klassischer Zeit

Das Ganze, vom übrigen Festlande aus langhin in das Meer sich vorstreckend, liegt da wie ein Vorgebirge. Denn das Meeresbecken, welches es umgibt, zeigt durchweg am Gestade eine ansehnliche Tiefe. Bei den vielen gewaltigen Überschwemmungen, die in den neuntausend Jahren – denn so viele Jahre sind seit jener Zeit bis auf die jetzige verflossen – stattgefunden haben, häuft sich die in diesen Zeiten und unter diesen Umständen von den Höhen abgleitende Erdschicht nicht wie in anderen Gegenden zu einem irgend nennenswerten Damm auf, sondern wird von der Strömung im Kreise herumgewirbelt und verschwindet in der Tiefe. So ist denn, ähnlich wie bei den kleinen Inseln, jetzt im Vergleiche zu damals wie von einem erkrankten Körper nur das Knochengerüst übriggeblieben, indem alle fette und weiche Erde abgeschwemmt und nur der magere Körper des Landes zurückgeblieben ist. Damals aber, als es noch unversehrt war, hatte es Berge mit hoher Erddecke, wie auch seine Ebenen, jetzt als „steinicht" bezeichnet, voll fetter Erde waren. Auch Holz hatte es reichlich auf den Bergen, wovon noch jetzt deutliche Spuren vorhanden sind; denn von den Bergen bieten zwar manche jetzt nur den Bienen Nahrung, doch ist es noch gar nicht lange her,

ἔφερεν. καὶ δὴ καὶ τὸ κατ' ἐνιαυτὸν ὕδωρ ἐκαρποῦτ' ἐκ Διός, οὐχ ὡς νῦν ἀπολλῦσα ῥέον ἀπὸ ψιλῆς τῆς γῆς εἰς θάλατταν, ἀλλὰ πολλὴν ἔχουσα καὶ εἰς αὐτὴν καταδεχομένη, τῇ κεραμίδι στεγούσῃ γῇ διαταμιευομένη, τὸ καταποθὲν ἐκ τῶν ὑψηλῶν ὕδωρ εἰς τὰ κοῖλα ἀφιεῖσα κατὰ πάντας τοὺς τόπους παρείχετο ἄφθονα κρηνῶν καὶ ποταμῶν νάματα, ὧν καὶ νῦν ἔτι ἐπὶ ταῖς πηγαῖς πρότερον οὔσαις ἱερὰ λελειμμένα ἐστὶν σημεῖα ὅτι περὶ αὐτῆς ἀληθῆ λέγεται τὰ νῦν.

Critias 111 a—d

ΑΡΙΣΤΕΙΔΗΣ

Γῆς μὲν δὴ καὶ θαλάττης καὶ ἀέρων εἰς τοῦτ' ἔθεσαν τὴν Ἀττικὴν οἷς ταῦτα ἔπρεπε δημιουργοῖς. ἃ δὲ τούτοις τοιούτοις οὖσιν ἕπεται, πολλὴ ῥᾳστώνη δεικνύναι, πεδίων τε κάλλη καὶ χάριτας τῶν μὲν πρὸ τῆς πόλεως εὐθὺς ἀπὸ τοῦ τείχους, μᾶλλον δὲ ἀπὸ τῆς ἀκροπόλεως κεχυμένων καὶ ἐγκαταμιγνυμένων τῇ πόλει, τῶν δὲ ἐφ' ἑκάστῃ τῇ θαλάττῃ τοῖς αἰγιαλοῖς ἐφορμούντων, τῶν δ' ἐν τῇ μεσογείᾳ τοῖς ὄρεσι τοῖς περιέχουσιν ὥσπερ ἄλλοις ὁρίοις διειλημμένων ἐν κόλπων θαλαττίων τινῶν σχήματι. καὶ μὴν τήν γε τῶν ὀρῶν φαιδρότητα καὶ

daß das Dachgebälke großer Häuser noch wohlerhalten dastand, das man aus den Bäumen der Berge hergestellt hatte. Daneben gab es auch viele hohe veredelte Fruchtbäume, und Weide für das Vieh gab es in unglaublicher Menge. Ferner erfreute sich das Land durch Zeus eines jährlichen Regengusses, der ihm nicht wie jetzt durch Abfluß über den kahlen Boden weg verloren ging; denn der Boden nahm diese reiche Wasserfülle in sich selbst auf und bewahrte sie in einer schützenden Schicht von Tonerde; so konnte er das eingesogene Wasser von den Höhen in die Vertiefungen fließen lassen und bot so aller Orten reichliche Nahrung für Quellen und Flüsse. Noch jetzt gibt es an ehemaligen Quellen heilige Anzeichen, welche die Wahrheit dieser Erzählung bestätigen.

Platon, 4. Jh. v. Chr. O. Apelt

Dennoch Schönheit

Dergestalt also wurden das Land, das Meer und die Lüfte Attikas von den Göttern, denen solches oblag, geschaffen. Was nun aber aus diesen so günstigen Verhältnissen folgt, ist nicht schwer zu zeigen: Zunächst einmal ist es die Schönheit und Anmut der Ebenen, von denen einige gleich vor der Stadtmauer, ja sogar am Fuße der Akropolis beginnen, indem sie mit der Stadt verschmelzen, andere aber sich auf jeder Seite der Halbinsel vor die Küste lagern, wiederum andere in der Mitte des Landes von den umstehenden Bergen begrenzt und wie Meeresbuchten gegliedert werden. Sodann die glänzende Schönheit der Berge, wer wollte sie nicht bewundern? Diesen Bergen steht wahrlich so viel

χάριν τίς ούκ ἂν ἀγασθείη; οἷς γε τοσοῦτον κόσμου
περίεστιν ὥστε καὶ τὰς πόλεις αὐτὰ δὴ κοσμεῖ.

Panathen. 100f. (173f.)

DICHTERISCHE VERKLÄRUNG

ΠΙΝΔΑΡΟΣ

Ὦ ταὶ λιπαραὶ καὶ ἰοστέφανοι καὶ ἀοίδιμοι,
Ἑλλάδος ἔρεισμα, κλειναὶ Ἀθᾶναι, δαιμόνιον πτολίε-
θρον.

Fr. 76 Schröder

ΠΙΝΔΑΡΟΣ

Δεῦτ' ἐν χορόν, Ὀλύμπιοι,
ἐπί τε κλυτὰν πέμπετε χάριν, θεοί,
πολύβατον οἵ τ' ἄστεος ὀμφαλὸν θυόεντ'
ἐν ταῖς ἱεραῖς Ἀθάναις
οἰχνεῖτε πανδαίδαλόν τ' εὐκλέ' ἀγοράν·
ἰοδέτων λάχετε στεφάνων τᾶν τ' ἐαρι-
δρόπων ἀοιδᾶν.

Fr. 75 Schröder

ΣΟΦΟΚΛΗΣ

Πασῶν Ἀθῆναι τιμιωτάτη πόλις.

Oedip. Col. 108

Schmuck zu Gebote, daß sie ihrerseits die Städte zu schmükken vermögen.

Aelius Aristides, Rhetor des 2. Jh. n. Chr. Hier werden die drei Arten von Ebenen in Attika treffsicher unterschieden: das sanft ansteigende Pedion von Athen, die flachen, sumpfigen Ebenen von Eleusis, Marathon, Anaphlystos und die wellige, ausgebuchtete Mesogaia. Die Berge vermögen die Städte zu schmücken durch ihren Marmor; der berühmteste wurde am Pentelikon gebrochen.

DICHTERISCHE VERKLÄRUNG

Pindar

O schimmerndes, veilchenumkränztes, in Liedern besungenes, ruhmreiches Athen,
Bollwerk du von Hellas, göttergesegnete Stadt!

5. Jh. v. Chr. O. Werner

Pindar

Eilt her zum Tanz, Olympier, her
Schickt Anmut, gepriesne, ihr Götter, die den oft
Umschrittenen, den opferduftreichen Nabel der Stadt
   im heilgen Athen ihr aufsucht,
Und den an Kunst reichen, weitberühmten: den Markt!
Veilchengebundene Kränze empfangt, frühlingsgepflück-
   ter Lieder Klänge!

5. Jh. v. Chr. O. Werner

Sophokles

Du Stadt Athen, von allen die geehrteste.

5. Jh. v. Chr. W. Willige

ΑΔΕΣΠΟΤΟΝ

Γῆ μὲν ἔαρ κόσμος πολυδένδρεον, αἰθέρι δ' ἄστρα,
'Ελλάδι δ' ἥδε χθών, οἵδε δὲ τῇ πόλει.

Anthol. Pal. IX 65

KLASSISCHE WÜRDIGUNG
ΘΟΥΚΥΔΙΔΗΣ

Χρώμεθα γὰρ πολιτείᾳ οὐ ζηλούσῃ τοὺς τῶν πέλας νόμους, παράδειγμα δὲ μᾶλλον αὐτοὶ ὄντες τισὶν ἢ μιμούμενοι ἑτέρους. καὶ ὄνομα μὲν διὰ τὸ μὴ ἐς ὀλίγους ἀλλ' ἐς πλείονας οἰκεῖν δημοκρατία κέκληται.

II 37, 1

Καὶ μὴν καὶ τῶν πόνων πλείστας ἀναπαύλας τῇ γνώμῃ ἐπορισάμεθα, ἀγῶσι μέν γε καὶ θυσίαις διετησίοις νομίζοντες, ἰδίαις δὲ κατασκευαῖς εὐπρεπέσιν, ὧν καθ' ἡμέραν ἡ τέρψις τὸ λυπηρὸν ἐκπλήσσει.

II 38, 1

Περιγίγνεται ἡμῖν τοῖς τε μέλλουσιν ἀλγεινοῖς μὴ προκάμνειν, καὶ ἐς αὐτὰ ἐλθοῦσι μὴ ἀτολμοτέρους τῶν ἀεὶ μοχθούντων φαίνεσθαι, καὶ ἔν τε τούτοις τὴν πόλιν ἀξίαν εἶναι θαυμάζεσθαι καὶ ἔτι ἐν ἄλλοις. φιλοκαλοῦμέν τε γὰρ μετ' εὐτελείας καὶ φιλοσοφοῦμεν ἄνευ μαλακίας.

II 39, 4—40, 1

Ξυνελών τε λέγω τήν τε πᾶσαν πόλιν τῆς 'Ελλάδος παίδευσιν εἶναι καὶ καθ' ἕκαστον δοκεῖν ἄν μοι τὸν αὐτὸν ἄνδρα παρ' ἡμῖν ἐπὶ πλεῖστ' ἂν εἴδη καὶ μετὰ

Die Athener

Schmuck sind dem Himmel die Sterne, der Erde ein blühender Frühling.
Schmuck ist für Hellas dies Land und für die Stadt dieses Volk.

Hellenistisch, anonym H. Beckby

KLASSISCHE WÜRDIGUNG

Auf dem Gipfel

Wir genießen eine Verfassung, welche die Gesetzgebung anderer Staaten nicht nachahmt; im Gegenteil sind wir eher anderen ein Beispiel, als daß wir sie nachahmten. Und mit Recht wird sie, da die Gewalt nicht bei wenigen, sondern bei der Gesamtheit ruht, Volksherrschaft genannt.

Von der Arbeit bieten wir dem Geist vielerlei Erholung in Kampfspielen und Opferfesten, die über das Jahr hin gesetzlich angeordnet sind; nicht minder aber in gefälligen Einrichtungen zum privaten Gebrauch, dessen täglicher Genuß die Trübsal vertreibt.

Es kommt uns zugute zukünftiger Leiden wegen nicht im voraus uns zu sorgen und wenn sie da sind, uns nicht mutloser als ewig sich Abmarternde zu erzeigen. Hierin ist die Stadt der Bewunderung würdig; aber nicht minder in anderem, denn wir sind Freunde des Schönen im Maße des Rechten und Freunde der Weisheit ohne der Weichheit zu verfallen.

Indem ich alles zusammenfasse so sage ich, daß unsere Stadt im großen eine hohe Schule für ganz Griechenland ist und daß im einzelnen jeder von uns vollkommen für

χαρίτων μάλιστ' ἂν εὐτραπέλως τὸ σῶμα αὔταρκες παρέχεσθαι.

II 41, 1

ΞΕΝΟΦΩΝ

Οὐκ ἂν ἀλόγως δέ τις οἰηθείη τῆς Ἑλλάδος καὶ πάσης δὲ τῆς οἰκουμένης ἀμφὶ τὰ μέσα οἰκεῖσθαι τὴν πόλιν. ὅσῳ γὰρ ἄν τινες πλέον ἀπέχωσιν αὐτῆς, τοσούτῳ χαλεπωτέροις ἢ ψύχεσιν ἢ θάλπεσιν ἐντυγχάνουσιν· ὁπόσοι τ' ἂν αὖ βουληθῶσιν ἀπ' ἐσχάτων τῆς Ἑλλάδος ἐπ' ἔσχατα ἀφικέσθαι, πάντες οὗτοι ὥσπερ κύκλου τόρνον τὰς Ἀθήνας ἢ παραπλέουσιν ἢ παρέρχονται.

Poroi I 6

ΞΕΝΟΦΩΝ

Ὡς γε μὴν καὶ ἐμπορεύεσθαι ἡδίστη τε καὶ κερδαλεωτάτη ἡ πόλις, νῦν ταῦτα λέξω. πρῶτον μὲν γὰρ δήπου ναυσὶ καλλίστας καὶ ἀσφαλεστάτας ὑποδοχὰς ἔχει, ὅπου γ' ἔστιν εἰσορμισθέντας ἀδεῶς ἕνεκα χειμῶνος ἀναπαύεσθαι. ἀλλὰ μὴν καὶ τοῖς ἐμπόροις ἐν μὲν ταῖς πλείσταις τῶν πόλεων ἀντιφορτίζεσθαί τι ἀνάγκη· νομίσμασι γὰρ οὐ χρησίμοις ἔξω χρῶνται· ἐν δὲ ταῖς Ἀθήναις πλεῖστα μὲν ἔστιν ἀντεξάγειν, ὧν ἂν δέωνται ἄνθρωποι, ἢν δὲ μὴ βούλωνται ἀντιφορτίζεσθαι, καὶ ἀργύριον ἐξάγοντες καλὴν ἐμπορίαν

jegliches Tun anmutig und sicher sich menschlich bewähren wird.

Thukydides, Ende des 5. Jh. v. Chr. R. G. Binding
Aus der Rede des Perikles für die Gefallenen.

Günstige Lage

Nicht ohne Grund darf man glauben, daß die Stadt ungefähr in der Mitte Griechenlands, ja auch der ganzen Welt gelegen ist. Je weiter man sich nämlich von ihr entfernt, desto lästiger ist die Kälte oder die Hitze, die einen umfängt; und wer immer von einem Ende Griechenlands zum anderen gelangen will, der muß an Athen wie an dem Mittelpunkt eines Kreises vorbeisegeln oder vorbeikommen.

Xenophon, 4. Jh. v. Chr.

Welthandelsplatz

Daß die Stadt auch für den Handel sehr angenehm und äußerst gewinnbringend ist, will ich jetzt darlegen. Zunächst einmal bietet sie für die Schiffe die schönsten und sichersten Häfen, wo diese einlaufen und gegen Unwetter geschützt Ruhe finden können. Ferner aber müssen in den meisten anderen Hafenstädten die Kaufleute Rückfracht laden, weil das dort umlaufende Geld anderswo nicht in Zahlung genommen wird. In Athen kann man sich zwar gewiß die meisten Güter verschaffen, deren die Menschen bedürfen; wenn jedoch die Kaufleute keine Waren mitnehmen wollen, dann machen sie auch durch Annahme des Silbergeldes ein gutes Geschäft: wo immer sie nämlich

ἐξάγουσι. ὅπου γὰρ ἂν πωλῶσιν αὐτό, πανταχοῦ πλέον τοῦ ἀρχαίου λαμβάνουσιν.

Poroi III 1—2

ΙΣΟΚΡΑΤΗΣ

Πρὸς δὲ τούτοις καὶ φιλίας εὑρεῖν πιστοτάτας καὶ συνουσίαις ἐντυχεῖν παντοδαπωτάταις μάλιστα παρ' ἡμῖν ἔστιν, ἔτι δ' ἀγῶνας ἰδεῖν μὴ μόνον τάχους καὶ ῥώμης ἀλλὰ καὶ λόγων καὶ γνώμης καὶ τῶν ἄλλων ἔργων ἁπάντων, καὶ τούτων ἆθλα μέγιστα. πρὸς γὰρ οἷς αὐτὴ τίθησι, καὶ τοὺς ἄλλους διδόναι συναναπείθει· τὰ γὰρ ὑφ' ἡμῶν κριθέντα τοσαύτην λαμβάνει δόξαν, ὥστε παρὰ πᾶσιν ἀνθρώποις ἀγαπᾶσθαι.

Panegyr. 45—46 (49 e)

Τοσοῦτον δ' ἀπολέλοιπεν ἡ πόλις ἡμῶν περὶ τὸ φρονεῖν καὶ λέγειν τοὺς ἄλλους ἀνθρώπους, ὥσθ' οἱ ταύτης μαθηταὶ τῶν ἄλλων διδάσκαλοι γεγόνασι, καὶ τὸ τῶν Ἑλλήνων ὄνομα πεποίηκε μηκέτι τοῦ γένους ἀλλὰ τῆς διανοίας δοκεῖν εἶναι, καὶ μᾶλλον Ἕλληνας καλεῖσθαι τοὺς τῆς παιδεύσεως τῆς ἡμετέρας ἢ τοὺς τῆς κοινῆς φύσεως μετέχοντας.

Panegyr. 50 (50 e)

dieses in Zahlung geben, erhalten sie dafür mehr, als sie ursprünglich hergegeben haben.

Xenophon, 4. Jh. v. Chr. Die weite Verbreitung des Athener Geldes betont auch Aristophanes, Frösche 720ff.

Geistige Führung

Auch ist es vornehmlich bei uns möglich, treuste Freundschaft zu finden und sich den allerverschiedensten Geselligkeiten anzuschließen; dazu kann man noch Wettkämpfe anschauen, nicht nur solche der Schnelligkeit und der Kraft, sondern auch der Redegewandtheit und der philosophischen Lehrmeinung und aller sonstigen Leistungen, wofür höchst ansehnliche Siegespreise ausgesetzt sind. Denn die Stadt setzt nicht nur selber diese Preise aus, sie veranlaßt auch die anderen, solche zu geben. Denn das, was wir einmal gutgeheißen haben, erlangt einen derartigen Ruhm, daß es bei allen Menschen hochgeschätzt wird.

So sehr hat unsere Stadt auf dem Gebiete des Denkens und Redens die übrigen Menschen übertroffen, daß ihre Schüler die Lehrmeister der anderen geworden sind, und sie hat es so weit gebracht, daß der Name Hellenen nicht mehr den Volksstamm zu bezeichnen scheint, sondern die Gesinnung, und daß Hellenen eher die genannt werden, die an unserer Bildung teilnehmen, als die mit uns gleicher Abstammung sind.

Isokrates, 4. Jh. v. Chr. Hier kündigt sich der durch Alexander den Großen zum Siege geführte Hellenismus an.

ΠΛΟΥΤΑΡΧΟΣ

Ἀλλ' ἔοικεν ἀληθῶς λέγεσθαι τὸ τὴν πόλιν ἐκείνην φέρειν ἄνδρας ἀρετῇ τε τοὺς ἀγαθοὺς ἀρίστους καὶ κακίᾳ τοὺς φαύλους πονηροτάτους, καθάπερ αὐτῶν καὶ ἡ χώρα κάλλιστον μέλι καὶ κώνειον ὠκυμορώτατον ἀναδίδωσιν.

Dion 983 c

ΠΛΟΥΤΑΡΧΟΣ

Ὁ δὲ πλείστην μὲν ἡδονὴν ταῖς Ἀθήναις καὶ κόσμον ἤνεγκε, μεγίστην δὲ τοῖς ἄλλοις ἔκπληξιν ἀνθρώποις, μόνον δὲ τῇ Ἑλλάδι μαρτυρεῖ μὴ ψεύδεσθαι τὴν λεγομένην δύναμιν αὐτῆς ἐκείνην καὶ τὸν παλαιὸν ὄλβον, ἡ τῶν ἀναθημάτων κατασκευή, τοῦτο μάλιστα τῶν πολιτευμάτων τοῦ Περικλέους ἐβάσκαινον οἱ ἐχθροὶ καὶ διέβαλλον ἐν ταῖς ἐκκλησίαις.

Τοῖς μὲν γὰρ ἡλικίαν ἔχουσι καὶ ῥώμην αἱ στρατεῖαι τὰς ἀπὸ τῶν κοινῶν εὐπορίας παρεῖχον, τόν δ' ἀσύντακτον καὶ βάναυσον ὄχλον οὔτ' ἄμοιρον εἶναι λημμάτων βουλόμενος οὔτε λαμβάνειν ἀργὸν καὶ σχολάζοντα, μεγάλας κατασκευασμάτων ἐπιβολὰς καὶ πολυτέχνους ὑποθέσεις ἔργων διατριβὴν ἐχόντων ἐνέβαλε φέρων εἰς τὸν δῆμον, ἵνα μηδὲν ἧττον τῶν πλεόντων καὶ φρουρούντων καὶ στρατευομένων τὸ οἰκουροῦν ἔχῃ πρό-

Extreme

Es scheint aber wahr zu sein, was behauptet wird, daß jene Stadt Männer erzeugt, die, wenn sie Tugend besitzen, ganz besonders tüchtig sind, wenn sie aber Schlechtigkeit in sich haben, ganz besonders gemein sind, wie denn auch ihr Land den schönsten Honig und den verderblichsten Schierling hervorbringt.

Plutarch, um 100 n. Chr.

Perikles baut die Akropolis

Was aber der Stadt Athen den köstlichsten Schmuck schenkte, was bei den anderen Völkern staunende Bewunderung weckte und heute allein noch für Griechenland Zeugnis davon ablegt, daß des attischen Reiches Macht und Herrlichkeit in alten Zeiten keine leere Dichtung ist – der Bau der heiligen Tempel –, das schalten unter allen Staatshandlungen des Perikles seine Gegner am lautesten, und darüber schmähten sie in den Volksversammlungen am bissigsten (*weil nämlich das Geld der Bundesgenossen dafür verwendet wurde; Perikles aber erklärte, „die Athener seien den Bundesgenossen für jene Gelder keine Rechenschaft schuldig, denn für sie führe Athen seine Kriege und beschütze sie gegen die Perser"*).

Den Waffenfähigen brachte tatsächlich der Kriegsdienst reichliches Auskommen aus dem Bundesschatz. Allein Perikles hatte den Wunsch, daß auch die Masse der nicht eingestellten Arbeiter von dem Verdienst nicht ausgeschlossen sein, ihn aber auch nicht im Müßiggang ohne Arbeit einstecken solle. Deshalb legte er dem Volk entschlossen große Pläne für Bauten und umfassende Entwürfe

φασιν άπό των δημοσίων ώφελεϊσθαι και μεταλαμβάνειν. δπου γάρ ύλη μέν ήν λίθος, χαλκός, ελέφας, χρυσός, έβενος, κυπάρισσος, αί δέ ταύτην έκπονοϋσαι και κατεργαζόμενοι τέχναι, τέκτονες, πλάσται, χαλκοτύποι, λιθουργοί, βαφείς, χρυσού μαλακτήρες και ελέφαντος, ζωγράφοι, ποικιλταί, τορευταί, πομποί δέ τούτων και κομιστήρες, έμποροι και ναϋται και κυβερνήται κατά θάλατταν, οί δέ κατά γήν άμαξοπηγοί και ζευγοτρόφοι και ήνίοχοι και καλωστρόφοι και λινουργοί και σκυτοτόμοι και όδοποιοί και μεταλλείς, έκάστη δέ τέχνη, καθάπερ στρατηγός ίδιον στράτευμα, τόν θητικόν όχλον και ίδιώτην συντεταγμένον είχεν, όργανον και σώμα τής υπηρεσίας γινόμενον, είς πάσαν ώς έπος είπείν ήλικίαν και φύσιν αί χρείαι διένεμον και διέσπειρον τήν εύπορίαν.

Άναβαινόντων δέ τών έργων υπερηφάνων μέν μεγέθει, μορφή δ' άμιμήτων και χάριτι, τών δημιουργών άμιλλωμένων ύπερβάλλεσθαι τήν δημιουργίαν τή καλλιτεχνία, μάλιστα θαυμάσιον ήν τό τάχος. ών γάρ έκαστον ώοντο πολλαίς διαδοχαίς και ήλικίαις μόλις έπί τέλος άφίξεσθαι, ταύτα πάντα μιάς άκμή πολιτείας έλάμβανε τήν συντέλειαν.

Όθεν και μάλλον θαυμάζεται τά Περικλέους έργα πρός πολύν χρόνον έν όλίγω γενόμενα. κάλλει μέν γάρ έκαστον εύθύς ήν τότ' άρχαίον, άκμή δέ μέχρι νύν πρόσφατόν έστι και νεουργόν· ούτως έπανθεί καινότης άεί τις άθικτον ύπό τού χρόνου διατηρούσα τήν όψιν,

für Unternehmungen vor, deren Ausführung sich über eine lange Zeit erstrecken würde. So sollten die Bürger zu Hause so gut wie die Mannschaften auf den Kriegsschiffen, im Heer oder in den Festungen Gelegenheit haben, auch ihrerseits Lohn aus dem Bundesschatz zu bekommen. Was man brauchte, waren Steine, Erz, Elfenbein, Gold, Zypressen- und Ebenholz. Zu deren Bearbeitung gehörten Arbeiter wie Zimmerleute, Bildhauer, Kupferschmiede, Steinmetzen, Färber, Goldarbeiter, Elfenbeinschmelzer, Maler, Sticker und Bildschnitzer; für den Transport brauchte man zur See Kaufleute, Matrosen, Schiffsoffiziere, zu Lande Wagenbauer, Pferdehalter, Fuhrleute, Seiler, Leinweber, Sattler, Straßenbauer und Bergleute. Jedes Handwerk hatte noch wie ein Feldherr ein eignes Heer von ungelernten und Gelegenheitsarbeitern unter sich, die bei der Arbeit als Handlanger dienten. Auf diese Weise konnten die mancherlei Arbeiten sozusagen über jedes Alter, über jeden Stand reichen Gewinn ausbreiten und ausstreuen.

Als so die Bauten emporwuchsen in ihrer stolzen Größe, unnachahmlich in dem Reiz ihrer Formen, als die Handwerker wetteiferten, das Handwerk zur Kunst emporzuheben, da war doch das Wunderbarste die Schnelligkeit. Denn keines dieser Werke, glaubte man, würde je durch die Arbeit vieler Generationen nacheinander fertig werden: aber sie alle wurden in der glänzenden Zeit dieser einen Regierung vollendet.

Um so größere Bewunderung verdienen deshalb auch die Bauten des Perikles: in kurzer Zeit geschaffen für ewige Zeit. Denn in seiner Schönheit trug schon damals gleich jeder Bau in seinem Glanze den Adel des Alters, trägt er noch heute den Adel der Frische wie am ersten Tag. So

ὥσπερ ἀειθαλὲς πνεῦμα καὶ ψυχὴν ἀγήρω καταμεμειγμένην τῶν ἔργων ἐχόντων.

Pericles 158 d—159 e

RÖMISCHE STIMMEN

CICERO

Quamquam id quidem infinitum est in hac urbe; quacumque enim ingredimur, in aliqua historia vestigium ponimus.

De fin. V 5

CICERO

Adsunt Atheniensis, unde humanitas doctrina religio fruges iura leges ortae atque in omnes terras distributae putantur; de quorum urbis possessione propter pulchritudinem etiam inter deos certamen fuisse proditum est; quae vetustate ea est, ut ipsa ex sese suos cives genuisse dicatur et eorum eadem terra parens altrix patria dicatur; auctoritate autem tanta est, ut iam fractum prope ac debilitatum Graeciae nomen huius urbis laude nitatur.

Pro Flacco 62

blüht seine Jugend ewig; unberührt von der Zeit, wahrt sie die Schönheit, als trügen die Werke den ewigen Hauch einer nie alternden Seele in sich.

Plutarch, um 100 n. Chr. W. Ax

RÖMISCHE STIMMEN

Cicero

Aber für solche Dinge gibt es in dieser Stadt gar kein Ende. Wo auch immer man geht, man tritt immer in die Spur einer geschichtlichen Denkwürdigkeit.

1. Jh. v. Chr. A. Kabza

Cicero

Da sind die Gesandten von Athen. Von ihrer Stadt sind, wie man glaubt, die Kultur, die Wissenschaft, die Religion, sowie auch der Getreidebau, die Rechtsbegriffe, die Gesetze ausgegangen und haben sich über alle Länder verbreitet; eine Stadt, um deren Besitz wegen ihrer Schönheit nach der Überlieferung selbst Götter kämpften, eine Stadt von solchem Alter, daß sie aus sich selbst ihre Bürger geboren haben soll und immer noch als deren Erzeugerin, Nährmutter und Heimat gilt. Ein solches Ansehen genießt sie, daß der Name Griechenlands, der jetzt so gut wie gebrochen und entkräftet ist, in dem Ruhm dieser Stadt eine Stütze hat.

1. Jh. v. Chr.

AM ENDE DES ANTIKEN ZEITALTERS

ΠΡΑΞΕΙΣ ΑΠΟΣΤΟΛΩΝ

Ἐπιλαβόμενοι δὲ αὐτοῦ ἐπὶ τὸν Ἄρειον πάγον ἤγαγον, λέγοντες· Δυνάμεθα γνῶναι, τίς ἡ καινὴ αὕτη ἡ ὑπὸ σοῦ λαλουμένη διδαχή; ξενίζοντα γάρ τινα εἰσφέρεις εἰς τὰς ἀκοὰς ἡμῶν· βουλόμεθα οὖν γνῶναι τίνα θέλει ταῦτα εἶναι. Ἀθηναῖοι δὲ πάντες καὶ οἱ ἐπιδημοῦντες ξένοι εἰς οὐδὲν ἕτερον ηὐκαίρουν ἢ λέγειν τι ἢ ἀκούειν τι καινότερον. σταθεὶς δὲ Παῦλος ἐν μέσῳ τοῦ Ἀρείου πάγου ἔφη· Ἄνδρες Ἀθηναῖοι, κατὰ πάντα ὡς δεισιδαιμονεστέρους ὑμᾶς θεωρῶ. διερχόμενος γὰρ καὶ ἀναθεωρῶν τὰ σεβάσματα ὑμῶν εὗρον καὶ βωμὸν ἐν ᾧ ἐπεγέγραπτο· Ἀγνώστῳ Θεῷ. ὃ οὖν ἀγνοοῦντες εὐσεβεῖτε, τοῦτο ἐγὼ καταγγέλλω ὑμῖν.

Acta Apost. 17, 19—23

ΣΥΝΕΣΙΟΣ

Καὶ κακὸς κακῶς ὁ δεῦρό με κομίσας ἀπόλοιτο ναύκληρος· ὡς οὐδὲν ἔχουσιν αἱ νῦν Ἀθῆναι σεμνὸν ἀλλ' ἢ τὰ κλεινὰ τῶν χωρίων ὀνόματα. καὶ καθάπερ ἱερείου διαπεπραγμένου τὸ δέρμα λείπεται, γνώρισμα τοῦ πάλαι ποτὲ ζῴου, οὕτως ἐνθένδε φιλοσοφίας ἐξῳκισμένης λείπεται περινοστοῦντα θαυμάζειν τὴν Ἀκαδημίαν τε καὶ τὸ Λύκειον καὶ νὴ Δία τὴν ποικίλην στοάν, τὴν ἐπώνυμον τῆς Χρυσίππου φιλοσοφίας, νῦν οὐκέτ' οὖσαν ποικίλην. ὁ γὰρ ἀνθύπατος τὰς σανίδας ἀφείλετο, αἷς ἐγκατέθετο τὴν τέχνην ὁ ἐκ Θάσου Πολύγνωτος.

ATHEN

AM ENDE DES ANTIKEN ZEITALTERS

Neuer Geist

Sie nahmen ihn aber und führten ihn auf den Areopag und sprachen: Können wir auch erfahren, was das für eine neue Lehre sei, die du lehrst? Denn du bringst etwas Neues vor unsere Ohren; wir wollen gerne wissen, was das sei. Die Athener aber alle, auch die dort weilenden Fremden, waren auf nichts anderes gerichtet, als Neues zu sagen oder zu hören. Paulus aber stand mitten auf dem Areopag und sprach: Ihr Männer von Athen, ich sehe, daß ihr in allen Stücken gar sehr die Götter fürchtet; denn als ich umherging und eure Heiligtümer betrachtete, fand ich einen Altar, auf dem geschrieben stand: Dem unbekannten Gott. Nun verkündige ich euch denselben, dem ihr unwissend Gottesdienst tut.

Apostelgeschichte, 1. Jh. n. Chr.　　　　　　　　　　Nach Luther

Verfall

Verwünscht sei der böse Schiffsherr, der mich hierher gebracht hat. Denn das jetzige Athen hat nichts Verehrungswürdiges mehr, es sei denn die berühmten Namen der Örtlichkeiten. Und wie an ein Opfertier, das verzehrt wurde, nur noch die Haut erinnert, die übrig blieb, so kann man, nachdem die Philosophie von hier abgewandert ist, herumgehen und etwa die Akademie bewundern und das Lykeion und, beim Zeus, die bunte Stoa, die der Philosophie des Chrysippos den Namen gab, jetzt aber gar nicht mehr bunt ist. Der Prokonsul nämlich ließ die Tafeln wegnehmen, auf denen Polygnot von Thasos seine Kunst aus-

νῦν μὲν οὖν ἐν τοῖς καθ' ἡμᾶς χρόνοις Αἴγυπτος τρέφει τὰς Ὑπατίας δεξαμένη γονάς· αἱ δὲ Ἀθῆναι, πάλαι μὲν ἦν ἡ πόλις ἑστία σοφῶν, τὸ δὲ νῦν ἔχον σεμνύνουσιν αὐτὰς οἱ μελιττουργοί.

Epist. 135

STADTBESCHREIBUNG IM EINZELNEN

ΗΡΑΚΛΕΙΔΗΣ

Ἐντεῦθεν εἰς τὸ Ἀθηναίων ἄστυ..., ὁδὸς δὲ ἡδεῖα, γεωργουμένη πᾶσα, ἔχουσά τι τῇ ὄψει φιλάνθρωπον. ἡ δὲ πόλις ξηρὰ πᾶσα, οὐκ εὔυδρος, κακῶς ἐρρυμοτομημένη διὰ τὴν ἀρχαιότητα. αἱ μὲν πολλαὶ τῶν οἰκιῶν εὐτελεῖς, ὀλίγαι δὲ χρήσιμαι. ἀπιστηθείη δ' ἂν ἐξαίφνης ὑπὸ τῶν ξένων θεωρουμένη, εἰ αὕτη ἐστὶν ἡ προσαγορευομένη τῶν Ἀθηναίων πόλις· μετ' οὐ πολὺ δὲ πιστεύσειεν ἄν τις. ὧδε ἦν τῶν ἐν τῇ οἰκουμένῃ κάλλιστον· θέατρον ἀξιόλογον, μέγα καὶ θαυμαστόν· Ἀθηνᾶς ἱερὸν πολυτελές, ἀπόβιον, ἄξιον θέας, ὁ καλούμενος Παρθενών, ὑπερκείμενον τοῦ θεάτρου· μεγάλην κατάπληξιν ποιεῖ τοῖς θεωροῦσιν· Ὀλύμπιον, ἡμιτελὲς μέν, κατάπληξιν δ' ἔχον τὴν τῆς οἰκοδομίας ὑπογραφήν, γενόμενον δ' ἂν βέλτιστον, εἴπερ συνετελέσθη· γυμνάσια τρία, Ἀκαδημία Λύκειον Κυνόσαργες, πάντα κατάδενδρά τε καὶ τοῖς ἐδάφεσι ποώδη, ἑορταὶ παντοδαπαί·

gebreitet hatte. In jetziger Zeit ist es Ägypten, das die Saat der Hypatia aufnimmt und aufgehen läßt, Athen aber, einst der Herd der Weisen, wird jetzt nur noch von Bienenzüchtern gerühmt.

Synesios, um 400 n. Chr. Aus einem Brief an seinen Bruder; Synesios wurde später christlicher Bischof. Polygnot ist der klassische Vertreter der griechischen Malerei. Stoa poikile hieß die Säulenhalle, in der sich die „Stoiker" trafen; Chrysipp war einer der führenden Stoiker. Hypatia hieß eine neuplatonische Philosophin in Alexandria zur Zeit des Synesios.

STADTBESCHREIBUNG IM EINZELNEN

Die Stadt und ihre Bewohner

Von dort gelangt man zur Stadt der Athener. Der Weg ist sanft, das Land ringsum bebaut, ein freundlicher Anblick. Die Stadt selbst ist durchaus trocken und besitzt keine gute Wasserleitung. Die Straßen sind winklig, da ja die Stadt so alt ist. Die Mehrzahl der Häuser ist ärmlich, nur wenige sind wohnlich. Auf den ersten Blick könnten Fremde bezweifeln, daß dies die gepriesene Stadt der Athener sei; bald aber werden sie es wohl glauben. So ist dort das Schönste der Welt: Das Theater ist bedeutend, groß und schön. Der Tempel der Athene ist prachtvoll, der Welt entrückt und sehr sehenswert; er heißt Parthenon und liegt oberhalb des Theaters; großes Erstaunen löst sein Anblick aus. Das Olympion ist zwar nur halb fertig, doch macht der Plan des Gebäudes tiefen Eindruck; es wäre wohl der großartigste Bau, wenn man ihn vollendet hätte. Drei Gymnasien gibt es: die Akademie, das Lykeion und das Kynosarges, die alle mit Bäumen und Rasenflächen ge-

φιλοσόφων παντοδαπῶν ψυχῆς ἀπάται καὶ ἀνάπαυσις· σχολαὶ πολλαί, θέαι συνεχεῖς.

Fr. 1, 1

Τῶν δ' ἐνοικούντων οἱ μὲν αὐτῶν Ἀττικοὶ οἱ δ' Ἀθηναῖοι. οἱ μὲν Ἀττικοὶ περίεργοι ταῖς λαλιαῖς, ὕπουλοι, συκοφαντώδεις, παρατηρηταὶ τῶν ξενικῶν βίων· οἱ δ' Ἀθηναῖοι μεγαλόψυχοι, ἁπλοῖ τοῖς τρόποις, φιλίας γνήσιοι φύλακες. διατρέχουσι δέ τινες ἐν τῇ πόλει λογογράφοι, σείοντες τοὺς παρεπιδημοῦντας καὶ εὐπόρους τῶν ξένων· οὓς ὅταν ὁ δῆμος λάβῃ, σκληραῖς περιβάλλει ζημίαις. οἱ δὲ εἰλικρινεῖς Ἀθηναῖοι δριμεῖς τῶν τεχνῶν ἀκροαταί, θεαταὶ συνεχεῖς. τὸ καθόλου δ' ὅσον αἱ λοιπαὶ πόλεις πρός τε ἡδονὴν καὶ βίου διόρθωσιν τῶν ἀγρῶν διαφέρουσι, τοσοῦτον τῶν λοιπῶν πόλεων ἡ τῶν Ἀθηναίων παραλλάττει. φυλακτέον δ' ὡς ἔνι μάλιστα τὰς ἑταίρας, μὴ λάθῃ τις ἡδέως ἀπολόμενος.

Fr. 1, 4—5 Pf.

ΠΑΥΣΑΝΙΑΣ

Ἐς δὲ τὴν ἀκρόπολίν ἐστιν ἔσοδος μία· ἑτέραν δὲ οὐ παρέχεται, πᾶσα ἀπότομος οὖσα καὶ τεῖχος ἔχουσα ἐχυρόν.

Τὰ δὲ προπύλαια λίθου λευκοῦ τὴν ὀροφὴν ἔχει, καὶ κόσμῳ καὶ μεγέθει τῶν λίθων μέχρι γε καὶ ἐμοῦ προεῖχε.

Τῶν δὲ προπυλαίων ἐν δεξιᾷ Νίκης ἐστὶν Ἀπτέρου ναός. ἐντεῦθεν ἡ θάλασσά ἐστι σύνοπτος, καὶ ταύτῃ ῥίψας Αἰγεὺς ἑαυτόν, ὥς λέγουσιν, ἐτελεύτησεν. ἔστι

schmückt sind, allerlei Feste, ferner von den verschiedenen Philosophen viele Zerstreuungen und Erholungen der Seele, viel Zeitvertreib und ständig Theaterspiele.

Von den Einwohnern sind die einen Attiker, die anderen Athener. Die Attiker sind betriebsam, geschwätzig, heimtückisch, verleumderisch, Beobachter des Lebens der Fremden. Die Athener dagegen sind großmütig, einfach in den Sitten und wahrhaft treu in der Freundschaft. Es wimmelt aber auch in der Stadt von Winkeladvokaten, welche den vorübergehend dort weilenden reichen Fremden das Geld aus der Tasche ziehen. Wenn das Volk sie erwischt, ist die Bestrafung sehr streng. Die wahren Athener aber sind scharfsinnige Kunstrichter und unentwegte Zuschauer. Kurz gesagt, Athen übertrifft auf dem Gebiete des Genusses und der Lebensgestaltung die übrigen Städte in demselben Maße, wie diese sich vom Dorfe unterscheiden. In acht nehmen muß man sich aber besonders vor den Dirnen, um nicht unversehens in Lüsten zu versinken.

Herakleides, 3. Jh. v. Chr.

Die Akropolis

Die Akropolis besitzt nur einen Zugang. Einen anderen gibt es nicht, da sie ringsum steil abfällt und eine mächtige Mauer hat.

Die Propyläen haben eine Decke von weißem Marmor, sie sind an Schönheit und Größe der Steine bis zu meiner Zeit jedenfalls unerreicht.

Zur Rechten der Propyläen steht der Tempel der ungeflügelten Nike. Von dort kann man das Meer sehen, und

δὲ ἐν ἀριστερᾷ τῶν προπυλαίων οἴκημα ἔχον γραφάς.

Ἐς δὲ τὸν ναὸν ὃν Παρθενῶνα ὀνομάζουσιν, ἐς τοῦτον ἐσιοῦσιν ὁπόσα ἐν τοῖς καλουμένοις ἀετοῖς κεῖται, πάντα ἐς τὴν Ἀθηνᾶς ἔχει γένεσιν, τὰ δὲ ὄπισθεν ἡ Ποσειδῶνος πρὸς Ἀθηνᾶν ἐστιν ἔρις ὑπὲρ τῆς γῆς. αὐτὸ δὲ ἔκ τε ἐλέφαντος τὸ ἄγαλμα καὶ χρυσοῦ πεποίηται.

Ἔστι δὲ καὶ οἴκημα Ἐρέχθειον καλούμενον. ἐσελθοῦσι δέ εἰσι βωμοί, Ποσειδῶνος ἐφ᾽ οὗ καὶ Ἐρεχθεῖ θύουσιν ἔκ του μαντεύματος, καὶ ἥρωος Βούτου, τρίτος δὲ Ἡφαίστου. καί, διπλοῦν γάρ ἐστι τὸ οἴκημα, ὕδωρ ἐστὶν ἔνδον θαλάσσιον ἐν φρέατι. καὶ τριαίνης ἐστὶν ἐν τῇ πέτρᾳ σχῆμα. ταῦτα δὲ λέγεται Ποσειδῶνι μαρτύρια ἐς τὴν ἀμφισβήτησιν τῆς χώρας φανῆναι.

I 22 4—I 26 5

ΗΡΟΔΟΤΟΣ

Ἔστι ἐν τῇ ἀκροπόλι ταύτῃ Ἐρεχθέος τοῦ γηγενέος λεγομένου εἶναι νηός, ἐν τῷ ἐλαίη τε καὶ θάλασσα ἔνι, τὰ λόγος παρὰ Ἀθηναίων Ποσειδέωνά τε καὶ Ἀθηναίην ἐρίσαντας περὶ τῆς χώρης μαρτύρια θέσθαι.

das ist die Stelle, von der sich Aigeus der Sage nach zu Tode stürzte. Zur Linken des Toreingangs befindet sich ein Gemach, welches Gemälde birgt.

Beim Eintritt in den sogenannten Parthenon gewahrt man die Giebelfiguren, die sich alle auf die Geburt der Athene beziehen; im rückwärtigen Giebelfeld ist der Streit Poseidons mit Athene um den Besitz des Landes dargestellt. Das Kultbild ist aus Gold und Elfenbein gearbeitet.

Es gibt dort auch noch ein Bauwerk, das den Namen Erechtheion führt. Wenn man hineingeht, sieht man drei Altäre: Dem Poseidon gehört der eine; auf ihm opfert man nach einem Orakelspruch auch dem Erechtheus. Ein anderer gehört dem Heros Butes, ein dritter dem Hephaistos. Weiter innen – das Gebäude ist nämlich zweiteilig – befindet sich das Meerwasser in einer Zisterne. Ferner ist ein Dreizackmal im Fels zu erkennen. Das sind, so sagt man, die Zeichen, die Poseidon setzte, um seinen Anspruch auf das Land geltend zu machen.

Pausanias, 2. Jh. n. Chr. Bruchstücke der Giebelfiguren sind in London und Athen zu sehen. Vom Kultbild des Phidias kennen wir nur sehr verkleinerte schwache Nachbildungen. — Die Meerwasserzisterne ist im Erechtheion deutlich sichtbar; das Dreizackmal befindet sich unter der Nordhalle.

Der heilige Ölbaum

Auf der Akropolis steht auch ein Tempel des Erechtheus, der aus der Erde geboren sein soll. Darin befindet sich ein Ölbaum und ein Brunnen mit Meerwasser. Davon erzählen die Athener, Poseidon und Athene hätten sie beim Streit um dieses Land als Zeugnis aufgestellt. Den Ölbaum nun hatte das Schicksal des übrigen Heiligtums getroffen; er

ταύτην ὦν τὴν ἐλαίην ἅμα τῷ ἄλλῳ ἱρῷ κατέλαβε ἐμπρησθῆναι ὑπὸ τῶν βαρβάρων· δευτέρῃ δὲ ἡμέρῃ ἀπὸ τῆς ἐμπρήσιος Ἀθηναίων οἱ θύειν ὑπὸ βασιλέος κελευόμενοι ὡς ἀνέβησαν ἐς τὸ ἱρόν, ὥρων βλαστὸν ἐκ τοῦ στελέχεος ὅσον τε πηχυαῖον ἀναδεδραμηκότα. οὗτοι μέν νυν ταῦτα ἔφρασαν.

VIII 55

ΘΟΥΚΥΔΙΔΗΣ

Τούτῳ τῷ τρόπῳ οἱ Ἀθηναῖοι τὴν πόλιν ἐτείχισαν ἐν ὀλίγῳ χρόνῳ, καὶ δήλη ἡ οἰκοδομία ἔτι καὶ νῦν ἐστιν ὅτι κατὰ σπουδὴν ἐγένετο. οἱ γὰρ θεμέλιοι παντοίων λίθων ὑπόκεινται καὶ οὐ ξυνειργασμένων ἔστιν ᾗ, ἀλλ' ὡς ἕκαστόν ποτε προσέφερον, πολλαί τε στῆλαι ἀπὸ σημάτων καὶ λίθοι εἰργασμένοι ἐγκατελέγησαν. μείζων γὰρ ὁ περίβολος πανταχῇ ἐξήχθη τῆς πόλεως, καὶ διὰ τοῦτο πάντα ὁμοίως κινοῦντες ἠπείγοντο.

I 93 1—2

ΠΑΥΣΑΝΙΑΣ

Ἔστι δὲ ὁδὸς ἀπὸ τοῦ πρυτανείου καλουμένη Τρίποδες· ἀφ' οὗ καλοῦσι τὸ χωρίον, ναοὶ ὅσον ἐς τοῦτο

wurde von den Barbaren verbrannt. Am zweiten Tag nach dem Brand aber, als die Athener auf das Gebot des Königs zum Opfer in die heilige Stätte hinanschritten, sahen sie, daß der Stumpf schon wieder einen etwa ellenlangen Schoß getrieben hatte. So erzählten die Athener.

Herodot, 5. Jh. v. Chr. Heute wächst an derselben Stelle ein in unseren Zeiten neu gepflanztes Olivenbäumchen.

J. Feix

Die themistokleische Mauer

Auf diese Weise befestigten die Athener ihre Stadt in kurzer Zeit, und es ist noch heutigentags zu sehen, daß die Errichtung der Mauer in Eile geschah. Die Grundmauern nämlich bestehen aus sehr verschiedenen Steinen; hin und wieder sind sie nicht einmal behauen, sondern wurden so eingebaut, wie man sie gerade herangeschleppt hatte. Dazwischen fügte man auch Stelen von Gräbern und bereits verarbeitete Steine ein. Denn die Stadtmauer wurde ringsum weiter über den tatsächlichen Umfang der Stadt hinaus angelegt; deshalb wurde alles ohne Wahl in Eile herangebracht.

Thukydides, 5. Jh. v. Chr. An der Nordmauer der Akropolis können wir etwas Ähnliches beobachten: Säulentrommeln und Kapitelle von zerstörten und unvollendeten Tempeln fanden dort als Baumaterial Verwendung. Im Archaischen Saal des Nationalmuseums sieht man mehrere bedeutende Funde aus der themistokleischen Mauer: zwei Stelenfragmente (das eine roh zurechtgehauen, um in die Mauer eingefügt zu werden) und zwei Basen von Grabstatuen (mit den berühmten Sportreliefs).

Tripodenstraße und Lysikratesdenkmal

Vom Prytaneion (*Regierungsgebäude*) geht eine Straße aus, genannt „Die Dreifüße". Der Name kommt von

μεγάλοι, καί σφισιν εφεστήκασι τρίποδες χαλκοί μέν, μνήμης δε άξια μάλιστα περιέχοντες ειργασμένα.

I 20 1

LIVIUS

Magnificentiae vero in deos vel Iovis Olympii templum Athenis, unum in terris inchoatum pro magnitudine dei, potest testis esse.

XLI 20

ΣΧΟΛΙΑΣΤΗΣ

Δύο δε Κεραμεικοί 'Αθήνησιν· ὁ μεν ένδον της πόλεως, ὁ δε έξω. ένθα καί τους εν πολέμῳ τελευτήσαντας έθαπτον δημοσίᾳ καί τους επιταφίους έλεγον. εἰσί δε ένθεν καί ένθεν στῆλαι επί τοῖς δημοσίᾳ τεθαμμένοις έχουσαι επιγραφάς ποῦ έκαστος τέθαπται. εν δε τῷ ετέρῳ ἦσάν τε καί προειστήκεσαν αἱ πόρναι.

Schol. Aristoph. Equ. 772

den verhältnismäßig großen Tempelchen, auf denen Dreifüße aus Erz stehen; teils enthalten sie aber auch bemerkenswerte Kunstwerke.

Pausanias, 2. Jh. n. Chr. Ein solches Rundtempelchen, bestimmt zum Tragen eines Dreifußes, ist in der heute wieder so benannten Tripodenstraße zu sehen. Es wurde im Jahre 335/4 v. Chr. als Denkmal für den Theatersieg eines Lysikrates errichtet. Andere Bauten dieser Art mögen auch einen Innenraum mit Statuen besessen haben.

Das Olympieion

Für die Pracht aber, die *König Antiochos IV. von Syrien* zu Ehren der Götter entfaltete, zeugt der Tempel des Olympischen Zeus zu Athen, der als einziger in der Welt der Größe des Gottes entsprechend angelegt wurde.

Livius, um die Zeitwende. Über diesen Tempel s. auch S. 77. Begonnen wurde er unter den Peisistratiden Ende d. 6. Jh. Im 2. Jh. v. Chr. setzte Antiochos IV. den Bau fort, und Kaiser Hadrian vollendete ihn im 2. Jh. n. Chr. 14 prächtige korinthische Säulen stehen noch heute; eine liegt seit 1852 am Boden.

Der Kerameikos

In Athen gibt es zwei Kerameikos-Bezirke, einen innerhalb, einen außerhalb der Stadt. Dort bestattete man auch die Kriegsgefallenen auf Staatskosten und hielt die Grabreden. Hier und dort stehen die Stelen für die auf Staatskosten Bestatteten, mit Inschriften darauf, die anzeigen, wer wo bestattet ist. Im anderen, inneren, Kerameikos-Bezirk wohnten und boten sich feil die Dirnen.

Gelehrte Anmerkung aus nachklassischer Zeit zu einem Aristophanes-Vers. Eine Grabrede, wie sie hier erwähnt wird, hielt, wie Thukydides berichtet, auch Perikles, vgl. S. 63—65. Der Kerameikos-Bezirk mit seinen Bauten und Gräbern ist seit Jahrzehnten ein deutsches Grabungsfeld.

ΕΠΙΓΡΑΦΗ
ΘΙΒΡΑΚΟΣ ΠΟΛΕΜΑΡΧΟΣ ΧΑΙΡΟΝ ΠΟΛΕΜΑΡΧΟΣΜ

In situ

ΞΕΝΟΦΩΝ

Οἱ δὲ Λακεδαιμόνιοι, ἐπεὶ αὐτῶν πολλοὶ ἐτιτρώσκοντο, μάλα πιεζόμενοι ἀνεχώρουν ἐπὶ πόδα· οἱ δ' ἐν τούτῳ πολὺ μᾶλλον ἐπέκειντο. ἐνταῦθα καὶ ἀποθνήσκει Χαίρων τε καὶ Θίβραχος, ἄμφω πολεμάρχω, καὶ Λακράτης ὁ ὀλυμπιονίκης καὶ ἄλλοι οἱ τεθαμμένοι Λακεδαιμονίων πρὸ τῶν πυλῶν ἐν Κεραμεικῷ.

Hellen. II 4, 33

ΣΤΡΑΒΩΝ

Ποταμοὶ δ' εἰσὶν ὁ μὲν Κηφισσὸς ἐκ Τρινεμέων τὰς ἀρχὰς ἔχων, ῥέων δὲ διὰ τοῦ πεδίου, ἐφ' οὗ καὶ ἡ Γέφυρα καὶ οἱ Γεφυρισμοί, διὰ δὲ τῶν σκελῶν τῶν ἀπὸ τοῦ ἄστεος εἰς τὸν Πειραιᾶ καθηκόντων, ἐκδίδωσιν εἰς Φαληρικόν, χειμαρρώδης τὸ πλέον, θέρους δὲ μειοῦται τὸ τελέως. ἔστι δὲ τοιοῦτος μᾶλλον ὁ Ἰλισσός, ἐκ θατέρου μέρους τοῦ ἄστεος ῥέων εἰς τὴν αὐτὴν παραλίαν, ἐκ τῶν ὑπὲρ τῆς Ἄγρας καὶ τοῦ Λυκείου μερῶν, καὶ τῆς πηγῆς, ἣν ὕμνηκεν ἐν Φαίδρῳ Πλάτων.

IX 400

Das Lakedämoniergrab

THIBRAKOS Oberst CHAIRON Oberst M...

Inschrift

Xenophon

Die Lakedaimonier, unter denen es eine Menge Verwundete gab, wichen arg bedrängt Schritt für Schritt zurück, aber die Gegner setzten ihnen gleichzeitig um so härter zu. Da fielen Chairon und Thibrachos, beides Polemarchen, und Lakrates, der Sieger in den Olympischen Spielen, sowie andere Lakedaimonier, welche alle vor den Stadttoren auf dem Kerameikos begraben liegen.

4. Jh. v. Chr.   G. Strasburger

Das hier genannte Grab mit 13 Skeletten ist wiedergefunden worden und dabei das Fragment einer Grabinschrift, welches im lakonischen Alphabet die Namen Chairon und Thibrachos mit ihrem Polemarchentitel enthält.

Kephissos und Ilissos

An Flüssen gibt es dort erstens den Kephissos, der im Trinemischen Gau entspringt und die Ebene durchfließt; in der Ebene liegt auch die Brücke *der Heiligen Straße,* wo die Spott- und Neckreden *bei der eleusinischen Prozession* gehalten werden; sodann fließt er unter den Mauerschenkeln durch, die von der Stadt zum Piräus hinablaufen, und mündet in die Bucht von Phaleron; ein reißender Gießbach meistens, im Sommer aber versiegt er völlig. Das gilt noch mehr vom Ilissos, der auf der anderen Seite der Stadt fließt, aber demselben Gestade zueilt; er kommt aus dem Gebiet oberhalb von Agra und dem Lykeion, und zwar aus der Quelle, die Platon im „Phaidros" gepriesen hat.

Strabon, um die Zeitwende.

ΠΛΑΤΩΝ

ΣΩΚΡΑΤΗΣ: Ἀτάρ, ὦ ἑταῖρε, μεταξὺ τῶν λόγων, ἆρ' οὐ τόδε ἦν τὸ δένδρον ἐφ' ὅπερ ἦγες ἡμᾶς;
ΦΑΙΔΡΟΣ: Τοῦτο μὲν οὖν αὐτό.
ΣΩΚΡΑΤΗΣ: Νὴ τὴν Ἥραν, καλή γε ἡ καταγωγή· ἥ τε γὰρ πλάτανος αὕτη μάλ' ἀμφιλαφής τε καὶ ὑψηλή, τοῦ τε ἄγνου τὸ ὕψος καὶ τὸ σύσκιον πάγκαλον, καὶ ὡς ἀκμὴν ἔχει τῆς ἄνθης, ὡς ἂν εὐωδέστατον παρέχοι τὸν τόπον· ἥ τε αὖ πηγὴ χαριεστάτη ὑπὸ τῆς πλατάνου ῥεῖ μάλα ψυχροῦ ὕδατος, ὥστε γε τῷ ποδὶ τεκμήρασθαι. Νυμφῶν τέ τινων καὶ Ἀχελῴου ἱερὸν ἀπὸ τῶν κορῶν τε καὶ ἀγαλμάτων ἔοικεν εἶναι. εἰ δ' αὖ βούλει, τὸ εὔπνουν τοῦ τόπου ὡς ἀγαπητὸν καὶ σφόδρα ἥδη θερινόν τε καὶ λιγυρὸν ὑπηχεῖ τῷ τῶν τεττίγων χορῷ. πάντων δὲ κομψότατον τὸ τῆς πόας, ὅτι ἐν ἠρέμα προσάντει ἱκανὴ πέφυκε κατακλινέντι τὴν κεφαλὴν παγκάλως ἔχειν. ὥστε ἄριστά σοι ἐξενάγηται, ὦ φίλε Φαῖδρε.

Phaidros 230 a—c.

ΠΑΥΣΑΝΙΑΣ

Τῆς ἠπείρου τῆς Ἑλληνικῆς, κατὰ νήσους τὰς Κυκλάδας καὶ πέλαγος τὸ Αἰγαῖον, ἄκρα Σούνιον πρόκειται γῆς τῆς Ἀττικῆς· καὶ λιμήν τε παραπλεύσαντι τὴν ἄκραν ἐστὶ καὶ ναὸς Ἀθηνᾶς Σουνιάδος ἐπὶ κορυφῇ τῆς ἄκρας.

I 11

An der Illissos-Quelle

Sokrates: Aber, mein Freund, was ich sagen wollte - war das nicht der Baum, zu dem du uns führen wolltest?
Phaidros: Freilich, eben der ist es.
Sokrates: Ja, bei Hera, ein schöner Ruheplatz; denn diese Platane hier ist mächtig ausladend und hoch, prächtig ist auch der hohe Wuchs des Keuschbaums mit seinem dichten Schatten, und wie er gerade in vollster Blüte steht, gibt er der Stelle wohl den angenehmsten Duft. Und dann fließt die lieblichste Quelle unter der Platane, mit ganz kühlem Wasser, wie man sich mit dem Fuß überzeugen kann. Einigen Nymphen und dem Acheloos scheint das Heiligtum zu gehören, nach den Mädchenfiguren und sonstigen Weihbildern zu schließen. Und dann sieh bitte nur weiter: die gute Luft des Ortes, wie erwünscht, und schon geradezu sommerlich und hell tönt sie wieder vom Chor der Zikaden. Das Allerfeinste aber ist, wie es mit dem Gras steht, weil es sanft ansteigend dem ausgestreckt Ruhenden eine prächtige Unterlage für den Kopf bietet. So muß ich sagen: du hast dich aufs beste als Fremdenführer betätigt, mein lieber Phaidros.

Platon, 4. Jh. v. Chr.   W. Buchwald

Kap Sunion

Als Ausläufer des griechischen Festlandes und gegen die Kykladen und das Ägäische Meer vorgestreckt, liegt Kap Sunion am äußersten Ende von Attika. Es ist auch ein Hafen da für Schiffe, die das Kap passieren, und ein Tempel steht oben auf dem Gipfel des vorspringenden Berges.

Pausanias, 2. Jh. n. Chr. Der marmorne Tempel auf der Spitze von Sunion (5. Jh. v. Chr.) war Poseidon geweiht. Pausanias bezeichnet ihn irrig als Athene-Tempel; ein solcher lag unweit von diesem auf einer anderen Anhöhe und ist heute nur in sehr geringen Resten erhalten.

ΠΑΥΣΑΝΙΑΣ

Ταύτης της Ἀθηνᾶς ἡ τοῦ δόρατος αἰχμὴ καὶ ὁ λόφος τοῦ κράνους ἀπὸ Σουνίου προσπλέουσίν ἐστιν ἤδη σύνοπτα.

I 28 2

ΣΤΡΑΒΩΝ

Τὸ μὲν οὖν παλαιὸν ἐτετείχιστο καὶ συνῴκιστο ἡ Μουνυχία παραπλησίως ὥσπερ ἡ τῶν Ῥοδίων πόλις, προσειληφυῖα τῷ περιβόλῳ τόν τε Πειραιᾶ καὶ τοὺς λιμένας πλήρεις νεωρίων, ἐν οἷς καὶ ἡ ὁπλοθήκη Φίλωνος ἔργον· ἄξιόν τε ἦν ναύσταθμον ταῖς τετρακοσίαις ναυσίν, ὧν οὐκ ἐλάττους ἔστελλον Ἀθηναῖοι. τῷ δὲ τείχει τούτῳ συνῆπτε τὰ καθειλκυσμένα ἐκ τοῦ ἄστεος σκέλη· ταῦτα δ᾽ ἦν μακρὰ τείχη τετταράκοντα σταδίων τὸ μῆκος, συνάπτοντα τὸ ἄστυ τῷ Πειραιεῖ. οἱ δὲ πολλοὶ πόλεμοι τὸ τεῖχος κατήρειψαν καὶ τὸ τῆς Μουνυχίας ἔρυμα, τόν τε Πειραιᾶ συνέστειλαν εἰς ὀλίγην κατοικίαν τὴν περὶ τοὺς λιμένας καὶ τὸ ἱερὸν τοῦ Διὸς τοῦ σωτῆρος.

IX 395 f

Das Wahrzeichen Athens

Die Lanzenspitze und der Helmbusch dieser Athene-Statue wird bereits sichtbar, wenn man von Sunion heransegelt.

Pausanias, 2. Jh. n. Chr. Unmittelbar am Kap Sunion ist allerdings der Blick auf Athen noch nicht frei. Mit der Athene-Statue ist die Promachos des Phidias auf der Akropolis gemeint.

Der Piräus

In alter Zeit war die Munychia-Höhe *(heute Kastella)* ummauert und *rechtwinklig* bebaut, ganz ähnlich wie die Stadt Rhodos; die Mauer umschloß den Piräus und die *drei* Häfen; diese waren von Schiffswerften und Schiffshäusern umstellt, darunter befand sich auch das Zeughaus, ein Werk des Philon. Nicht weniger als 400 Schiffe konnte der Kriegshafen bergen; so viel nämlich vermochten die Athener auszurüsten. An diese Piräus-Mauer schlossen sich die „Schenkel" *(die Langen Mauern)* an, die sich von Athen her erstreckten. Das waren Mauern von 40 Stadien Länge *(etwas über 7 km)*, die die Stadt mit dem Piräus verbanden. Die vielen Kriege haben die Mauer und das Kastell von Munychia zerstört und den Piräus in eine kleine Siedlung verwandelt um die Häfen und das Heiligtum des Zeus Soter herum.

Strabon, um die Zeitwende. Rhodos und der Piräus waren nach einheitlichem, rechtwinkligem Plan des Architekten Hippodamos von Milet erbaut. Reste der Schiffshäuser sind heute stellenweise unter Wasser zu erkennen. Der gesamten Maueranlage versetzte die Belagerung durch Sulla den vernichtenden Schlag.

GELLIUS

Herodes Atticus, vir et Graeca facundia et consulari honore praeditus, accersebat saepe nos, cum apud magistros Athenis essemus, in villas ei urbi proximas me et clarissimum virum Servilianum compluresque alios nostrates, qui Roma in Graeciam ad capiendum ingenii cultum concesserant. Atque ibi tunc, cum essemus apud eum in villa, cui nomen est Cephisia, et aestu anni et sidere autumni flagrantissimo, propulsabamus incommoda caloris lucorum umbra ingentium, longis ambulacris et mollibus, aedium positu refrigeranti, lavacris nitidis et abundis et collucentibus totiusque villae venustate aquis undique canoris atque avibus personante.

Noctes Atticae I 2 1 f

OVIDIUS

Est prope purpureos colles florentis Hymetti
    fons sacer et viridi caespite mollis humus;
silva nemus non alta facit; tegit arbutus herbam;
    ros maris et lauri nigraque myrtus olent;

Kephisia

Herodes Atticus, ein Mann, der sowohl durch griechische Beredsamkeit als auch durch die konsularische Würde ausgezeichnet ist, pflegte uns oft, als ich bei den Gelehrten in Athen studierte, auf seine Villen, die nahe dieser Stadt gelegen sind, einzuladen, mich und den ehrenwerten Servilianus und mehrere andere Landsleute, die von Rom nach Griechenland gekommen waren, um die höchste Geistesbildung zu erlangen. Und wenn wir so bei ihm auf dem Landgut waren, welches den Namen Kephisia führt, in heißen Sommertagen oder unter der Glut des schon herbstlichen Hundsgestirns, da wichen wir der lästigen Hitze aus durch lange und behagliche Spaziergänge im Schatten des ausgedehnten Parkes, durch Aufenthalt im kühl gelegenen Hause, durch Baden in hellschimmernden, vollen Becken und durch den Genuß der Lieblichkeit der ganzen Villa, die von allerseits sprudelndem Wasser und Vogelstimmen widerhallt.

Gellius, 2. Jh. n. Chr. Kephisia ist heute nicht anders als damals Sommersitz reicher Athener Familien, ein Villenort mit schönem Baumwuchs und gepflegten Gärten.

Am Fuße des Hymettos

Nahe den purpurnen Höhn des blumenumkränzten Hymettus
Sprudelt ein heiliger Born; grün ist der Rasen umher.
Mäßige Bäume nur bilden den Hain; in des Arbutus Schatten
Duftet's von Rosmarin-, Lorbeer- und Myrtengebüsch.

nec densum foliis buxum fragilesque myricae

nec tenues cytisi cultaque pinus abest;

lenibus impulsae Zephyris auraque salubri

tot generum frondes herbaque summa tremit.

Ars amat. III 687—694.

ΣΤΡΑΒΩΝ

Εἶτ' Ἐλευσὶς πόλις, ἐν ᾗ τὸ τῆς Δήμητρος ἱερὸν τῆς Ἐλευσινίας καὶ ὁ μυστικὸς σηκός, ὃν κατεσκεύασεν Ἰκτῖνος, ὄχλον θεάτρου δέξασθαι δυνάμενον, ὃς καὶ τὸν Παρθενῶνα ἐποίησε τὸν ἐν ἀκροπόλει τῇ Ἀθηνᾷ, Περικλέους ἐπιστατοῦντος τῶν ἔργων· ἐν δὲ τοῖς δήμοις καταριθμεῖται ἡ πόλις.

IX 395.

CICERO

Nam mihi cum multa eximia divinaque videntur Athenae tuae peperisse atque in vitam hominum attulisse tum nihil melius illis mysteriis, quibus ex agresti immanique vita exculti ad humanitatem et mitigati sumus initiaque ut appellantur, ita re vera principia vitae cognovimus, neque

Buxus mit buschigem Laub, mit schwankem Gezweig
                             Tamarisken,
Zierlicher Kytisus und Pinien fehlen da nicht.
Leise vom Zephyr bewegt und Gesundheit atmenden
                             Lüften
Zittert des Laubes Gemisch, nicken die Gräser umher.

Ovid, um die Zeitwende   Hertzberg—Burger

Eleusis

Es kommt dann die Stadt Eleusis, in der sich das Heiligtum der Demeter und das Mysteriengebiet befinden. Letzteres hat Iktinos gebaut; es vermag so viel Menschen aufzunehmen wie ein Theater. Dieser Baumeister hat auch den Parthenon für die Athene auf der Akropolis gebaut, während Perikles die Oberleitung des Bauwerkes innehatte. Die Stadt Eleusis wird unter die Demen *(Landgaue)* Attikas gerechnet.

Strabon, um die Zeitwende.

Die Eleusinischen Mysterien

Viele hervorragende und göttliche Dinge scheint mir deine Vaterstadt Athen geschaffen und in das Menschenleben eingeführt zu haben; doch geht wohl nichts über jene Mysterien, durch die wir aus bäurischem und rohem Leben zur Menschenbildung gezähmt und veredelt worden sind. Einweihungen heißen sie, und wir sind in der Tat durch sie in die Grundsätze des Lebens eingeweiht worden;

solum cum laetitia vivendi rationem accepimus, sed etiam cum spe meliore moriendi.

De leg. II 36

ΠΙΝΔΑΡΟΣ

Ἀχάρναι δὲ παλαίφατον
εὐάνορες.

Nem. II 16

ΑΡΙΣΤΟΦΑΝΗΣ

Δεῦρο Μοῦσ' ἐλθέ, φλεγυρὰ πυρὸς ἔ-
χουσα μένος ἔντονος Ἀχαρνική.
οἷον ἐξ ἀνθράκων πρινίνων φέψαλος ἀν-
ήλατ' ἐρεθιζόμενος οὐρίᾳ ῥιπίδι,
ἡνίκ' ἂν ἐπανθρακίδες ὦσι παρακείμεναι,
οἱ δὲ Θασίαν ἀνακυκῶσι λιπαράμπυκα,
   οἱ δὲ μάττωσιν, οὕτω σοβαρὸν
   ἐλθὲ μέλος εὔτονον, ἀγροικότονον
   ὡς ἐμὲ λαβοῦσα τὸν δημότην.

Acharn. 665 ff.

wir haben durch sie nicht nur mit Freude zu leben, sondern auch mit einer besseren Hoffnung zu sterben gelernt.

Cicero, 1. Jh. v. Chr. Nach Zumpf
Im Dialog über die Gesetze spricht Cicero diese Worte zu seinem Freunde Atticus.

Acharnai

Acharnai ist seit alters reich
An Männern voll Kraft.

Pindar, 5. Jh. v. Chr. O. Werner

Die Muse von Acharnai

Nun erscheine glühend sprühend
meine Muse von Acharnai,
Muse mit dem Feuergeist.
Liegt der Barsch parat zum Braten,
sind schon angeteigt die Spätzle,
rührt man schon die delikate
himmlisch fette Kräutersauce,
hei wie faucht
dann der Hauch des Blasebalges,
hei wie spritzen, zischen, blitzen
aus den Eichenklobenkohlen
Flammenfunken hell empor.
Also glühend, sprühend, spritzend
ländlich lustig, dörflich derbe
sei das Lied, mit dem du heute,
meine Muse
von Acharnai, mich besuchst.

Aristophanes, 5. Jh. v. Chr. Wilamowitz
Chor der Bauern von Acharnai. Das Dorf Acharnai (Menidhi) liegt etwa 12 km nördlich von Athen.

ΗΡΑΚΛΕΙΔΗΣ

Ἐντεῦθεν εἰς Ὠρωπὸν δι' Ἀφιδνῶν καὶ τοῦ Ἀμφιαράου Διὸς ἱεροῦ ὁδὸν ἐλευθέρῳ βαδίζοντι σχεδὸν ἡμέρας, πρόσαντα. ἀλλ' ἡ τῶν καταλύσεων πολυπληθία τὰ πρὸς τὸν βίον ἔχουσα ἄφθονα καὶ ἀναπαύσεις κωλύει κόπον ἐγγίνεσθαι τοῖς ὁδοιπόροῦσιν.

Fr. 16 Pf.

LIVIUS

Inde Oropum Atticae ventum est, ubi pro deo vates antiquus colitur templumque vetustum est fontibus rivisque circa amoenum.

XLV 27

ΠΑΥΣΑΝΙΑΣ

Ἡ μὲν οὖν πόλις ἐστὶν ἐπὶ θαλάσσης μέγα οὐδὲν ἐς συγγραφὴν παρεχομένη. ἀπέχει δὲ δώδεκα τῆς πόλεως σταδίους μάλιστα ἱερὸν τοῦ Ἀμφιαράου. ἔστι δὲ Ὠρωπίοις πηγὴ πλησίον τοῦ ναοῦ, ἣν Ἀμφιαράου καλοῦσιν, οὔτε θύοντες οὐδὲν ἐς αὐτὴν οὔτ' ἐπὶ καθαρσίοις ἢ χέρνιβι χρῆσθαι νομίζοντες. νόσου δὲ ἀκεσθείσης ἀνδρὶ μαντεύματος γενομένου καθέστηκεν ἄργυρον ἀφεῖναι

ATTISCHE STÄTTEN

Der Weg nach Oropos

Von *Athen* gelangt man über Aphidna und das Heiligtum des Zeus Amphiaraos, wenn man rüstig ausschreitet, an einem Tag nach Oropos. Doch ist der Weg steil. Aber die große Menge von Wirtshäusern, die alles, was man zum Leben braucht, im Überfluß haben und Erholung bieten, läßt keine Müdigkeit bei den Wanderern aufkommen.

Herakleides, 3. Jh. v. Chr. Die Strecke von Athen nach Oropos an der Nordküste Attikas beträgt etwa 40 km.

Das Amphiaraos-Heiligtum

Darauf gelangte man nach dem attischen Oropos, wo ein mythischer Seher als Gott verehrt wird und ein alter Tempel steht, der von Quellen und Bächen lieblich umgeben ist.

Livius, um die Zeitwende. Aus dem Bericht über die Griechenlandreise des Aemilius Paullus i. J. 167 v. Chr. Der Seher ist Amphiaraos, einer der Sieben gegen Theben.

Das Amphiaraos-Heiligtum

Die Stadt *Oropos* liegt am Meere; sie enthält nichts, was der Beschreibung wert wäre. Etwa 12 Stadien *(in Wirklichkeit das Dreifache: etwa 6 km)* von der Stadt entfernt liegt das Heiligtum des Amphiaraos. Die Oropier besitzen eine Quelle in der Nähe des Tempels, die sie die Amphiaraos-Quelle nennen. Jedoch opfern sie nichts in sie hinein und dürfen sich ihrer auch nicht bei Reinigungen und für Händewaschen bedienen. Wenn aber gemäß einem Orakel eine Krankheit geheilt ist, gehört es sich, daß der Betref-

καὶ χρυσὸν ἐπίσημον ἐς τὴν πηγήν· ταύτῃ γὰρ ἀνελθεῖν τὸν Ἀμφιάραον λέγουσιν ἤδη θεόν. καὶ πρῶτον μὲν καθήρασθαι νομίζουσιν ὅστις ἦλθεν Ἀμφιαράῳ χρησόμενος· ἔστι δὲ καθάρσιον τῷ θεῷ θύειν· τὸ δέρμα ὑποστρωσάμενοι καθεύδουσιν ἀναμένοντες δήλωσιν ὀνείρατος.

I 34 1 f

ΣΤΡΑΒΩΝ

Τὰ δ' ἀργυρεῖα τὰ ἐν τῇ Ἀττικῇ κατ' ἀρχὰς μὲν ἦν ἀξιόλογα, νυνὶ δ' ἐκλείπει· καὶ δὴ καὶ οἱ ἐργαζόμενοι, τῆς μεταλλείας ἀσθενῶς ὑπακουούσης, τὴν παλαιὰν ἐκβολάδα καὶ σκωρίαν ἀναχωνεύοντες εὕρισκον ἔτι ἐξ αὐτῆς ἀποκαθαιρόμενον ἀργύριον, τῶν ἀρχαίων ἀπείρως καμινευόντων.

IX 399

ΠΑΥΣΑΝΙΑΣ

Ταύτῃ τῆς Ἀττικῆς ἔσχον οἱ βάρβαροι καὶ μάχῃ τε ἐκρατήθησαν καί τινας, ὡς ἀνήγοντο, ἀπώλεσαν τῶν νεῶν. τάφος δὲ ἐν τῷ πεδίῳ Ἀθηναίων ἐστίν, ἐπὶ δὲ αὐτῷ στῆλαι τὰ ὀνόματα τῶν ἀποθανόντων κατὰ φυλὰς ἑκάστων ἔχουσαι, καὶ ἕτερος Πλαταιεῦσι Βοιω-

fende Silber- und Goldmünzen in die Quelle hineinwirft. An dieser Stelle nämlich, glauben sie, sei Amphiaraos *aus der Erde, die ihn verschlungen hatte*, als Gott aufgestiegen. Wer gekommen ist, um einen Orakelspruch des Amphiaraos zu erlangen, der muß sich zuerst reinigen. Die Reinigung besteht darin, daß man ein Tier opfert. Das Fell dieses Tieres legen sie unter und schlafen in der Erwartung einer Traumoffenbarung.

Pausanias, 2. Jh. n. Chr. Das Gebäude, in dem der Tempelschlaf stattfand, ist noch heute sichtbar. Die Quelle fließt das Jahr über kühl und klar.

Die Silbergruben von Laurion

Die attischen Silbergruben waren ursprünglich sehr ergiebig, jetzt aber sind sie erschöpft. Deswegen schmolzen die Bergleute, als der Grubenbau nicht mehr viel hergab, abermals den alten Auswurf und die Schlacke und gewannen so noch einmal reines Silber, da die Alten die Erze nur oberflächlich verhüttet hatten.

Strabon, um die Zeitwende. Im 19. Jh. wurde der Bergbau in der Gegend von Laurion wieder aufgenommen, doch fördert er jetzt Zink und Manganerze.

Der Grabhügel von Marathon

An dieser Stelle Attikas faßten die Barbaren Fuß und wurden in einer Schlacht überwältigt und verloren auch einige von ihren Schiffen, als sie wieder in See stachen. Das Grab der Athener liegt in der Ebene; auf ihm stehen Stelen, die die Namen der Gefallenen, nach Sippenverbänden geordnet, enthalten, und ein anderes ist da für die böotischen

τῶν καὶ δούλοις. ἐνταῦθα ἀνὰ πᾶσαν νύκτα καὶ ἵππων χρεματιζόντων καὶ ἀνδρῶν μαχομένων ἔστιν αἰσθέσθαι.

I 32 3

ΣΙΜΩΝΙΔΗΣ

Ἑλλήνων προμαχοῦντες Ἀθηναῖοι Μαραθῶνι
χρυσοφόρων Μήδων ἐστόρεσαν δύναμιν.

Fr. 88 a Dieh

ΣΟΦΟΚΛΗΣ

Ὦ κλεινὰ Σαλαμίς, σὺ μέν
που ναίεις ἁλίπλακτος εὐδαίμων,
πᾶσιν περίφαντος αἰεί.

Aias 596 ff

ΑΙΣΧΥΛΟΣ

Νῆσός τις ἔστι πρόσθε Σαλαμῖνος τόπων
βαιά, δύσορμος ναυσίν, ἣν ὁ φιλόχορος
Πὰν ἐμβατεύει, ποντίας ἀκτῆς ἔπι.

Perser 447 ff

Plataër und für die Sklaven. Dort kann man Nacht für Nacht das Wiehern von Rossen und den Lärm kämpfender Männer hören.

Pausanias, 2. Jh. n. Chr. Miltiades siegte bei Marathon 490 v. Chr.

Marathon

Hier bei Marathon warfen, für Hellas im Kampf, die
Athener
Siegreich des medischen Heers goldenen Prunk in den
Staub.

Simonides, um 500 v. Chr. Nach Emanuel Geibel

Salamis

Hochgepriesenes Salamis,
 du wohnst wogenumbrandet, reich beglückt,
 von allen gerühmt für ewig.

Sophokles, 5. Jh. v Chr. W. Willige

Psyttaleia

Ein Eiland liegt dort vor Salamis' Strandgebiet,
Klein, schlecht zum Landen, wo der reigenfrohe Fuß
Des Pan einhertritt auf umwogter Küste Land.

Aischylos, 5. Jh. v. Chr. Dieses Inselchen ist deutlich bei der Einfahrt in den Präus zu sehen.

O. Werner

ΠΙΝΔΑΡΟΣ

Τεθμὸς δέ τις ἀθανάτων καὶ
τάνδ' ἁλιερκέα χώραν
παντοδαποῖσιν ὑπέστασε ξένοις
κίονα δαιμονίαν.

Olymp. VIII 25 ff

ΠΙΝΔΑΡΟΣ

Ὀνομακλύτα γ' ἔνεσσι Δωριεῖ
μεδέοισα πόντῳ
νᾶσος, ὦ Διὸς Ἑλ-
λανίου φαεννὸν ἄστρον.

Paian VI 123 ff

ΘΕΟΦΡΑΣΤΟΣ

Ἐὰν ἐν Αἰγίνῃ ἐπὶ τοῦ Διὸς τοῦ Ἑλλανίου νεφέλη καθίζηται ὡς τὰ πολλὰ ὕδωρ γίνεται.

De sign. temp. I 24

ΕΦΟΡΟΣ

Ἔφορος δ' ἐν Αἰγίνῃ ἄργυρον πρῶτον κοπῆναί φησιν ὑπὸ Φείδωνος· ἐμπόριον γὰρ γενέσθαι, διὰ τὴν λυπρότητα τῆς χώρας τῶν ἀνθρώπων θαλαττουργούντων ἐμπορικῶς, ἀφ' οὗ τὸν ῥῶπον Αἰγιναίαν ἐμπολὴν λέγεσθαι.

Fr. 176 (Strab. VIII 376)

Ägina

Doch stellte ein Göttergesetz auch
  dieses vom Meere umhegte
Land hin für jegliche Gastfreunde als
  Säule göttlicher Hand.

Pindar, 5. Jh. v. Chr. O. Werner

Ägina

Vielgenannt voll Ruhms, liegst, Insel, du im dorischen Meere als Herrin,
Oh, du Zeus', des Helle-
  nengotts, leuchtend heller Stern!

Pindar, 5. Jh. v. Chr. O. Werner

Wetterzeichen

Wenn sich auf Ägina eine Wolke um den Berggipfel des Hellenischen Zeus bildet, gibt es meistens Regen.

Theophrast, 4. Jh. v. Chr. Der höchste Berg der Insel Ägina, der heute Oros genannt wird, trug einen Altar für den panhellenischen Zeus.

Äginetischer Handel

Ephoros sagt, daß in Ägina erstmalig Silbergeld geprägt worden sei, und zwar von Pheidon. Die Insel habe sich zu einem Handelsplatz entwickelt, da die Bewohner wegen der Unfruchtbarkeit des Bodens auf die See verwiesen worden seien, weswegen man Kramware „Äginetisches Kaufgut" nenne.

Ephoros, 4. Jh. v. Chr. Pheidon war König von Argos im 7. Jh. v. Chr.; Ägina war ihm untertan.

ΣΤΡΑΒΩΝ

Τροιζὴν δὲ ἱερά ἐστι Ποσειδῶνος, ἀφ' οὗ καὶ Ποσειδωνία ποτὲ ἐλέγετο· ὑπέρκειται δὲ τῆς θαλάττης εἰς πεντεκαίδεκα σταδίους, οὐδ' αὕτη ἄσημος πόλις. πρόκειται δὲ τοῦ λιμένος αὐτῆς Πώγωνος τοὔνομα Καλαυρία νησίδιον ὅσον τριάκοντα σταδίων ἔχον τὸν κύκλον· ἐνταῦθα ἦν ἄσυλον Ποσειδῶνος ἱερόν. ἦν δὲ καὶ Ἀμφικτυονία τις περὶ τὸ ἱερὸν τοῦτο ἑπτὰ πόλεων αἳ μετεῖχον τῆς θυσίας.

VIII 373 f

ΣΤΡΑΒΩΝ

Ἔστι δ' ἡ χώρα τῶν Μεγαρέων παράλυπρος καθάπερ καὶ ἡ Ἀττική, καὶ τὸ πλέον αὐτῆς ἐπέχει τὰ καλούμενα Ὄνεια ὄρη.

IX 393

ΣΤΡΑΒΩΝ

Μετὰ δὴ Κρομμυῶνα ὑπέρκεινται τῆς Ἀττικῆς αἱ Σκειρωνίδες πέτραι πάροδον οὐκ ἀπολείπουσαι πρὸς θαλάττῃ· ὑπὲρ αὐτῶν δ' ἐστὶν ἡ ὁδὸς ἡ ἐπὶ Μεγάρων καὶ τῆς Ἀττικῆς ἀπὸ τοῦ Ἰσθμοῦ· οὕτω δὲ σφόδρα πλησιάζει ταῖς πέτραις ἡ ὁδὸς ὥστε πολλαχοῦ καὶ παράκρημνός ἐστι διὰ τὸ ὑπερκείμενον ὄρος δύσβατόν τε καὶ ὑψηλόν· ἐνταῦθα δὲ μυθεύεται τὰ περὶ τοῦ Σκείρωνος

Kalauria (Poros)

Troizen *auf dem peloponnesischen Festland* ist dem Poseidon heilig, weswegen es einst auch Poseidonia hieß. Es liegt ungefähr 15 Stadien *(2³/₄ km)* landeinwärts und ist eine nicht unbedeutende Stadt. Ihrem Hafen, der Pogon heißt, ist die kleine Insel Kalauria vorgelagert, die einen Umfang von ungefähr 30 Stadien hat. Dort lag das asylgebende Heiligtum des Poseidon. Es gab auch eine Art Amphiktyonie *(Kultverband)* um dieses Heiligtum, zu dem sieben Städte gehörten *(darunter auch Athen)*, die alle am Opferfeste teilnahmen.

Strabon, um die Zeitwende. Vom Poseidonheiligtum, in dem Flüchtlinge Schutz fanden, sind Reste erhalten. Demosthenes verübte dort Selbstmord. — Die Insel Kalauria ist in Hölderlins „Hyperion" die Heimat der Diotima.

Das Land Megaris

Das Land der Megarer ist ebensowenig fruchtbar wie Attika; den größten Teil bedecken die Oneia-Berge.

Strabon, um die Zeitwende.

Die Skironischen Felsen

Unweit Krommyon ragen auf Attika hinschauend die Skironischen Felsen empor. Sie gestatten keinen Durchgang am Meer entlang. Oben klettert über sie hin der Weg, der vom Isthmos nach Megara und Attika führt. Da das darüber aufragende Gebirge hoch und ungangbar ist, muß sich der Weg den Felswänden derart nähern, daß er vielfach überzuhängen scheint. Dort spielt die Sage von Skiron und dem

καί τοῦ Πιτυοκάμπτου τῶν λῃζομένων τὴν λεχθεῖσαν ὀρεινήν, οὓς καθεῖλε Θησεύς.

IX 391

ΘΟΥΚΥΔΙΔΗΣ

Ἅμα δὲ τῷ ἦρι τοῦ ἐπιγιγνομένου θέρους εὐθύς, ἐπειγομένων τῶν Χίων ἀποστεῖλαι τὰς ναῦς, ἀποπέμπουσι οἱ Λακεδαιμόνιοι ἐς Κόρινθον ἄνδρας Σπαρτιάτας τρεῖς, ὅπως ἀπὸ τῆς ἑτέρας θαλάσσης ὡς τάχιστα ἐπὶ τὴν πρὸς Ἀθήνας ὑπερενεγκόντες τὰς ναῦς τὸν ἰσθμὸν κελεύσωσι πλεῖν ἐς Χῖον πάσας.

VIII 7

ΔΙΟΓΕΝΗΣ ΛΑΕΡΤΙΟΣ

Ἤθελε δὲ καὶ τὸν Ἰσθμὸν διορύξαι.

Periand. I 99

ΣΤΡΑΒΩΝ

Ἐπὶ δὲ τῷ Ἰσθμῷ καὶ τὸ τοῦ Ἰσθμίου Ποσειδῶνος ἱερὸν ἄλσει πιτυώδει συνηρεφές, ὅπου τὸν ἀγῶνα τῶν Ἰσθμίων Κορίνθιοι συνετέλουν.

VIII 380

Fichtenbeuger; beide wegelagerten am genannten Bergpfad und wurden von Theseus unschädlich gemacht.

Strabon, um die Zeitwende. Die heutigen Griechen nennen diese Felswände Kaki Skala. Die moderne Technik hat für Eisenbahn und Autostraße den nötigen Raum geschaffen.

Schiffstransport über den Isthmos

Zu Beginn des nächsten Sommers schickten die Lakedämonier auf das ungestüme Anhalten der Chier, ihnen die Schiffe zukommen zu lassen, drei Spartaner nach Korinth mit dem Vermelden, sie möchten unverzüglich ihre Schiffe von dem jenseitigen Meer über die Landenge in die Gewässer gegen Athen zu hinüberschaffen und sie sämtlich nach Chios abgehen lassen.

Thukydides, 5. Jh. v. Chr. J. D. Heilmann
Älteste Erwähnung der aus dem Altertum öfters bezeugten Schiffstransporte über die 6 km breite Landenge von Korinth.

Versuchter Kanalbau

Auch wollte *Periander* den Isthmos durchstechen.

Diogenes Laertios, 3. Jh. n. Chr. Nicht unbedingt zuverlässige Mitteilung des ersten Kanalprojektes. Periander, einer der sieben Weisen, war im 6. Jh. v. Chr. Tyrann von Korinth. Besser bezeugt sind die Pläne der hellenistischen und römischen Zeit.

„Poseidons Fichtenhain"

Auf der Landenge liegt das Heiligtum des Isthmischen Poseidon, überschattet von einem Fichtenhain. Dort feierten die Korinther die Isthmischen Spiele.

Strabon, um die Zeitwende. Das ist der Schauplatz der ,,Kraniche des Ibykos". Heute noch steht dort ein Fichtenhain. Unter Fichte ist die Aleppo-Kiefer zu verstehen.

ΔΙΟΝΥΣΙΟΣ Ο ΠΕΡΙΗΓΗΤΗΣ

Πέλοπος δ' ἐπὶ νῆσος ὀπηδεῖ,
εἰδομένη πλατάνοιο μυουρίζοντι πετήλῳ.

Perieg. 403 f

ΠΙΝΔΑΡΟΣ

Γνώσομαι
τὰν ὀλβίαν Κόρινθον, Ἰσθμίου
πρόθυρον Ποτειδᾶνος, ἀγλαόκουρον·
ἐν τᾷ γὰρ Εὐνομία ναίει κασι-
γνήτα τε, βάθρον πολίων ἀσφαλές,
Δίκα καὶ ὁμότροφος Εἰ-
ρήνα, τάμι' ἀνδράσι πλού-
του, χρύσεαι παῖδες εὐβούλου Θέμιτος.

Olymp. XIII 3 ff

ΣΤΡΑΒΩΝ

Ὁ δὲ Κόρινθος ἀφνειὸς μὲν λέγεται διὰ τὸ ἐμπόριον, ἐπὶ τῷ Ἰσθμῷ κείμενος καὶ δυοῖν λιμένων κύριος, ὧν ὁ μὲν τῆς Ἀσίας ὁ δὲ τῆς Ἰταλίας ἐγγύς ἐστι· καὶ ῥᾳδίας ποιεῖ τὰς ἑκατέρωθεν ἀμοιβὰς τῶν φορτίων πρὸς ἀλλήλους τοῖς τοσοῦτον ἀφεστῶσιν.

VIII 378

ΣΤΡΑΒΩΝ

Τὴν δὲ τοποθεσίαν τῆς πόλεως τοιάνδε εἶναι συμβαίνει· ὄρος ὑψηλὸν εἰς ὀξεῖαν τελευτᾷ κορυφήν· καλεῖται δὲ Ἀκροκόρινθος, οὗ τὸ μὲν πρὸς ἄρκτον μέρος ἐστὶ τὸ μάλιστα ὄρθιον, ὑφ' οὗ κεῖται ἡ πόλις ἐπὶ τραπεζώδους ἐπιπέδου χωρίου πρὸς αὐτῇ τῇ ῥίζῃ τοῦ

An der Schwelle der Peloponnes

Es folgt dann die Insel des Pelops,
Die dem spitzig gespreizten Blatt der Platane vergleichbar.

Dionysios der Perieget, 2. Jh. n. Chr.

Dichterische Verklärung Korinths

...deut auf Korinth,
Des isthmischen Poseidon Vorhof, ich,
Auf das reiche, prangend von Jugend; in ihm wohnt
Eunomia, ihre Schwester Dike, sich-
  re Stütze der Städte, und mit ihr genährt,
Eirene, den Menschen des Reich-
  tums Pflegerin, welche die goldnen Kinder der
Themis, der wohlratenden, sind.

Pindar, 5. Jh. v. Chr.   O. Werner

Umschlaghafen

Korinth nennt *Homer* wegen seines Handels reich, liegt es doch am Isthmos und ist im Besitz zweier Häfen, von denen der eine Asien, der andere Italien zugewandt ist. So erleichtert die Stadt den wechselseitigen Warenaustausch der Länder, die derart weit voneinander entfernt liegen.

Strabon, um die Zeitwende.

Akrokorinth

Die Lage der Stadt kann folgendermaßen beschrieben werden: Ein hoher Berg, Akrokorinth genannt, endigt in einen spitzen Gipfel. Sein nördlicher Abhang ist der steilste. Unter ihm liegt die Stadt auf einer ungleichseitigen vier-

Ἀκροκορίνθου. ἀπὸ δὲ τῶν ἄλλων μερῶν ἧττον ὀρθιόν ἐστι τὸ ὄρος, ἀνατέταται μέντοι ἐνθένδε ἱκανῶς, καὶ περίοπτόν ἐστιν. ἡ μὲν οὖν κορυφὴ ναΐδιον ἔχει Ἀφροδίτης, ὑπὸ δὲ τῇ κορυφῇ τὴν Πειρήνην εἶναι συμβαίνει κρήνην, ἔκρυσιν μὲν οὐκ ἔχουσαν, μεστὴν δ' ἀεὶ διαυγοῦς καὶ ποτίμου ὕδατος. φασὶ δὲ καὶ ἐνθένδε καὶ ἐξ ἄλλων ὑπονόμων τινῶν φλεβίων συνθλίβεσθαι τὴν πρὸς τῇ ῥίζῃ τοῦ ὄρους κρήνην, ἐκρέουσαν εἰς τὴν πόλιν, ὥσθ' ἱκανῶς ἀπ' αὐτῆς ὑδρεύεσθαι. ἔστι δὲ καὶ φρεάτων εὐπορία κατὰ τὴν πόλιν.

Ἀπὸ δὲ τῆς κορυφῆς πρὸς ἄρκτον μὲν ἀφορᾶται ὅ τε Παρνασσὸς καὶ ὁ Ἑλικών, ὄρη ὑψηλὰ καὶ νιφόβολα, καὶ ὁ Κρισαῖος κόλπος ὑποπεπτωκὼς ἀμφοτέροις.

VIII 379

ΔΙΩΝ ΧΡΥΣΟΣΤΟΜΟΣ

Ἐπεὶ δὲ ἀπέθανεν ὁ Ἀντισθένης, ὡς τῶν ἄλλων οὐδένα ἡγεῖτο συνουσίας ἄξιον, μετέβη εἰς Κόρινθον, κἀκεῖ διῆγεν οὔτε οἰκίαν μισθωσάμενος οὔτε παρὰ ξένῳ τινὶ καταγόμενος, ἀλλ' ἐν τῷ Κρανείῳ θυραυλῶν. ἑώρα γὰρ ὅτι πλεῖστοι ἄνθρωποι ἐκεῖ συνίασι διὰ τοὺς λιμένας καὶ τὰς ἑταίρας, καὶ ὅτι ἡ πόλις ὥσπερ ἐν τριόδῳ τῆς Ἑλλάδος ἔκειτο. δεῖν οὖν τὸν φρόνιμον ἄνδρα, ὥσπερ τὸν ἀγαθὸν ἰατρόν, ὅπου πλεῖστοι κάμνουσιν, ἐκεῖσε ἰέναι βοηθήσοντα, οὕτως ὅπου πλειστοὶ

eckigen Fläche unmittelbar am Fuße Akrokorinths. Auf den übrigen Seiten ist der Berg weniger steil, doch ragt er beträchtlich in die Höhe: ringsum ist er von weitem zu sehen. Auf dem Gipfel liegt ein Tempelchen der Aphrodite; unterhalb des Gipfels befindet sich die *obere* Peirene-Quelle. Einen Abfluß hat sie nicht, doch ist das Becken immer voll von klarem und trinkbarem Wasser. Man sagt allerdings, daß sowohl von hier als auch von andern unterirdischen Wasseradern die Quelle am Fuße des Berges gespeist wird, die in die Stadt abfließt und diese hinreichend mit Wasser versorgt. Es gibt übrigens auch eine Menge Brunnen, die über die Stadt verteilt sind.

Vom Gipfel aus sieht man im Norden den Parnaß und den Helikon, hohe und schneereiche Berge, auch den Golf von Krisa, der sich am Fuße dieser Berge ausdehnt.

Strabon, um die Zeitwende. Die obere und untere Peirene spenden heute noch Trinkwasser und zeigen noch bedeutende Reste antiker Einfassungen.

Der Sittenprediger

Als Antisthenes, *der Begründer der kynischen Philosophie*, gestorben war, siedelte *Diogenes*, da er keinen anderen des Umgangs für wert hielt, nach Korinth über; dort mietete er weder ein Haus, noch nahm er Gastfreundschaft in Anspruch, sondern lebte in der Vorstadt Kraneion unter freiem Himmel. Er sah nämlich, daß sehr viele Menschen wegen der Häfen und Tempeldirnen dort zusammenströmten und daß die Stadt gleichsam an der Wegkreuzung Griechenlands läge. Wie ein guter Arzt dorthin Hilfe bringe, so meinte er, wo es die meisten Kranken gäbe, so müsse ein Philosoph

εἰσιν ἄφρονες, ἐκεῖ μάλιστα ἐπιδημεῖν ἐξελέγχοντα καὶ κολάζοντα τὴν ἄνοιαν αὐτῶν.

VIII 4f

ΑΝΤΙΠΑΤΡΟΣ

Ποῦ τὸ περίβλεπτον κάλλος σέο, Δωρὶ Κόρινθε;
ποῦ στεφάναι πύργων, ποῦ τὰ πάλαι κτέανα;
ποῦ νηοὶ μακάρων, ποῦ δώματα; ποῦ δὲ δάμαρτες
Σισυφίαι, λαῶν θ' αἵ ποτε μυριάδες;
οὐδὲ γὰρ οὐδ' ἴχνος, πολυκάμμορε, σεῖο λέλειπται,
πάντα δὲ συμμάρψας ἐξέφαγεν πόλεμος·
μοῦναι ἀπόρθητοι Νηρηΐδες, Ὠκεανοῖο
κοῦραι, σῶν ἀχέων μίμνομεν ἀλκυόνες.

Anthol. Pal. IX 151

ΣΤΡΑΒΩΝ

Πολὺν δὲ χρόνον ἐρήμη μείνασα ἡ Κόρινθος ἀνελήφθη πάλιν ὑπὸ Καίσαρος τοῦ θεοῦ διὰ τὴν εὐφυΐαν, ἐποίκους πέμψαντος τοῦ ἀπελευθερικοῦ γένους πλείστους· οἳ τὰ ἐρείπια κινοῦντες καὶ τοὺς τάφους συνανασκάπτοντες εὕρισκον ὀστρακίνων τορευμάτων πλήθη, πολλὰ δὲ καὶ χαλκώματα· θαυμάζοντες δὲ τὴν κατασκευὴν οὐδένα τάφον ἀσκευώρητον εἴασαν, ὥστε εὐπορήσαντες τῶν τοιούτων καὶ διατιθέμενοι πολλοῦ νεκροκορινθίων ἐπλήρωσαν τὴν Ῥώμην· οὕτω γὰρ ἐκάλουν

sich an der Stelle aufhalten, wo die meisten Unvernünftigen seien, um sie zu überführen und ihre Torheit zu geißeln.

Dion Chrysostomos, 1. Jh. n. Chr. Diogenes lebte im 4. Jh. v. Chr. Die Vorstadt Kraneion lag am Wege zum Hafen und beherbergte, wie überliefert wird, 1000 Tempeldirnen.

Klage nach der Zerstörung

O, wo blieb nun dein Schimmer, dein lichter, du dorisch
              Korinthos?
Wo von den Türmen der Kranz? Wo deine Schätze
            von einst?
Wo die Tempel der Götter? Paläste? Des Sisyphos Enkel,
 stolze Frauen? Und wo die Myriaden des Volks...?
Nichts blieb übrig von dir, Unglückliche, nicht eine Spur
               mehr;
alles raffte der Krieg mordend und fressend hinweg.
Wir Nereïden allein, des Okeanos ewige Töchter,
 bleiben und singen allhier gleich Halkyonen dein Leid.

Antipatros von Sidon, 2. Jh. v. Chr. Korinth wurde 146 v. Chr. von dem römischen Feldherrn Mummius zerstört.   H. Beckby

Römische Ausgräber

Lange Zeit blieb Korinth verödet, doch wurde es von Julius Caesar wegen der Gunst der Lage *im Jahre 44 v. Chr.* wiederhergestellt, indem er Ansiedler hinschickte, die größtenteils dem Stande der Freigelassenen angehörten. Als diese die Trümmer fortschafften und dabei die Gräber mit aufwühlten, fanden sie eine Menge Töpferware mit Reliefschmuck, ferner viele Bronzegerätschaften. Erstaunt über deren künstlerischen Wert, ließen sie kein Grab undurchsucht, so daß sie solcherlei Dinge in Hülle und Fülle gewannen, teuer verkauften und auf diese Weise Rom mit

τὰ ἐκ τῶν τάφων ληφθέντα, καὶ μάλιστα τὰ ὀστράκινα.

VIII 381

ΠΑΥΣΑΝΙΑΣ

Ἐκ δὲ τῆς ἀγορᾶς ἐξιόντων τὴν ἐπὶ Λεχαίου προπύλαιά ἐστι καὶ ἐπ' αὐτῶν ἅρματα ἐπίχρυσα, τὸ μὲν Φαέθοντα Ἡλίου παῖδα, τὸ δὲ Ἥλιον αὐτὸν φέρον. ὀλίγον δὲ ἀπωτέρω τῶν προπυλαίων ἐξιοῦσιν ἐν δεξιᾷ ἐστιν Ἡρακλῆς χαλκοῦς. μετὰ δὲ αὐτὸν ἔσοδός ἐστι τῆς Πειρήνης ἐς τὸ ὕδωρ. κεκόσμηται δὲ ἡ πηγὴ λίθῳ λευκῷ, καὶ πεποιημένα ἐστὶν οἰκήματα σπηλαίοις κατὰ ταὐτά, ἐξ ὧν τὸ ὕδωρ ἐς κρήνην ὕπαιθρον ῥεῖ.

II 3 2

ΟΜΗΡΟΣ

... μυχῷ Ἄργεος ἱπποβότοιο ...

Odyss. III 263

ΣΟΦΟΚΛΗΣ

Ὦ τοῦ στρατηγήσαντος ἐν Τροίᾳ ποτὲ
Ἀγαμέμνονος παῖ, νῦν ἐκεῖν' ἔξεστί σοι
παρόντι λεύσσειν, ὧν πρόθυμος ἦσθ' ἀεί.

„Nekrokorinthia" überschwemmten. So nannte man nämlich die Grabfunde, besonders die Tongefäße.

Strabon, um die Zeitwende. Die Töpferware mit Reliefschmuck, die in Rom soviel Anklang fand, dürfte hellenistischen Ursprungs gewesen sein. Die hochbedeutende korinthische Keramik des „Orientalisierenden Stiles" (8.—6. Jh. v. Chr.) sieht man vornehmlich in den Museen von Athen und von Altkorinth.

Das römische Korinth

Wenn man vom Marktplatz in die Lechaion-Straße einbiegt *(Lechaion hieß der Hafen am Korinthischen Golf)*, sieht man die Propyläen, auf denen vergoldete Wagen stehen; der eine trägt Phaeton, Helios' Sohn, der andere Helios selbst. Ein wenig weiter unterhalb der Propyläen *(es führen Stufen hinab)* steht zur Rechten ein bronzener Herakles. Hinter ihm ist der Eingang zur Quelle Peirene. Die Quelle ist mit weißem Marmor ausgeschmückt; grottenartige Kammern sind dort angelegt, aus denen das Wasser in ein unbedecktes Becken fließt.

Pausanias, 2. Jh. n. Chr. Der Unterbau der Propyläen, ein Teil der schön gepflasterten Lechaion-Straße und das vielfach umgebaute Quellhaus der Peirene sind durch amerikanische Ausgrabungen freigelegt worden.

Mykenä

Im innersten Winkel des rossenährenden Argos.

Homer. Wenn man von der Argolischen Ebene auf die Burg Mykenä zugeht, sie zuerst lange nicht sieht und auf einmal in ihrer halbversteckten Lage erkennt, begreift man die Worte Homers.

Umschau von Mykenä aus

Sohn dessen, der das Heer vor Troia einst geführt,
des Agamemnon, endlich bist du hier und darfst
all das erblicken, was du dir von je gewünscht;

τὸ γὰρ παλαιὸν Ἄργος οὑπόθεις τόδε,
τῆς οἰστροπλῆγος ἄλσος Ἰνάχου κόρης·
αὕτη δ', Ὀρέστα, τοῦ λυκοκτόνου θεοῦ
ἀγορὰ Λύκειος· οὑξ ἀριστερᾶς δ' ὅδε
Ἥρας ὁ κλεινὸς ναός· οἷ δ' ἱκάνομεν,
φάσκειν Μυκήνας τὰς πολυχρύσους ὁρᾶν,
πολύφθορόν τε δῶμα Πελοπιδῶν τόδε.

Elektra 1—10

ΠΑΥΣΑΝΙΑΣ

Λείπεται δὲ ἔτι καὶ ἄλλα τοῦ περιβόλου καὶ ἡ πύλη· λέοντες δὲ ἐφεστήκασιν αὐτῇ· Κυκλώπων δὲ καὶ ταῦτα ἔργα εἶναι λέγουσιν, οἳ Προίτῳ τὸ τεῖχος ἐποίησαν ἐν Τίρυνθι. Μυκηνῶν δὲ ἐν τοῖς ἐρειπίοις κρήνη τέ ἐστι καλουμένη Περσεία, καὶ Ἀτρέως καὶ τῶν παίδων ὑπόγαια οἰκοδομήματα, ἔνθα οἱ θησαυροί σφισι τῶν χρημάτων ἦσαν. τάφος δέ ἐστι μὲν Ἀτρέως, εἰσὶ δὲ καὶ ὅσους σὺν Ἀγαμέμνονι ἐξ Ἰλίου δειπνίσας κατεφόνευσεν Αἴγισθος. ἕτερον δέ ἐστιν Ἀγαμέμνονος· Κλυταιμνήστρα δὲ ἐτάφη καὶ Αἴγισθος ὀλίγον ἀπωτέρω τοῦ τείχους, ἐντὸς δὲ ἀπηξιώθησαν, ἔνθα Ἀγαμέμνων τε αὐτὸς ἔκειτο καὶ οἱ σὺν ἐκείνῳ φονευθέντες.

II 16 5—7

dort liegt das alte Argos, das du längst ersehnst,
der Hain ist's, wo die Bremse Inachos' Tochter stach.
Das dort, Orestes, ist der Wolfsmarkt, nach dem Gott
benannt, der Wölfe jagt, und dort zur Linken hebt
sich Heras hehrer Tempel. Doch wo wir nun sind,
sprich's aus: du siehst Mykenais goldgezierte Stadt.
Und hier der Pelopiden unheilvolles Haus.

Sophokles, 5. Jh. v. Chr. W. Willige
Worte des Pädagogen an Orest, der heimgekehrt ist, um seinen Vater an der Mutter zu rächen.

Stätte frühmenschlicher Tragik

Von der Burgummauerung ist manches erhalten, vor allem das Tor. Löwen stehen darauf. Auch dies sollen Werke der Kyklopen sein, die schon dem Proitos in Tiryns die Mauern erbauten. Unter den Ruinen von Mykenä befindet sich auch eine Quelle, die man die Perseus-Quelle nennt, auch unterirdische Räume des Atreus und seiner Kinder, die ihnen als Schatzhäuser dienen. Man kann auch das Grab des Atreus sehen, ferner die Gräber derer, die Ägisth beim Mahle tötete, als sie mit Agamemnon von Troia heimgekehrt waren. In einem anderen Grab ruht Agamemnon. Klytämnestra und Ägisth sind ein wenig weiter von der Mauer entfernt bestattet, denn innerhalb des Mauerrings, wo Agamemnon selber und die mit ihm Getöteten lagen, wurden sie nicht geduldet.

Pausanias, 2. Jh. n. Chr. Die unterirdische Quelle ist jetzt noch gut zu sehen. Eine Benennung der von Schliemann aufgedeckte Schacht- und Kuppelgräber nach den Heldengestalten der Sage ist nicht mehr möglich. Das heute vielfach noch so genannte „Schatzhaus des Atreus" ist ein königlicher Grabbau des 14. Jh. v. Chr., eine ehrfurchtgebietende Leistung der mykenischen Kultur.

ΜΟΥΝΔΟΣ ΜΟΥΝΑΤΙΟΣ

Ἡ πολύχρυσος ἐγὼ τὸ πάλαι πόλις, ἡ τὸν Ἀτρειδῶν
οἶκον ἀπ' οὐρανίου δεξαμένη γενεῆς,
ἡ Τροίην πέρσασα θεόκτιτον, ἡ βασίλειον
ἀσφαλὲς Ἑλλήνων οὖσά ποθ' ἡμιθέων,
μηλόβοτος κεῖμαι καὶ βούνομος ἔνθα Μυκήνη,
τῶν ἐν ἐμοὶ μεγάλων τοὔνομ' ἔχουσα μόνον.
Ἴλιον ἃ Νεμέσει μεμελημένον, εἴ γε, Μυκήνης
μηκέθ' ὁρωομένης, ἐσσὶ καὶ ἐσσὶ πόλις.

Anth. Pal. IX 103

ΣΤΡΑΒΩΝ

Ἡ μὲν οὖν πόλις ἡ τῶν Ἀργείων ἐν χωρίοις ἐπιπέδοις ἵδρυται τὸ πλέον, ἄκραν δ' ἔχει τὴν καλουμένην Λάρισαν, λόφον εὐερκῆ μετρίως ἔχοντα ἱερὸν Διός· ῥεῖ δ' αὐτῆς πλησίον ὁ Ἴναχος χαραδρώδης ποταμὸς τὰς πηγὰς ἔχων ἐκ Λυρκείου. περὶ δὲ τῶν μυθευομένων πηγῶν εἴρηται διότι πλάσματα ποιητῶν ἐστι· πλάσμα δὲ καὶ τὸ 'Ἄργος ἄνυδρον ...', τῆς τε χώρας κοίλης οὔσης καὶ ποταμοῖς διαρρεομένης καὶ ἕλη καὶ λίμνας παρεχομένης, καὶ τῆς πόλεως εὐπορουμένης ὕδασι φρεάτων πολλῶν καὶ ἐπιπολαίων. αἰτιῶνται δὲ τῆς ἀπάτης τὸ 'καί κεν ἐλέγχιστος πολυδίψιον Ἄργος ἱκοίμην'.

VIII 370

ΠΑΥΣΑΝΙΑΣ

Τὸ δὲ τεῖχος, ὃ δὴ μόνον τῶν ἐρειπίων λείπεται, Κυκλώπων μέν ἐστιν ἔργον, πεποίηται δὲ ἀργῶν

Die Ruine

Ich, eine goldreiche Feste vordem, die das Haus der Atriden
 in sich empfangen, dies Haus, himmlischem Stamme
   entsproßt, (starke
 ich, die Troja zerstört, das von Göttern erbaute, ich,
 trotzige, fürstliche Burg göttlicher Griechen dereinst:
heute bin ich Mykene, die Weide für Schafe und Ochsen,
 ach, von dem früheren Glanz blieb nur der Name zurück.
Ilion, dir war die Nemesis hold; denn ob auch Mykene
 völlig verschwunden, du bist! Bist eine Feste sogar!

Kaiserzeitlich. H. Beckby

Argos

Die Stadt Argos ist auf zumeist ebenem Gelände erbaut, sie besitzt aber eine Burghöhe, die Larisa heißt, eine nur mäßig befestigte Erhebung, die ein Heiligtum des Zeus trägt. In der Nähe der Stadt fließt der Inachos, ein reißender Fluß, der seine Quellen im Gebiet des Lyrkeion-Berges hat. Von seinen in Fabeln genannten Quellen sagte ich schon früher, daß es Erfindungen der Dichter sind. Eine Erfindung ist auch das „wasserlose Argos", denn das Land ist eine Art Becken, wird von Flüssen durchzogen und birgt Sümpfe und Seen; auch die Stadt ist reich an Wasser, das von zahlreichen Brunnen kommt, nach denen man nicht tief zu graben braucht. Als Grund des Irrtums führt man den Vers Homers an *(Il. IV 171):* „Und ich käme als Elender heim ins durstige Argos...".

Strabon, um die Zeitwende.

Tiryns

Die Mauer, die allein von den Trümmern übriggeblieben ist, haben die Kyklopen gebaut. Errichtet ist sie aus

λίθων, μέγεθος έχων έκαστος λίθος ως απ' αυτών μηδ' αν αρχήν κινηθήναι τον μικρότατον υπό ζεύγους ημιόνων. λίθια δε ενήρμοσται πάλαι, ως μάλιστα αυτών έκαστον αρμονίαν τοις μεγάλοις λίθοις είναι.

II 25 8

ΠΑΥΣΑΝΙΑΣ

Λείπεται δε και τειχών έτι ερείπια, και Ποσειδώνος ιερόν και λιμένες εισίν εν Ναυπλία και πηγή Κάναθος καλουμένη· ενταύθα την Ήραν φασίν Αργείοι κατά έτος λουμένην παρθένον γίνεσθαι.

II 38 2

ΠΑΥΣΑΝΙΑΣ

Το δε ιερόν άλσος του Ασκληπιού περιέχουσιν όροι πανταχόθεν· ουδέ αποθνήσκουσιν άνθρωποι ουδέ τίκτουσιν αι γυναίκες σφισιν εντός του περιβόλου, καθά και επί Δήλω τη νήσω. του δε Ασκληπιού το άγαλμα μεγέθει μεν του Αθήνησιν Ολυμπίου Διός ήμισυ αποδεί, πεποίηται δε ελέφαντος και χρυσού. του ναού δε έστι πέραν, ένθα οι ικέται του θεού καθεύδουσιν. οίκημα δε περιφερές λίθου λευκού, καλούμενον Θόλος, ωκοδόμηται πλησίον, θέας άξιον.

II 27 1-3

unbehauenen Steinblöcken, von denen jeder so groß ist, daß auch nicht der kleinste von einem Maultiergespann von der Stelle gerückt werden könnte. Kleine Steine waren von jeher dazwischengefügt, so daß jeder von ihnen dem Zusammenhalt der großen Steine dient.
Pausanias, 2. Jh. n. Chr. Schon in homerischer Zeit wurde dieses Mauerwerk des 14. und 13. Jh. v. Chr. bewundert: Il. II 559: Τιρυνθά τε τειχιόεσσαν.

Nauplia

Man kann in Nauplia noch Reste der Stadtmauer, das Poseidonheiligtum und die Hafenanlagen sehen, ferner die Quelle Kanathos. Dort wäscht sich Hera, wie die Argiver erzählen, Jahr für Jahr und wird so immer wieder Jungfrau.
Pausanias, 2. Jh. n. Chr. Die Quelle Kanathos erkennt man heute im Hof des ehemaligen Klosters Hagia Moni. – Nauplia gewann erst im Mittelalter größere Bedeutung.

Das Asklepios-Heiligtum von Epidauros

Der heilige Hain des Asklepios ist ringsum durch Grenzsteine abgesteckt. Nicht dürfen innerhalb des heiligen Bezirkes Menschen sterben oder Frauen gebären, wie es ja auch auf der Insel Delos der Brauch ist. Das Kultbild des Asklepios steht der Größe nach um die Hälfte hinter dem Olympischen Zeus von Athen zurück, doch ist es auch aus Elfenbein und Gold gemacht. Dem Tempel gegenüber liegt das Gebäude, in dem die Wallfahrer des Asklepios schlafen *(um im Traum Weisungen zu erhalten, s. S. 101)*. Ein rundes Gebäude aus weißem Marmor, das in der Nähe steht und Tholos heißt, verdient Beachtung.
Pausanias, 2. Jh. n. Chr.

ΠΑΥΣΑΝΙΑΣ

Ἐπιδαυρίοις δέ ἐστι θέατρον ἐν τῷ ἱερῷ, μάλιστα ἐμοὶ δοκεῖν θέας ἄξιον· τὰ μὲν γὰρ Ῥωμαίων πολύ δή τι ὑπερῆρκε τῶν πανταχοῦ τῷ κόσμῳ, μεγέθει δὲ Ἀρκάδων τὸ ἐν Μεγάλῃ πόλει· ἁρμονίας δὲ καὶ κάλλους ἕνεκα ἀρχιτέκτων ποῖος εἰς ἅμιλλαν Πολυκλείτῳ γένοιτ' ἂν ἀξιόχρεως; Πολύκλειτος γὰρ καὶ τὸ θέατρον τοῦτο καὶ οἴκημα τὸ περιφερὲς ὁ ποιήσας ἦν.

II 27 5

LIVIUS

Sicyonem inde et Argos nobiles urbes adit; inde haud parem opibus Epidaurum, sed inclutam Aesculapi nobili templo, quod quinque milibus passuum ab urbe distans nunc vestigiis revulsorum donorum, tum donis dives erat, quae remediorum salutarium aegri mercedem sacraverant deo.

XLV 28

Das Theater von Epidauros

Die Epidaurier haben im Heiligtum ein Theater, welches mir ganz besonders sehenswert zu sein scheint. Die römischen Theater haben alle übrigen in der Welt bei weitem durch ihre Ausstattung übertroffen; an Größe stehen sämtliche Theater hinter dem der Arkader in Megalopolis zurück. Was aber Harmonie und Schönheit anlangt, welcher Architekt wäre würdig mit Polyklet zu wetteifern? Polyklet nämlich hat dieses Theater sowie auch die Tholos gebaut.

Pausanias, 2. Jh. n. Chr. Dies ist eine der wenigen Stellen, wo Pausanias ein ästhetisches Urteil fällt. – Es kann sich nicht um den großen Polyklet des 5. Jh. handeln, sondern nur um einen anderen Künstler dieses Namens im 4. Jh. Das Theater gehört in der Tat zu den schönsten Bauwerken Griechenlands.

Römische Eindrücke

Von *Korinth* aus besuchte *Aemilius Paullus* Sikyon und Argos, diese beiden so berühmten Städte, sodann Epidauros, das nicht annähernd so mächtig war, aber durch das hervorragende Äskulap-Heiligtum Weltruf genießt. Dieses liegt fünf Meilen *(etwa 9 km)* von der Stadt entfernt und zeigt heute nur noch die Spuren zerstörter Weihgaben, während es damals an Stiftungen reich war, die dem Gott als Lohn für die Heilmittel von den Kranken geweiht worden waren.

Livius, um die Zeitwende. Das Hieron von Epidauros hat stark unter den Kriegen des ersten Jahrhunderts v. Chr. gelitten. Aemilius Paullus reiste im 2. Jh. v. Chr.

ΕΥΡΙΠΙΔΗΣ

Πολύν μέν άροτον, έκπονεΐν δ' ού ῥᾴδιον·
κοίλη γὰρ ὄρεσι περίδρομος τραχεῖά τε
δυσείσβολός τε πολεμίοις.

Fr. 1083 Nauck

ΗΡΟΔΟΤΟΣ

Ὡς δὲ καὶ Λακεδαιμόνιοι κατὰ μὲν ἕνα μαχόμενοι ούδαμῶν εἰσι κακίονες ἀνδρῶν, ἀλέες δὲ ἄριστοι ἀνδρῶν ἁπάντων. ἐλεύθεροι γὰρ ἐόντες οὐ πάντα ἐλεύθεροί εἰσι· ἔπεστι γάρ σφι δεσπότης νόμος, τὸν ὑποδειμαίνουσι πολλῷ ἔτι μᾶλλον ἢ οἱ σοὶ σέ. ποιεῦσι γῶν τὰ ἂν ἐκεῖνος ἀνώγῃ· ἀνώγει δὲ τὠυτὸ αἰεί, οὐκ ἐῶν φεύγειν οὐδὲν πλῆθος ἀνθρώπων ἐκ μάχης, ἀλλὰ μένοντας ἐν τῇ τάξι ἐπικρατέειν ἢ ἀπόλλυσθαι.

VII 104

ΘΟΥΚΥΔΙΔΗΣ

Οἱ μέν γε νεωτεροποιοὶ καὶ ἐπινοῆσαι ὀξεῖς καὶ ἐπιτελέσαι ἔργῳ ἃ ἂν γνῶσιν· ὑμεῖς δὲ τὰ ὑπάρχοντά τε σῴζειν καὶ ἐπιγνῶναι μηδὲν καὶ ἔργῳ οὐδὲ τἀναγκαῖα ἐξικέσθαι. αὖθις δὲ οἱ μὲν καὶ παρὰ δύναμιν τολμηταὶ καὶ παρὰ γνώμην κινδυνευταὶ καὶ τοῖς ἐν δεινοῖς εὐέλπιδες· τὸ δὲ ὑμέτερον τῆς τε δυνάμεως

Wehrhaftes Land

Die Äcker fehlen nicht, doch hat's der Landmann
   schwer,
Denn schluchtengleich von Bergen ringsumstellt und
   rauh
Ist dieses Land und wehrt den Eintritt jedem Feind.

Euripides, 5. Jh. v. Chr. Κοίλη = *schluchtartig, hohl, heißt Lakonien schon bei Homer, Il. II 581.*

Lob der Spartaner

So steht es mit den Lakedaimoniern. Wenn sie einzeln kämpfen, sind sie nicht schlechter als jedes andere Volk; zusammen aber zeigen sie sich als die Tapfersten von allen. Sie sind zwar frei, aber nicht in allem. Über ihnen steht nämlich das Gesetz als Herr, das sie viel mehr fürchten als deine Untertanen dich. Sie handeln stets, wie ihnen das Gesetz befiehlt. Es gebietet aber stets das gleiche: vor keiner Zahl von Gegnern aus der Schlacht zu fliehen, sondern auf dem Platz zu bleiben in Reih und Glied und zu siegen oder zu sterben.

Herodot, 5. Jh. v. Chr. J. Feix

Spartaner und Athener

Die *Athener* streben immer nach Neuem; schnell entwerfen sie Pläne, und schnell sind sie dabei, dasjenige auszuführen, was sie beschlossen haben. Ihr Spartaner aber seid nur darauf aus, das Bestehende zu erhalten; ihr wollt keinerlei weitere Beschlüsse fassen, nicht einmal das Notwendige durchführen. Auch sind jene über ihre Kräfte hinaus zu Unternehmungen aufgelegt; sie setzen sich wider vernünftige Überlegung Gefahren aus und behalten auch noch in

ἐνδεᾶ πρᾶξαι τῆς τε γνώμης μηδὲ τοῖς βεβαίοις πιστεῦσαι τῶν τε δεινῶν μηδέποτε οἴεσθαι ἀπολυθήσεσθαι. καὶ μὴν καὶ ἄοκνοι πρὸς ὑμᾶς μελλητὰς καὶ ἀποδημηταὶ πρὸς ἐνδημοτάτους· οἴονται γὰρ οἱ μὲν τῇ ἀπουσίᾳ ἄν τι κτᾶσθαι, ὑμεῖς δὲ τῷ ἐπελθεῖν καὶ τὰ ἑτοῖμα ἂν βλάψαι.

I 70 2–5

ΘΟΥΚΥΔΙΔΗΣ

Λακεδαιμονίων γὰρ εἰ ἡ πόλις ἐρημωθείη, λειφθείη δὲ τά τε ἱερὰ καὶ τῆς κατασκευῆς τὰ ἐδάφη, πολλὴν ἂν οἶμαι ἀπιστίαν τῆς δυνάμεως προελθόντος πολλοῦ χρόνου τοῖς ἔπειτα πρὸς τὸ κλέος αὐτῶν εἶναι· καίτοι Πελοποννήσου τῶν πέντε τὰς δύο μοίρας νέμονται τῆς τε ξυμπάσης ἡγοῦνται καὶ τῶν ἔξω ξυμμάχων πολλῶν· ὅμως δέ, οὔτε ξυνοικισθείσης πόλεως οὔτε ἱεροῖς καὶ κατασκευαῖς πολυτελέσι χρησαμένης, κατὰ κώμας δὲ τῷ παλαιῷ τῆς Ἑλλάδος τρόπῳ οἰκισθείσης, φαίνοιτ' ἂν ὑποδεεστέρα. Ἀθηναίων δὲ τὸ αὐτὸ τοῦτο παθόντων διπλασίαν ἂν τὴν δύναμιν εἰκάζεσθαι ἀπὸ τῆς φανερᾶς ὄψεως τῆς πόλεως ἢ ἔστιν.

I 10 2

schlimmer Lage ihre gute Zuversicht. Eure Art aber ist es, weniger zu leisten, als ihr zu tun in der Lage seid, und euren eignen Entschlüssen gegenüber, selbst wenn sie unbedingten Erfolg versprechen, Mißtrauen zu hegen und im Glauben zu leben, daß ihr von Mißgeschicken nie ganz loskommen werdet. Jene zeigen Entschlossenheit, während ihr Zauderer seid; sie schätzen auswärtige Unternehmungen, während ihr am liebsten zu Hause bleibt. Denn sie glauben in der Ferne etwas gewinnen zu können, ihr aber meint, das Draufgängertum gefährde auch den sicheren Besitz.

Thukydides, 5. Jh. v. Chr. Aus der Rede einer korinthischen Abordnung vor den Spartanern.

Sparta – ein großes Dorf

Wenn nun die Stadt der Lakedämonier verödete und nur die Heiligtümer und die Fundamente der gesamten Bauanlage übrigblieben, dann würden wohl die Menschen nach einem längeren Zeitraum die Kunde von der Macht dieses so gerühmten Volkes nur ungläubig hinnehmen. Und doch besitzen sie selber zwei Fünftel der Peloponnes, beherrschen sie insgesamt und verfügen noch über viele auswärtige Bundesgenossen. Da aber die Stadt nicht eng zusammengebaut wurde und keine kostspieligen und prächtigen Tempel und Bauwerke errichtet hat, vielmehr nach althellenischer Sitte aus einzelnen Dorfsiedlungen besteht, würde ihre Macht weit weniger bedeutend erscheinen. Wenn den Athenern dasselbe zustieße, dann würde es nach dem Aussehen der Stadt erscheinen, als habe Athen doppelt so viel Macht besessen, als tatsächlich der Fall war.

Thukydides, 5. Jh. v. Chr. Auch das heutige Sparta hat einen ländlich kleinstädtischen Charakter.

ΠΑΥΣΑΝΙΑΣ

Λακεδαιμονίοις δὲ ἀκρόπολις μὲν ἐς ὕψος περιφανὲς ἐξίσχουσα οὐκ ἔστι, καθὰ δὴ Θηβαίοις τε ἡ Καδμεία καὶ ἡ Λάρισα Ἀργείοις· ὄντων δὲ ἐν τῇ πόλει λόφων καὶ ἄλλων, τὸ μάλιστα ἐς μετέωρον ἀνῆκον ὀνομάζουσιν ἀκρόπολιν. ἐνταῦθα Ἀθηνᾶς ἱερὸν πεποίηται.

III 17 1

ΠΑΥΣΑΝΙΑΣ

Καλοῦσι δὲ Λακεδαιμόνιοι Δρόμον, ἔνθα τοῖς νέοις καὶ ἐφ' ἡμῶν ἔτι δρόμου μελέτη καθέστηκεν.

III 14 6

Καὶ χωρίον Πλατανιστᾶς ἐστιν ἀπὸ τῶν δένδρων, αἳ δὴ ὑψηλαὶ καὶ συνεχεῖς περὶ αὐτὸ αἱ πλάτανοι πεφύκασιν. αὐτὸ δὲ τὸ χωρίον, ἔνθα τοῖς ἐφήβοις μάχεσθαι καθέστηκε, κύκλῳ μὲν εὔριπος περιέχει κατὰ ταὐτὰ καὶ εἰ νῆσον θάλασσα, ἔσοδοι δὲ ἐπὶ γεφυρῶν εἰσι.

III 14 8

Τὸ δὲ χωρίον τὸ ἐπονομαζόμενον Λιμναῖον Ὀρθίας ἱερόν ἐστιν Ἀρτέμιδος. τὸ ξόανον δὲ ἐκεῖνο εἶναι λέγουσιν, ὅ ποτε Ὀρέστης καὶ Ἰφιγένεια ἐκ τῆς Ταυρικῆς ἐκκλέπτουσιν. καί σφισιν ἐπὶ τούτῳ γίνεται λόγιον αἵματι ἀνθρώπων τὸν βωμὸν αἱμάσσειν· θυομένου δὲ ὅντινα ὁ κλῆρος ἐπελάμβανε, Λυκοῦργος μετέβαλεν ἐς τὰς ἐπὶ τοῖς ἐφήβοις μάστιγας, ἐμπίπλαταί τε οὕτως ἀνθρώπων αἵματι ὁ βωμός.

III 16 7; 16 16

Die „Akropolis"

Die Lakedämonier besitzen nicht eine Akropolis, die sich zu einer ringsum sichtbaren Höhe erhebt, wie die Thebaner ihre Kadmea und die Argiver ihre Larisa. Von allen Hügeln die im Stadtgebiet liegen, heißt eben die höchste Erhebung Akropolis. Ein Tempel der Athene ist dort errichtet.

Pausanias, 2. Jh. n. Chr.

Spartanische Stätten

Die Spartaner nennen den Platz Dromos, wo die Jünglinge auch noch zu unserer Zeit sich im Lauf zu trainieren pflegen.

Ferner gibt es einen Platz namens Platanistas; er heißt so nach den hohen und dichtgereihten Platanen, die ihn umsäumen. Den eigentlichen Kampfplatz der Epheben umfaßt ein Wasserlauf, man möchte sagen wie das Meer eine Insel; die Zugänge führen über Brücken.

Der Ort, der den Namen Limnaion führt, birgt ein Heiligtum der Artemis Orthia. Das *hölzerne* Kultbild soll dasjenige sein, welches einst Orest und Iphigenie aus Taurien entführten. Hierbei sollen sie die Weisung erhalten haben, den Altar mit menschlichem Blut zu benetzen. Den Brauch, Menschen zu opfern, die das Los dazu bestimmte, wandelte Lykurgos in die Ephebengeißelung um, und so wird eben auf diese Weise der Altar mit Menschenblut besprizt.

Pausanias, 2. Jh. n. Chr.

ΠΛΟΥΤΑΡΧΟΣ

Οἱ παῖδες παρ' αὐτοῖς ξαινόμενοι μάστιξι δι' ὅλης τῆς ἡμέρας ἐπὶ τοῦ βωμοῦ τῆς Ὀρθίας Ἀρτέμιδος μέχρι θανάτου πολλάκις διακαρτεροῦσιν ἱλαροὶ καὶ γαῦροι, ἀμιλλώμενοι περὶ νίκης πρὸς ἀλλήλους, ὅστις αὐτῶν ἐπὶ πλέον τε καὶ μᾶλλον καρτερήσει τυπτόμενος· καὶ ὁ περιγενόμενος ἐν τοῖς μάλιστα ἐπίδοξός ἐστι. καλεῖται δὲ ἡ ἅμιλλα διαμαστίγωσις· γίνεται δὲ καθ' ἕκαστον ἔτος.

Inst. Lac. 239 C

LIVIUS

Inde Lacedaemonem adit non operum magnificentia, sed disciplina institutisque memorabilem.

XLV 28

ΑΔΕΣΠΟΤΟΝ

Ἃ πάρος ἄδμητος καὶ ἀνέμβατος, ὦ Λακεδαῖμον,
καπνὸν ἐπ' Εὐρώτᾳ δέρκεαι ὠλένιον,
ἄσκιος· οἰωνοὶ δὲ κατὰ χθονὸς οἰκία θέντες
μύρονται· μήλων δ' οὐκ ἀίουσι λύκοι.

Anth. Pal. VII 723

Spartanertum

Die Knaben, die bei ihnen am Altar der Artemis Orthia den ganzen Tag gegeißelt werden, bleiben häufig bis zum Tode fröhlich und heiter; sie wetteifern, wer von ihnen die Schläge am besten und längsten aushält; der Sieger genießt das größte Ansehen. Dieser Wettstreit wird Durchgeißelung genannt und findet jedes Jahr statt.

Plutarch, um 100 n. Chr. Die Fundamente des Tempels sind in den Niederungen am Eurotas zu sehen. Die Knabengeißelung wird ursprünglich ein Mannbarkeitsritus gewesen sein. Später gewann sie einen pädagogischen Charakter. Die Zeremonie ist im einzelnen wegen widersprechender Überlieferung nicht geklärt.

Römisches Urteil

Sodann besuchte *Aemilius Paullus* Sparta, das nicht durch die Pracht seiner Kunstwerke, sondern durch seine Staatsverfassung und seine Gebräuche denkwürdig ist.

Livius, um die Zeitwende. Aus der Beschreibung der Reise des Aemilius Paullus. Vgl. S. 99 und 125.

Sparta

Niemals warst du besiegt, Lakedaimon, und niemals erstiegen –
heut zieht olenischer Rauch an des Eurotas Gestad.
Schattenlos bist du; am Boden erbauen die Vögel voll Klagen
sich ihre Nester; kein Wolf hört mehr der Schafe Geblök.

Unbekannter Dichter, wahrscheinlich Ende des 3. Jh. v. Chr. Es handelt sich wohl um die Verheerung Lakoniens durch Philipp V. im Winter 219/18. Olenos, Stadt in Arkadien. H. Beckby

ΤΥΡΤΑΙΟΣ

Ἡμετέρῳ βασιλῆϊ, θεοῖσι φίλῳ Θεοπόμπῳ,
δν διὰ Μεσσήνην εἴλομεν εὐρυχόρον,...
Μεσσήνην ἀγαθὸν μὲν ἀροῦν, ἀγαθὸν δὲ φυτεύειν.

Fr. 4 Diehl

ΡΕΥΙΠΙΔΗΣ

καλλίκαρπον
καταρρυτόν τε μυρίοισι νάμασιν
καὶ βουσὶ καὶ ποίμναισιν εὐβοτωτάτην,
οὔτ' ἐν πνοαῖσι χείματος δυσχείμερον
οὔτ' αὖ τεθρίπποις ἡλίου θερμὴν ἄγαν.

Fr. 1083 Nauck

ΣΤΡΑΒΩΝ

Ἡ δὲ Μεσσηνίων πόλις ἔοικε Κορίνθῳ· ὑπέρκειται γὰρ τῆς πόλεως ἑκατέρας ὄρος ὑψηλὸν καὶ ἀπότομον τείχει κοινῷ περιειλημμένον ὥστ' ἀκροπόλει χρῆσθαι, τὸ μὲν καλούμενον Ἰθώμη τὸ δὲ Ἀκροκόρινθος.

VIII 361

ΠΑΥΣΑΝΙΑΣ

Περὶ δὲ τὴν Μεσσήνην τείχους κύκλος μὲν πᾶς λίθου πεποίηται, πύργοι δὲ καὶ ἐπάλξεις εἰσὶν ἐνῳκοδομημένοι. τὰ μὲν οὖν Βαβυλωνίων ἢ τὰ Μεμνόνεια τὰ ἐν Σούσοις τείχη τοῖς Περσικοῖς οὔτε εἶδον οὔτε ἄλλου

Aus den messenischen Kriegen

Unserem König, dem Götterliebling, dem Held Theopompos
Danken wir den Gewinn breitschollig reichen Gebiets:
Gut zu beackern und gut zu bepflanzen ist dieses Messenien.

Tyrtaios, 7. Jh. v. Chr.

Gesegnete Fluren

... früchtereich
Und überströmt von vieler Wasser klarem Lauf;
Für Rind und Schafe ist dort gutes Weideland.
Den kalten Winterwinden ist's nicht ausgesetzt,
Noch sengt es allzu sehr des Helios goldner Strahl.

Euripides, 5. Jh. v. Chr. Vgl. S. 127. In diesem Fragment werden Lakonien und Messenien verglichen.

Die Burg Ithome

Die Stadt der Messenier ähnelt Korinth. Denn über jeder von ihnen ragt ein hoher und steiler Berg empor, der mit der Stadt durch eine gemeinsame Mauer verbunden ist, so daß dieser Berg die Akropolis bildet. Die eine Burghöhe heißt Ithome, die andere Akrokorinth.

Strabon, um die Zeitwende.

Stärkste Festung Griechenlands

Messene ist ringsum von einer Mauer umgeben, die ganz aus Stein errichtet ist und Türme und Brustwehren besitzt. Die Mauer von Babylon oder die des Memnon in Susa kenne ich nicht aus eigner Anschauung und konnte sie mir auch nicht von einem, der sie gesehen, beschreiben lassen.

περὶ αὐτῶν ἤκουσα αὐτοπτοῦντος· τὰ δὲ ἐν Ἀμβρώσῳ
τῇ Φωκικῇ ἔν τε Βυζαντίῳ καὶ Ῥόδῳ, ταῦτα γὰρ δὴ
τετείχισται τὰ χωρία ἄριστα, τούτων Μεσσηνίοις
ἐστὶν ἐχυρώτερον.

IV 31 5

DICHTERISCHE VERKLÄRUNG

ΠΙΝΔΑΡΟΣ

Μᾶτερ ὦ χρυσοστεφάνων
   ἀέθλων, Ὀλυμπία,
δέσποιν' ἀλαθείας, ἵνα μάντιες ἄνδρες
ἐμπύροις τεκμαιρόμενοι παραπειρῶν-
   ται Διὸς ἀργικεραύνου,
εἴ τιν' ἔχει λόγον ἀνθρώπων πέρι
μαιομένων μεγάλαν
ἀρετὰν θυμῷ λαβεῖν,
τῶν δὲ μόχθων ἀμπνοάν.

Olymp. VIII 1–9

ΠΙΝΔΑΡΟΣ

                Τὸ δὲ κλέος
τηλόθεν δέδορκε τᾶν Ὀ-
   λυμπιάδων ἐν δρόμοις
Πέλοπος, ἵνα ταχυτὰς ποδῶν ἐρίζεται
ἀκμαί τ' ἰσχύος θρασύπονοι·
ὁ νικῶν δὲ λοιπὸν ἀμφὶ βίοτον
ἔχει μελιτόεσσαν εὐδίαν
ἀέθλων γ' ἕνεκεν· τὸ δ' αἰεὶ παράμερον ἐσλόν

Die Mauern aber von Ambrosos in Phokis, von Byzantion und Rhodos sind zwar ganz besonders kunstvoll errichtet, doch werden sie von der messenischen an Stärke übertroffen.

Pausanias, 2. Jh. n. Chr. Das heute noch zu einem großen Teil erhaltene bewundernswerte Mauerwerk wurde unter Epaminondas im 4. Jh.v. Chr. erbaut.

DICHTERISCHE VERKLÄRUNG

Olympia

Mutter goldkranzspendender
   Wettkämpfe, o Olympia,
Herrin der Wahrheit, wo sich des Sehertums Priester,
Schließend aus Brandopfern, bemühn, zu erforschen
   Zeus', des hellblitzenden Meinung,
Ob einen Wahrspruch er über Menschen hat,
Die großen Ruhm voller Mut
Zu erlangen suchen, nach
Mühsal des Aufatmens Lust!

Pindar, 5. Jh. v. Chr.   O. Werner

Siegerruhm

Und es glänzt sein Ruhm
Leuchtend weithin von Olympias
Festspiel, bei dem auf der Bahn
Des Pelops sich streitet der Schnelligkeit wie auch
Der Kraft höchster Rang mutvollen Mühns.
Wer dort siegt, im Leben hat künftig er stets
Süßester Heiterkeit Beglückung, weil
Den Kampfpreis er errang. Das stets
Tag für Tag neue Glück – als

ὕπατον ἔρχεται
παντὶ βροτῶν. ἐμὲ δὲ στεφανῶσαι
κεῖνον ἱππίῳ νόμῳ
Αἰοληΐδι μολπᾷ
χρή.

Olymp. I 93-103

ΠΙΝΔΑΡΟΣ

Ἐν δ' ἕσπερον
ἔφλεξεν εὐώπιδος
σελάνας ἐρατὸν φάος.
ἀείδετο δὲ πᾶν τέμενος
τερπναῖσι θαλίαις
τὸν ἐγκώμιον ἀμφὶ τρόπον.

Olymp. X 73-77

WÜRDIGUNG UND BESCHREIBUNG

ΙΣΟΚΡΑΤΗΣ

Περὶ δὲ τοὺς αὐτοὺς χρόνους ὁρῶν τὴν ἐν Ὀλυμπίᾳ πανήγυριν ὑπὸ πάντων ἀνθρώπων ἀγαπωμένην καὶ θαυμαζομένην, καὶ τοὺς Ἕλληνας ἐπίδειξιν ἐν αὐτῇ ποιουμένους πλούτου καὶ ῥώμης καὶ παιδεύσεως, καὶ τούς τ' ἀθλητὰς ζηλουμένους καὶ τὰς πόλεις ὀνομαστὰς γιγνομένας τὰς τῶν νικώντων, καὶ πρὸς τούτοις ἡγούμενος τὰς μὲν ἐνθάδε λητουργίας ὑπὲρ τῶν ἰδίων πρὸς τοὺς πολίτας εἶναι, τὰς δ' εἰς ἐκείνην τὴν πανήγυριν ὑπὲρ τῆς πόλεως εἰς ἅπασαν τὴν Ἑλλάδα γίγνεσθαι, ταῦτα διανοηθείς, οὐδενὸς ἀφυέστερος οὐδ' ἀρρωστότερος τῷ σώματι γενόμενος τοὺς μὲν γυμνικοὺς ἀγῶνας

Höchstes kommts
Jedem Sterblichen; mir aber geziemt es, zu krönen
Jenen mit dem Reiterlied
In aiolischer Weise
Klang.

Pindar, 5. Jh. v. Chr.   O. Werner

Abend nach heißem Kampf

Und den Abend bestrahlt'
Im Glanz der schönäugigen,
Der Mondgöttin erfreulich Licht.
Von Liedern klang der heilige Hain
bei Festmählern voll Lust
Rings ganz wider in Lobgesangs Ton.

Pindar, 5. Jh. v. Chr.   O. Werner

WÜRDIGUNG UND BESCHREIBUNG

Alkibiades wird Olympionike

Zu jener Zeit sah er, wie die Festversammlung von Olympia bei allen Menschen Hochachtung und Bewunderung genoß und daß die Griechen dabei eine große Schau des Reichtums, der Körperkraft und der Geistesbildung veranstalteten, daß ferner die Athleten beneidet wurden und die Vaterstädte der Sieger Berühmtheit erlangten; dazu überlegte er, daß die öffentlichen Dienste, die er daheim in Athen leistete, in den Augen der Mitbürger nur seinen eigenen Zwecken dienten, während die Teilnahme an jenen Festspielen zum Nutzen der Stadt vor ganz Griechenland erfolgte. Obwohl er nun weder ungeschickter noch körperlich schwächer war als irgendein anderer, ver-

ὑπερεῖδεν, εἰδὼς ἐνίους τῶν ἀθλητῶν καὶ κακῶς γεγονότας καὶ μικρὰς πόλεις οἰκοῦντας καὶ ταπεινῶς πεπαιδευμένους, ἱπποτροφεῖν δ' ἐπιχειρήσας, ὃ τῶν εὐδαιμονεστάτων ἔργον ἐστί, φαῦλος δ' οὐδεὶς ἂν ποιήσειεν, οὐ μόνον τοὺς ἀνταγωνιστὰς ἀλλὰ καὶ τοὺς πώποτε νικήσαντας ὑπερεβάλετο.

XVI 32-33

[ΑΙΣΧΙΝΗΣ]

Λέγεται γὰρ γυνή ποτε πρεσβῦτις Ὀλυμπίασι παρελθοῦσα εἰς τὸ στάδιον ἑστάναι τε ἅμα τοῖς ἀνδράσι καὶ θεάσασθαι τοὺς ἀγωνιζομένους, ἐπιστάντων δὲ αὐτῇ τῶν Ἑλλανοδικῶν, ὅτι ἐτόλμησε παρελθεῖν εἰς τὸ στάδιον, ἀποκρίνασθαι· 'τίνι γὰρ ἄλλῃ τοῦτο γυναικὶ δέδωκε καυχήσασθαι οὗτος ὁ θεός, ὅτι καὶ πατέρα καὶ τρεῖς ἀδελφοὺς Ὀλυμπιονίκας ἔχοι καὶ υἱὸν ἐπ' Ὀλύμπια ἄγοι;'

Epist. IV 5

ΠΑΥΣΑΝΙΑΣ

Πολλὰ μὲν δὴ καὶ ἄλλα ἴδοι τις ἂν ἐν Ἕλλησι, τὰ δὲ καὶ ἀκοῦσαι θαύματος ἄξια· μάλιστα δὲ τοῖς Ἐλευσῖνι δρωμένοις καὶ ἀγῶνι τῷ ἐν Ὀλυμπίᾳ μέτεστιν ἐκ θεοῦ φροντίδος.

V 10 1

schmähte er die leichtathletischen Wettkämpfe, denn er wußte, daß einige Athleten niedriger Herkunft und Bürger kleiner Städte waren und eine nur bescheidene Erziehung genossen hatten, – er gründete vielmehr einen Rennstall, was nur den Reichsten vorbehalten ist und was kein Mann geringer Herkunft in Angriff nehmen konnte. Und so übertraf er nicht nur seine Gegner im Kampf, sondern auch alle, die jemals auf der Rennbahn gesiegt hatten.

Isokrates, 4. Jh. v. Chr. Alkibiades wurde im J. 416 mit seinen Gespannen gleichzeitig erster, zweiter und dritter Sieger.

Ein Siegergeschlecht

Es wird erzählt, daß einmal eine Alte in Olympia ins Stadion gekommen sei und zusammen mit den Männern den Wettkämpfen zugeschaut habe. Als die Hellanodiken *(Festordner und Schiedsrichter)* rügten, daß sie es gewagt habe, das Stadion zu betreten, antwortete sie: „Gab denn der Gott nicht mir allein unter allen Frauen Grund zu stolzem Auftreten? Mein Vater war Olympionike, meine drei Brüder waren es, und jetzt führe ich einen Sohn auf die Kampfbahn."

Dem Redner Aischines (4. Jh. v. Chr.) zugeschrieben. Frauen waren in Olympia als Zuschauerinnen nicht geduldet.

Die Bedeutung Olympias

Vieles kann man in Hellas sehen, auch von vielem etwas hören, was der Bewunderung würdig ist. Ganz besonders aber gilt dies für die eleusinischen Mysterien und die olympischen Kampfspiele, weil sie unter göttlicher Mitwirkung entstanden sind.

Pausanias, 2. Jh. n. Chr.

ΠΑΥΣΑΝΙΑΣ

Τὸ δὲ ἄλσος τὸ ἱερὸν τοῦ Διός, παραποιήσαντες τὸ ὄνομα, Ἄλτιν ἐκ παλαιοῦ καλοῦσι.

V 10 1

ΣΤΡΑΒΩΝ

Ἐκοσμήθη δ' ἐκ τοῦ πλήθους τῶν ἀναθημάτων, ἅπερ ἐκ πάσης ἀνετίθετο τῆς Ἑλλάδος. μέγιστον δὲ τούτων ὑπῆρξε τὸ τοῦ Διὸς ξόανον, ὃ ἐποίει Φειδίας Χαρμίδου Ἀθηναῖος ἐλεφάντινον, τηλικοῦτον τὸ μέγεθος, ὡς, καίπερ μεγίστου ὄντος τοῦ νεώ, δοκεῖν ἀστοχῆσαι τῆς συμμετρίας τὸν τεχνίτην, καθήμενον ποιήσαντα, ἁπτόμενον δὲ σχεδόν τι τῇ κορυφῇ τῆς ὀροφῆς, ὥστ' ἔμφασιν ποιεῖν, ἐὰν ὀρθὸς γένηται διαναστάς, ἀποστεγάσειν τὸν νεών.

VIII 353

ΠΑΥΣΑΝΙΑΣ

Καὶ αὐτὸν τὸν θεὸν μάρτυρα ἐς τοῦ Φειδίου τὴν τέχνην γενέσθαι λέγουσι. ὡς γὰρ δὴ ἐκτετελεσμένον ἤδη τὸ ἄγαλμα ἦν, ηὔξατο ὁ Φειδίας ἐπισημῆναι τὸν θεόν, εἰ τὸ ἔργον ἐστὶν αὐτῷ κατὰ γνώμην· αὐτίκα δ' ἐς τοῦτο τοῦ ἐδάφους κατασκῆψαι κεραυνόν φασιν, ἔνθα ὑδρία καὶ ἐς ἐμὲ ἐπίθημα ἦν ἡ χαλκῆ.

V 11 9

Die Altis

Den heiligen *Oliven*hain des Zeus nennt man seit alter Zeit Altis, ein Name, der durch Umwandlung des Wortes alsos *(Hain)* entstanden ist.

Pausanias, 2. Jh. n. Chr.

Das Zeusbild des Phidias

Das Heiligtum wurde mit einer Menge von Weihgeschenken ausgeschmückt, ganz Griechenland stiftete solche. Aber das bedeutendste darunter war das Goldelfenbeinbild des Zeus, dessen Schöpfer der Athener Phidias, des Charmides Sohn, war. Es ist im Verhältnis zu der außerordentlichen Höhe des Tempels von solcher Größe, daß man sich sagt, der Künstler habe das Ebenmaß verfehlt. Er bildete nämlich den Gott sitzend, doch so, daß er mit dem Scheitel fast die Decke berührt. Man gewinnt so den Eindruck, als würde der Gott, wenn er sich aufrecht stellte, das Tempeldach durchstoßen.

Strabon, um die Zeitwende.

Vollendet

Der Gott selbst soll ein Zeugnis für die Kunst des Phidias abgelegt haben. Als nämlich das Bild fertiggestellt war, betete Phidias zu Zeus, er möge ihm ein Zeichen geben, ob das Werk seine Zustimmung finde. Da sei nun, heißt es, sofort ein Blitz niedergegangen, und zwar auf der Stelle, wo man jetzt noch eine bronzene Urne als Erinnerungsmal sehen kann.

Pausanias, 2. Jh. n. Chr.

ΠΟΛΥΒΙΟΣ

Λεύκιος Αἰμίλιος παρῆν εἰς τὸ τέμενος τὸ ἐν Ὀλυμπίᾳ, καὶ τὸ ἄγαλμα θεασάμενος ἐξεπλάγη καὶ τοσοῦτον εἶπεν ὅτι μόνος αὐτῷ δοκεῖ Φειδίας τὸν παρ' Ὁμήρῳ Δία μεμιμῆσθαι, διότι μεγάλην ἔχων προσδοκίαν τῆς Ὀλυμπίας μείζω τῆς προσδοκίας εὑρηκὼς εἴη τὴν ἀλήθειαν.

XXX 10 6

LIVIUS

Unde per Megalopolim Olympiam escendit. ubi et alia quidem spectanda ei visa: Iovem velut praesentem intuens motus animo est. itaque haud secus quam si in Capitolio immolaturus esset, sacrificium amplius solito apparari iussit.

XLV 28

ΠΑΥΣΑΝΙΑΣ

Ὅσον δὲ τοῦ ἐδάφους ἐστὶν ἔμπροσθεν τοῦ ἀγάλματος, τοῦτο οὐ λευκῷ, μέλανι δὲ κατεσκεύασται τῷ λίθῳ. περιθεῖ δὲ ἐν κύκλῳ τὸν μέλανα λίθου Παρίου κρηπίς, ἔρυμα εἶναι τῷ ἐλαίῳ τῷ ἐκχεομένῳ. ἔλαιον γὰρ τῷ ἀγάλματί ἐστιν ἐν Ὀλυμπίᾳ συμφέρον, καὶ

Der Zeus Homers

Lucius Aemilius erschien im Tempel zu Olympia, und als er das Zeusbild sah, verwunderte er sich und sagte, daß ihm einzig und allein Phidias den Zeus des Homer nachgebildet zu haben scheine; er sei mit großer Erwartung nach Olympia gekommen, habe aber gefunden, daß die Wirklichkeit größer sei als seine Erwartung.

Polybios, 2. Jh. v. Chr. Wie aus Dion v. Prusa XII 26 hervorgeht, war vor allem die Stelle Ilias A 528 ff. gemeint: (Th. von Scheffer)

*Sprachs, und es beugte gesenkt die dunklen Brauen Kronion,
Und das heilige Haar des Herrschers flutete nieder
Von dem unsterblichen Haupt, und die Höhn des Olympos erbebten.*

Ein Römer vor dem Zeusbild

Von *Sparta* gelangte *Aemilius Paullus* über Megalopolis nach Olympia. Dort erschien ihm manches der Betrachtung würdig; als er aber vor dem Zeus *des Phidias* stand, da kam es ihm vor, als sei der Gott gegenwärtig, und er ward in seinem Gemüte sehr bewegt. So ließ er denn, als sei es auf dem Kapitol, ein Opfer veranstalten, das größer war, als man es sonst hier darzubringen pflegte.

Livius, um die Zeitwende. Zu der Reise des Aemilius Paullus vgl. S. 99.

Denkmalschutz

Der Teil des Bodenbelags, der sich vor dem Götterbild ausbreitet, besteht nicht aus weißem, sondern aus dunklem Marmor. Rings um diesen dunklen Steinbelag läuft eine Einfassung von parischem Marmor, die das auslaufende Öl zurückhalten soll. Das Öl ist nämlich in Olympia zur Pflege

ἔλαιόν ἐστι τὸ ἀπεῖργον, μὴ γίνεσθαι τῷ ἐλέφαντι βλάβος διὰ τὸ ἑλῶδες τῆς Ἄλτεως.

V 11 5

ΠΑΥΣΑΝΙΑΣ

Τοῦ ναοῦ δὲ Δώριος μέν ἐστιν ἡ ἐργασία, τὰ δὲ ἐκτὸς περίστυλός ἐστι. πεποίηται δὲ ἐπιχωρίου πώρου.

V 10 3

ΠΑΥΣΑΝΙΑΣ

Τὰ δὲ ἐν τοῖς ἀετοῖς ἔστιν ἔμπροσθεν Πέλοπος ἡ πρὸς Οἰνόμαον τῶν ἵππων ἅμιλλα ἔτι μέλλουσα καὶ τὸ ἔργον τοῦ δρόμου παρὰ ἀμφοτέρων ἐν παρασκευῇ. τὰ μὲν δὴ ἔμπροσθεν ἐν τοῖς ἀετοῖς ἐστι Παιωνίου, τὰ δὲ ὄπισθεν αὐτῶν Ἀλκαμένους, ἀνδρὸς ἡλικίαν τε κατὰ Φειδίαν καὶ δευτερεῖα ἐνεγκαμένου σοφίας ἐς ποίησιν ἀγαλμάτων. τὰ δὲ ἐν τοῖς ἀετοῖς ἐστιν αὐτῷ Λαπιθῶν ἐν τῷ Πειρίθου γάμῳ πρὸς Κενταύρους ἡ μάχη.

V 10 6; 8

ΠΑΥΣΑΝΙΑΣ

Λείπεται δὲ τὸ μετὰ τοῦτο ἡμῖν τῆς τε Ἥρας ὁ ναὸς καὶ ὁπόσα ἐστὶν ἐν τῷ ναῷ πρέποντα ἐς συγγραφήν. ἐργασία μὲν δή ἐστι τοῦ ναοῦ Δώριος, κίονες δὲ περὶ

des Kultbildes von Nutzen, da es ja verhindert, daß das Elfenbein bei der Feuchtigkeit der Altis Schaden erleidet.

Pausanias, 2. Jh. n. Chr. Reste dieses Bodenbelags und der Einfassung sind heute noch erkennbar.

Der Zeustempel von außen

Der Tempel ist im dorischen Stil erbaut und besitzt ringsum einen Säulengang. Er besteht aus einheimischem Porosstein *(Muschelkalk).*

Pausanias, 2. Jh. n. Chr.

Die Giebelskulpturen

Von den Giebeln stellt der vordere *(östliche)* den Augenblick vor dem Wagenkampf zwischen Pelops und Oinomaos dar und die beiderseitige Vorbereitung zum Rennen. Diese vorderen Giebelskulpturen sind ein Werk des Paionios, die rückwärtigen aber ein Werk des Alkamenes, eines Mannes, der ein Zeitgenosse des Phidias war und nach ihm den zweiten Platz in der Kunst der Bildhauerei einnahm. Was dieser im *westlichen* Giebelfeld dargestellt hat, ist der Kampf der Lapithen und Kentauren bei der Hochzeit des Peirithoos.

Pausanias, 2. Jh. n. Chr. Die Zuweisung an die genannten Bildhauer ist unrichtig, da beide einer jüngeren Stilstufe angehören. Die hochbedeutenden Giebelskulpturen birgt das Museum zu Olympia.

Der Heratempel

Zu beschreiben bleibt uns noch der Heratempel und was sich darinnen an merkwürdigen Dingen befindet. Der Stil des Tempels ist dorisch; eine Ringhalle von Säulen umgibt

πάντα ἑστήκασιν αὐτόν. ἐν δὲ τῷ ὀπισθοδόμῳ δρυὸς ὁ ἕτερος τῶν κιόνων ἐστί.

V 16 1

ΠΑΥΣΑΝΙΑΣ

Τῆς Ἥρας δέ ἐστιν ἐν τῷ ναῷ Διός, τὸ δὲ Ἥρας ἄγαλμα καθήμενόν ἐστιν ἐπὶ θρόνῳ, παρέστηκε δὲ γένειά τε ἔχων καὶ ἐπικείμενος κυνῆν ἐπὶ τῇ κεφαλῇ· ἔργα δέ ἐστιν ἁπλᾶ.

V 17 1

Χρόνῳ δὲ ὕστερον καὶ ἄλλα ἀνέθεσαν ἐς τὸ Ἡραῖον, Ἑρμῆν λίθου, Διόνυσον δὲ φέρει νήπιον, τέχνη δέ ἐστιν Πραξιτέλους.

V 17 3

ΠΑΥΣΑΝΙΑΣ

Ἔστι δὲ ἐπὶ τῷ πέρατι τῶν ἀγαλμάτων ἃ ἐπὶ ζημίαις ἐποιήσαντο ἀθλητῶν, ἐπὶ τούτῳ τῷ πέρατί ἐστι ἣν Κρυπτὴν ὀνομάζουσιν ἔσοδον· διὰ δὲ αὐτῆς τούς τε Ἑλλανοδίκας ἐσιέναι ἐς τὸ στάδιον καὶ τοὺς ἀγωνιστάς. τὸ μὲν δὴ στάδιον γῆς χῶμά ἐστι, πεποίηται δὲ ἐν αὐτῷ καθέδρα τοῖς τιθεῖσι τὸν ἀγῶνα.

VI 20 8

ihn. In der rückwärtigen Vorhalle ist eine der beiden Säulen aus Eichenholz gebildet.

Pausanias, 2. Jh. n. Chr. Der Heratempel ist einer der ältesten Tempel von Griechenland (7. Jh.). Die Zellawände bestanden aus Lehmziegeln, das Gebälk und die Säulen aus Holz. Die Säulen wurden bis auf eine nach und nach durch steinerne ersetzt. Daher haben die heute noch sichtbaren Säulen verschiedene Formen.

Das Herabild und der Hermes des Praxiteles

Im Heratempel ist ein Standbild des Zeus; die Hera ist auf einem Thron sitzend dargestellt, er aber steht daneben, bärtig und mit einem Helm auf dem Kopf. Es sind altertümlich einfache Werke.

Im Laufe der Zeit weihte man auch andere Bildwerke ins Heraion, so einen Hermes aus Marmor, der den Dionysosknaben trägt, ein Werk des Praxiteles.

Pausanias, 2. Jh. n. Chr. Der Kopf des archaischen Hera-Kultbildes ist erhalten. Er befindet sich ebenso wie das Originalwerk des Praxiteles (4. Jh. v. Chr.) im Museum zu Olympia.

Der Gang zum Stadion

Am Ende der Reihe von Standbildern, die von den Strafgeldern der Athleten errichtet wurden, befindet sich der Gang, welcher der „Gewölbte" genannt wird. Durch ihn gehen die Hellanodiken *(Kampfrichter)* und die Kämpfer ins Stadion. Das Stadion aber ist nichts anderes als ein Erdwall, auf dem ein erhöhter Sitz für die Kampfordner errichtet wurde.

Pausanias, 2. Jh. n. Chr. Die Reihe der „Zanes" ist an den Basen deutlich erkennbar. Jenseits des Gewölbganges wird das Stadion vom Deutschen Archäologischen Institut freigelegt und soll wiederhergestellt werden.

ΣΤΡΑΒΩΝ

'Αρκαδία δ' εστίν εν μέσω μεν της Πελοποννήσου, πλείστην δε χώραν όρεινήν αποτέμνεται. μέγιστον δ' όρος εν αύτη Κυλλήνη.

VIII 388

ΣΤΡΑΒΩΝ

Βοσκήμασι δ' εισί νομαί δαψιλείς, και μάλιστα ίπποις και όνοις τοις ίπποβάτοις· έστι δε και το γένος των ίππων άριστον το 'Αρκαδικόν, καθάπερ και το 'Αργολικόν και το 'Επιδαύριον.

VIII 388

ΠΑΥΣΑΝΙΑΣ

Θηρία δε ούτός τε και όσοι δρυμοί τοις 'Αρκάσιν εισίν άλλοι παρέχονται τοσάδε, αγρίους ύς και άρκτους και χελώνας μεγίστας μεγέθει.

VIII 23 9

ΠΟΛΥΒΙΟΣ

Μουσικήν γάρ, τήν γ' αληθώς μουσικήν, πάσι μεν ανθρώποις όφελος ασκείν, 'Αρκάσι δε και αναγκαίον.

IV 20 4

Ταυτά τέ μοι δοκούσιν οι πάλαι παρεισαγαγείν ου τρυφής και περιουσίας χάριν, αλλά θεωρούντες μεν την εκάστων αυτουργίαν και συλλήβδην το των βίων επίπονον και σκληρόν, θεωρούντες δε την των ηθών αυστηρίαν, ήτις αυτοίς παρέπεται διά την του περιέ-

Gebirgsland

Arkadien liegt in der Mitte der Peloponnes; zum allergrößten Teil ist es ein Gebirgsland. Der höchste Berg des Landes ist die Kyllene.

Strabon, um die Zeitwende. Die Kyllene mißt 2374 Meter.

Weideland

Für Viehherden gibt es reichliches Weideland, besonders aber für Pferde- und Eselhengste, die als Beschäler *der Stuten* dienen. So ist auch die Pferderasse von Arkadien ausgezeichnet, wie übrigens auch die von Argos und Epidauros.

Strabon, um die Zeitwende.

Tiere des Waldes

Der Eichenwald *Soron* birgt wie die übrigen Eichenwälder Arkadiens gewaltige Tiere: Wildschweine, Bären und Schildkröten von riesiger Größe.

Pausanias, 2. Jh. n. Chr. Außer der eigentlichen Eiche gedeiht in mittelhohen Bergregionen die immergrüne Steineiche.

Musik in rauher Bergwelt

Die Musik zu pflegen, wenigstens die wahre Musik, ist für alle Menschen nützlich, für die Arkader aber ist es eine Notwendigkeit.

All dies (*nämlich die zwangsmäßige Pflege der Musik und des Chortanzes bis zum 30. Lebensjahr*) scheinen mir die Vorväter nicht des Vergnügens halber und überflüssigerweise eingeführt zu haben: vielmehr sahen sie, daß jeder Arkader schwer arbeitete und überhaupt ein Dasein voll Mühsal und Härte führte, auch erkannten sie die Rauhheit

χοντος ψυχρότητα και στυγνότητα την κατά το πλείστον
εν τοις τόποις υπάρχουσαν, ᾧ συνεξομοιοῦσθαι πεφύκαμεν πάντες άνθρωποι κατ' ανάγκην. βουλόμενοι δὲ μαλάττειν και κιρνᾶν τὸ τῆς φύσεως αὔθαδες και σκληρόν,
τά τε προειρημένα πάντα παρεισήγαγον, και προς τούτοις συνόδους κοινὰς και θυσίας πλείστας ὁμοίως
άνδράσι και γυναιξί κατείθισαν, ἔτι δὲ χορούς παρθένων ὁμοῦ και παίδων, και συλλήβδην πᾶν ἐμηχανήσαντο, σπεύδοντες τὸ τῆς ψυχῆς ἀτέραμνον διὰ τῆς
τῶν ἐθισμῶν κατασκευῆς ἐξημεροῦν και πραΰνειν.

IV 21 1–4

ΣΤΡΑΒΩΝ

Δοκεῖ δὲ παλαιότατα ἔθνη τῶν Ἑλλήνων εἶναι τὰ
Ἀρκαδικά, Ἀζᾶνές τε και Παρράσιοι και ἄλλοι τοιοῦτοι. διὰ δὲ τὴν τῆς χώρας παντελῆ κάκωσιν οὐκ ἂν
προσήκοι μακρολογεῖν περὶ αὐτῶν· αἵ τε γὰρ πόλεις
ὑπὸ τῶν συνεχῶν πολέμων ἠφανίσθησαν, ἔνδοξοι γενόμεναι πρότερον, τήν τε χώραν οἱ γεωργήσαντες ἐκλελοίπασιν ἐξ ἐκείνων ἔτι τῶν χρόνων, ἐξ ὧν εἰς τὴν
προσαγορευθεῖσαν Μεγάλην πόλιν αἱ πλεῖσται συνῳκίσθησαν. νυνὶ δὲ καὶ αὐτὴ ἡ Μεγάλη πόλις τὸ τοῦ
κωμικοῦ πέπονθε καὶ
Ἐρημία μεγάλη 'στὶν ἡ Μεγάλη πόλις.

VIII 388

ΠΑΥΣΑΝΙΑΣ

Ἡ δὲ ἐπέκεινα τοῦ ποταμοῦ μοῖρα ἡ κατὰ μεσημβρίαν παρείχετο ἐς μνήμην θέατρον μέγιστον τῶν ἐν

der Sitten als eine Folge der Kälte und der Trostlosigkeit des Klimas, die in den meisten Gebieten vorherrschen; denn unser Charakter entwickelt sich zwangsläufig dem Klima entsprechend. In der Absicht, die Härte und Wildheit der Natur zu dämpfen und zu mildern, führten sie all das Erwähnte ein, dazu gewöhnten sie Männer wie Frauen an öffentliche Zusammenkünfte und zahlreiche Opferfeste, ferner an gemeinsame Tänze von Mädchen und Knaben, kurzum sie taten alles, um die herbe Strenge des Gemütes durch Pflege der Bräuche zu zähmen und zu sänftigen.

Polybios, 2. Jh. v. Chr., in Arkadien gebürtig. Diese Stelle zeigt, daß die Griechen in Arkadien alles andere als idyllische Gefilde sahen.

Verödung

Es scheint, daß die arkadischen Völker, die Azanen, die Parrhasier und andere von der Art, die ältesten Griechenlands sind. Wegen der vollständigen Verödung des Landes jedoch lohnt es sich nicht, ausführlich von ihnen zu sprechen. Denn die Städte, die einst berühmt waren, sind durch die dauernden Kriege zerstört worden, und die Landbevölkerung hat ihre Äcker schon seit jener Zeit verlassen, als die meisten Städte zu der sogenannten Großen Stadt *(Megalopolis)* zusammengesiedelt wurden. Nun aber hat auch die Stadt Megalopolis an sich selbst die Wahrheit des Komikerwortes erfahren müssen:

Nichts als 'ne große Wildnis ist die Große Stadt.

Strabon, um die Zeitwende.

Das Theater von Megalopolis

Der jenseits des Flusses südlich gelegene Teil der Stadt bietet als Merkwürdigkeit das größte Theater Griechen-

τῇ Ἑλλάδι. ἐν δὲ αὐτῷ καὶ ἀέναός ἐστιν ὕδατος πηγή.

VIII 32 1

ΠΑΥΣΑΝΙΑΣ

Κεῖται δὲ ἡ Φιγαλία ἐπὶ μετεώρου μὲν καὶ ἀποτόμου τὰ πλέονα, καὶ ἐπὶ τῶν κρημνῶν ᾠκοδομημένα ἐστὶ τείχη σφίσιν· ἀνελθόντι δὲ ὁμαλής ἐστιν ὁ λόφος ἤδη καὶ ἐπίπεδος.

VIII 39 5

ΠΑΥΣΑΝΙΑΣ

Περιέχεται δὲ ἡ Φιγαλία ὄρεσιν, ἐν ἀριστερᾷ μὲν ὑπὸ τοῦ καλουμένου Κωτιλίου, τὰ δὲ ἐς δεξιὰν ἕτερον προβεβλημένον ἐστὶν αὐτῆς ὄρος τὸ Ἐλάϊον. ἀπέχει δὲ τῆς πόλεως ἐς τεσσαράκοντα τὸ Κωτίλιον μάλιστα σταδίους· ἐν δὲ αὐτῷ χωρίον τέ ἐστι καλούμενον Βᾶσσαι καὶ ὁ ναὸς τοῦ Ἀπόλλωνος τοῦ Ἐπικουρίου, λίθου καὶ αὐτὸς καὶ ὁ ὄροφος. ναῶν δὲ ὅσοι Πελοποννησίοις εἰσί, μετά γε τὸν ἐν Τεγέᾳ, προτιμῷτο οὗτος ἂν τοῦ λίθου τε ἐς κάλλος καὶ τῆς ἁρμονίας ἕνεκα.

VIII 41 7

ΠΑΥΣΑΝΙΑΣ

Τεγεάταις δὲ Ἀθηνᾶς τῆς Ἀλέας τὸ ἱερὸν τὸ ἀρχαῖον ἐποίησεν Ἄλεος· χρόνῳ δὲ ὕστερον κατεσκευάσαντο οἱ Τεγεᾶται τῇ θεῷ ναὸν μέγαν τε καὶ θέας

ARKADIEN 155

lands. Innerhalb dieses Theaters befindet sich eine immerströmende Quelle.

Pausanias, 2. Jh. n. Chr. Vgl. S. 125. Dieses Theater bot Platz für 20000 Zuschauer.

Phigalia

Phigalia liegt größtenteils am steil abfallenden Rande eines Bergvorsprungs; die Stadtmauer ist gerade über den Steilhängen errichtet. Wenn man weiter heraufgeht, ist der Stadthügel gleichmäßig und eben.

Pausanias, 2. Jh. n. Chr. Phigalia (heute Pavlitza) liegt 200 m über der schönen Nedaschlucht.

Der Tempel von Bassä

Rings um Phigalia ragen Berge auf, zur Linken das Kotilion, auf der rechten Seite ist ein anderer Berg vorgelagert, der Elaion heißt. Das Kotilion liegt etwa 40 Stadien (7 km) von der Stadt entfernt. Dort befindet sich eine Ortschaft mit dem Namen Bassä und der Tempel des Apollon Epikurios, *des Heilbringers*. Der Tempel ist aus Stein gebaut, auch das Dach. Von allen Tempeln der Peloponnes verdient dieser den Vorzug, wenigstens nach dem Tempel von Tegea, weil der Stein so schön ist und so sauber zusammengefügt.

Pausanias, 2. Jh. n. Chr. Der berühmte Tempel (5. Jh. v. Chr.) steht in großartiger Einsamkeit in 1150 m Höhe.

Der Tempel von Tegea

Die Tegeaten besitzen ein altes Heiligtum der Athene Alea, das *der Gründer von Tegea* Aleos gestiftet hat. In späterer Zeit bauten die Tegeaten der Göttin einen großen

ἄξιον. ὁ δὲ ναὸς ὁ ἐφ' ἡμῶν πολὺ δή τι τῶν ναῶν, ὅσοι Πελοποννησίοις εἰσίν, ἐς κατασκευὴν προέχει τὴν ἄλλην καὶ ἐς μέγεθος.

VIII 45 4 f

ΠΑΥΣΑΝΙΑΣ

Ἔστιν ἐν τῇ Στυμφαλίων πηγή, καὶ ἀπὸ ταύτης ὕδωρ βασιλεὺς Ἀδριανὸς Κορινθίοις ἤγαγεν ἐς τὴν πόλιν. ἐν δὲ τῇ Στυμφάλῳ χειμῶνος μὲν ὥρᾳ λίμνην τε οὐ μεγάλην ἡ πηγὴ καὶ ἀπ' αὐτῆς ποταμὸν ποιεῖ τὸν Στύμφαλον· ἐν θέρει δὲ προλιμνάζει μὲν οὐδὲν ἔτι, ποταμὸς δὲ αὐτίκα ἐστὶν ἀπὸ τῆς πηγῆς. οὗτος ἐς χάσμα γῆς κάτεισιν ὁ ποταμός, ἀναφαινόμενος δὲ αὖθις ἐν τῇ Ἀργολίδι μεταβάλλει τὸ ὄνομα, καὶ αὐτὸν ἀντὶ Στυμφάλου καλοῦσιν Ἐρασῖνον.

VIII 22 3

VERGILIUS

„Tamen cantabitis, Arcades", inquit,
„montibus haec vestris, soli cantare periti
•,Arcades. O mihi tum quam molliter ossa quiescant,

und prächtigen Tempel. Der gegenwärtige Tempel übertrifft bei weitem die sonstigen peloponnesischen Tempel, was die gesamte Ausstattung und die Größenverhältnisse anlangt.

Pausanias, 2. Jh. n. Chr. Diese und die vorausgehende Stelle enthalten ästhetische Urteile, wie sie bei Pausanias äußerst selten sind; vgl. noch S. 125. Vom Tempel von Tegea sind nur die Grundmauern erhalten. Den Tempel des Zeus zu Olympia läßt Pausanias an dieser Stelle unberücksichtigt.

Der Stymphalische See

Im Gebiet der Stymphalier liegt eine Quelle *(heute Kephalovryssi)*; von hier ließ der Kaiser Hadrian das Wasser nach der Stadt Korinth leiten. Bei Stymphalos selber aber läßt die Quelle zur Winterszeit einen nicht gerade großen See entstehen, von dem das Flüßchen Stymphalos abfließt. Im Sommer bildet sich kein See mehr, das Flüßchen fließt unmittelbar von der Quelle aus. Es stürzt sich sodann in einen Erdschlund, und wenn es wieder in der Argolis erscheint, ändert es seinen Namen und heißt statt Stymphalos Erasinos.

Pausanias, 2. Jh. n. Chr. Der in einem Gebirgskessel liegende Stymphalische See hat oft seine Gestalt verändert, weil die unterirdischen Abflüsse (Katavothren) wechselten. Ähnliche Erscheinungen am Pheneos-See in Arkadien und am Kopais-See in Böotien. Heute ist der Stymphalische See größer als zu Pausanias' Zeit und überschwemmt im Winter die Grundmauern der antiken Stadt Stymphalos.

Bukolisches Traumland

„Arkadier, ihr doch
Singt meinen Gram auf euren Gebirgen, einzig erprobt im
Singen, Arkadier. O wie sanft könnte dann mein Gebein
mir

„vestra meos olim si fistula dicat amores!
„atque utinam ex vobis unus vestrique fuissem
„aut custos gregis aut maturae vinitor uvae!"

Bucol. X 31-36

LAND UND VOLK
ΣΤΡΑΒΩΝ

Δευτέρα δ' ἐστὶν ἡ Βοιωτία ἀπὸ τῆς ἕω ἐπὶ δύσιν τεταμένη ταινία τις ἀπὸ τῆς κατ' Εὔβοιαν θαλάττης ἐπὶ θάλατταν τὴν κατὰ τὸν Κρισαῖον κόλπον, ἰσομήκης πως τῇ Ἀττικῇ ἢ καὶ ἐλάττων κατὰ μῆκος· ἀρετῇ μέντοι τῆς χώρας πάμπολυ διαφέρει.

IX 400

ΕΦΟΡΟΣ

Ἔφορος δὲ καὶ ταύτῃ κρείττω τὴν Βοιωτίαν ἀποφαίνει τῶν ὁμόρων ἐθνῶν, καὶ ὅτι μόνη τριθάλαττός ἐστι καὶ λιμένων εὐπορεῖ πλειόνων. προστίθησι δέ, ὅτι καὶ τὴν Εὔβοιαν τρόπον τινὰ μέρος αὐτῆς πεποίηκεν ὁ Εὔριπος, οὕτω στενὸς ὢν καὶ γεφύρᾳ συνεζευγμένος πρὸς αὐτὴν διπλέθρῳ. τὴν μὲν οὖν χώραν ἐπαινεῖ διὰ ταῦτα, καί φησι πρὸς ἡγεμονίαν εὐφυῶς ἔχειν· ἀγωγῇ δὲ καὶ παιδείᾳ μὴ χρησαμένους, ἐπεὶ μηδὲ τοὺς ἀεὶ

BÖOTIEN

Ruhen, wenn eure Flöte dereinst beklagte mein Lieben!
Wäre ich einer von euch doch gewesen, etwa ein Hirte
Eurer Herden oder ein Winzer der reifenden Trauben."

Vergil, 1. Jh. v. Chr. *J. Götte*
Diese Worte legt der Dichter seinem Freunde Gallus in den Mund, der liebeskrank in Arkadien weilt. Arkadien wurde erst von den Römern zum Traumland der Hirtenpoesie gemacht.

LAND UND VOLK

Günstige Lage und Fruchtbarkeit

Als zweiter Streifen gleichsam erstreckt sich *neben Attika* Böotien von Osten nach Westen, zwischen dem Meer von Euböa und dem Krisäischen Golf. An Länge ist es Attika ungefähr gleich oder auch etwas kleiner. An Fruchtbarkeit des Bodens verdient es aber bei weitem den Vorzug.

Strabon, um die Zeitwende.

Starkes, aber ungebildetes Volk

Ephoros erklärt Böotien sowohl wegen dieser *Fruchtbarkeit* für besser als seine Nachbarländer, als auch weil es als einziges Land an drei Meeren liegt und eine Reihe von Häfen besitzt. Er fügt noch hinzu, daß der Euripos gewissermaßen auch Euböa zu einem Teil Böotiens macht, da er ja so schmal ist und eine Brücke von nur zwei Plethren Länge *(etwa 60 m)* das Festland mit der Insel verbindet. Aus diesen Gründen preist er das Land und behauptet, es sei für die Hegemonie wie geschaffen. Da das Volk aber Erziehung

προισταμένους προιδεῖν αὐτῆς, εἰ καί ποτε κατώρθωσαν, ἐπὶ μικρὸν τὸν χρόνον συμμεῖναι, καθάπερ Ἐπαμεινώνδας ἔδειξε· τελευτήσαντος γὰρ ἐκείνου τὴν ἡγεμονίαν ἀποβαλεῖν εὐθὺς τοὺς Θηβαίους, γευσαμένους αὐτῆς μόνον· αἴτιον δὲ εἶναι τὸ λόγων καὶ ὁμιλίας τῆς πρὸς ἀνθρώπους ὀλιγωρῆσαι, μόνης δ' ἐπιμεληθῆναι τῆς κατὰ πόλεμον ἀρετῆς.

Fr. Gr. Hist. 70 119 = Strab. IX 400 f

[ΠΛΟΥΤΑΡΧΟΣ]

Καὶ τὴν χώραν ὑπτίαν οὖσαν καὶ ἀναπεπταμένην πολέμου ὀρχήστραν προσηγόρευεν ὡς μὴ δυναμένους κρατεῖν αὐτῆς, ἂν μὴ τὴν χεῖρα διὰ πόρπακος ἔχωσι.

Reg. et imp. apopth. 193

CORNELIUS NEPOS

Illi genti plus inest virium quam ingenii.

Epamin. 5 2

ΗΡΑΚΛΕΙΔΗΣ

Τὰ δ' ἐκ πάσης τῆς Ἑλλάδος ἀκληρήματα εἰς τὰς τῆς Βοιωτίας πόλεις κατερρύη. ὁ στίχος Φερεκράτους
Ἤνπερ φρονῇς εὖ, φεῦγε τὴν Βοιωτίαν.

I 25 Pf.

und Bildung vernachlässigte, zumal auch die jeweiligen Oberhäupter sich nicht darum kümmerten, habe es nur kurze Zeit seine Früchte genießen können, wenn es überhaupt einmal etwas zustande gebracht. Das habe ja auch Epaminondas gezeigt: nach seinem Tode nämlich hätten die Thebaner sofort die Hegemonie verloren, nachdem sie davon nur gekostet hätten. Der Grund dafür sei der, daß sie die Wissenschaften und den Umgang mit Menschen gering geachtet und sich einzig und allein um die kriegerische Tüchtigkeit bemüht hätten.

Ephoros, 4. Jh. v. Chr., zitiert bei Strabon.

Orchestra des Krieges

Auch pflegte *Epaminondas* das Land, da es eben und offen ausgebreitet liegt, Tanzplatz des Krieges zu nennen; man könne sich in seinem Besitz nur behaupten, wenn man den Schild fest am Arm hielte.

Plutarch zugeschrieben. Orchestra heißt der runde Tanzplatz des Chores im griechischen Theater. Die geschichtlich bedeutendsten Schlachten auf böotischem Boden sind: Plataä (479), Leuktra (371) und Chäronea (338 v. Chr.).

Was den Böotiern fehlt

Jenes Volk besitzt mehr Körperkräfte als Geistesgaben.

Cornelius Nepos, 1. Jh. v. Chr.

Geringschätzung von seiten Athens

Alle Unglückslose Griechenlands sind auf die Städte Böotiens gehäuft worden. Daher der Vers des Pherekrates: Wenn du noch bei Verstand bist, flieh Böotienland!

Herakleides, 3. Jh. v. Chr. Pherekrates war ein attischer Komiker des 5. Jh. v. Chr.

THEBEN

ΗΡΑΚΛΕΙΔΗΣ

Ἐντεῦθεν εἰς Θήβας στάδια π'. ὁδὸς λεία πᾶσα καὶ ἐπίπεδος. ἡ δὲ πόλις ἐν μέσῃ μὲν τῆς τῶν Βοιωτῶν κεῖται χώρας, τὴν περίμετρον ἔχουσα σταδίων ο'. πᾶσα δ' ὁμαλή· στρογγύλη μὲν τῷ σχήματι, τῇ χρόᾳ δὲ μελάγγειος· ἀρχαία μὲν οὖσα, καινῶς δ' ἐρρυμοτομημένη διὰ τὸ τρὶς ἤδη, ὥς φασιν αἱ ἱστορίαι, κατεσκάφθαι διὰ τὸ βάρος καὶ τὴν ὑπερηφανίαν τῶν κατοικούντων. καὶ ἱπποτρόφος δὲ ἀγαθή, κάθυδρος πᾶσα, χλωρά τε καὶ γεώλοφος, κηπεύματα ἔχουσα πλεῖστα τῶν ἐν τῇ Ἑλλάδι πόλεων. καὶ γὰρ ποταμοὶ ῥέουσι δι' αὐτῆς δύο, τὸ ὑποκείμενον τῇ πόλει πεδίον πᾶν ἀρδεύοντες.

Ἡ μὲν οὖν πόλις τοιαύτη. οἱ δ' ἐνοικοῦντες μεγαλόψυχοι καὶ θαυμαστοὶ ταῖς κατὰ τὸν βίον εὐελπιστίαις· θρασεῖς δὲ καὶ ὑβρισταὶ καὶ ὑπερήφανοι, πλῆκταί τε καὶ ἀδιάφοροι πρὸς πάντα ξένον καὶ δημότην καὶ κατανωτισταὶ παντὸς δικαίου. πρὸς τὰ ἀμφισβητούμενα τῶν συναλλαγμάτων οὐ λόγῳ συνιστάμενοι, τὴν δ' ἐκ τοῦ θράσους καὶ τῶν χειρῶν προσάγοντες βίαν, τὰ ἐν τοῖς γυμνικοῖς ἀγῶσι γινόμενα πρὸς αὐτοὺς τοῖς ἀθληταῖς βίαια εἰς τὴν δικαιολογίαν μεταφέροντες. διὸ καὶ αἱ δίκαι παρ' αὐτοῖς δι' ἐτῶν τοὐλάχιστον εἰσάγονται τριάκοντα. φόνοι δὲ παρ' αὐτοῖς διὰ τὰς τυχούσας γίγνονται αἰτίας.

Τοὺς μὲν οὖν ἄνδρας συμβαίνει τοιούτους εἶναι.

THEBEN

Die Stadt

Von *Platää* sind es nach Theben 80 Stadien. Der Weg ist steinlos und eben. Die Stadt liegt inmitten des böotischen Landes und hat einen Umfang von 70 Stadien. Sie liegt mehr oder weniger eben und ist kreisförmig gebaut auf schwärzlichem Boden. Die Stadt ist zwar alt, aber man hat sie neu und regelmäßig angelegt, nachdem sie dreimal, wie berichtet wird, zerstört wurde, und zwar wegen der Unverträglichkeit und der Anmaßung der Bewohner. Die Stadt hat eine gute Pferdezucht. Mit Wasser ist sie ausgiebig versorgt; Grünflächen und erdige Hügel heben sich ab. An Gartenfrüchten hat Theben mehr als irgendeine Stadt in Griechenland. Zwei Flüßchen fließen hindurch und bewässern die ganze Ebene, die sich unterhalb der Stadt erstreckt.

So ist die Stadt beschaffen. Die Einwohner haben ein großzügiges Wesen und sind erstaunlich optimistisch in allen Lebenslagen. Sie sind dreist, übermütig und anmaßend. Auch sind sie streitsüchtig und Fremden und Einheimischen gegenüber nicht gefällig. Jegliches Recht treten sie mit Füßen. Streitigkeiten im Handelsverkehr lösen sie nicht mit vernünftigen Worten, sondern lassen Frechheit und Gewalttätigkeit wirken: das, was bei den sportlichen Kampfspielen die Athleten an Handgreiflichkeiten einander zufügen, wird bei ihnen zu einem Mittel bei Rechtsstreitigkeiten. Darum werden die Prozesse bei ihnen erst nach mindestens 30 Jahren eingeleitet. Totschläge geschehen bei ihnen wegen der geringfügigsten Ursachen.

Die Männer sind also von der Art. Doch trifft man un-

διατρέχουσι δέ τινες αὐτοῖς ἀξιόλογοι, μεγαλόψυχοι, πάσης ἄξιοι φιλίας. αἱ δὲ γυναῖκες αὐτῶν τοῖς μεγέθεσι, πορείαις, ῥυθμοῖς εὐσχημονέσταταί τε καὶ εὐπρεπέσταται τῶν ἐν τῇ Ἑλλάδι γυναικῶν. μαρτυρεῖ Σοφοκλῆς·

Θήβας λέγεις μοι τὰς πύλας ἑπταστόμους,
οὗ δὴ μόνον τίκτουσιν αἱ θνηταὶ θεούς.

Ἐνθερίσαι μὲν ἡ πόλις οἷα βελτίστη· τό τε γὰρ ὕδωρ πολὺ ἔχει καὶ ψυχρὸν καὶ κήπους· ἔτι δ' εὐήνεμός ἐστι καὶ χλωρὰν ἔχουσα τὴν πρόσοψιν, ἐχοπωρός τε καὶ τοῖς θερινοῖς ὠνίοις ἄφθονος· ἄξυλος δὲ καὶ ἐγχειμάσαι οἷα χειρίστη διά τε τοὺς ποταμοὺς καὶ τὰ πνεύματα· καὶ γὰρ νίφεται καὶ πηλὸν ἔχει πολύν.

Οἱ στίχοι Λάωνος (γράφει δ' ἐπαινῶν αὐτοὺς καὶ οὐ λέγων τὴν ἀλήθειαν· μοιχὸς γὰρ ἁλοὺς ἀφείθη μικροῦ διαφόρου τὸν ἀδικηθέντα ἐξαγοράσας)·

Βοιωτὸν ἄνδρα στέργε, τὴν Βοιωτίαν
μὴ φεῦγ'· ὁ μὲν γὰρ χρηστός, ἡ δ' ἐφίμερος.

I 12–22 Pf.

CICERO

Athenis tenue caelum, ex quo etiam acutiores putantur Attici, crassum Thebis, itaque pingues Thebani et valentes.

De fato 7

ΠΑΥΣΑΝΙΑΣ

Μυκῆναι μὲν γε, τοῦ πρὸς Ἰλίῳ πολέμου τοῖς Ἑλ-

ter ihnen auch ernsthafte Leute, großherzige, jeder Freundschaft würdige Leute. Die thebanischen Frauen aber sind, was Größe, Gangart, Ebenmaß der Glieder anlangt, die schönsten und stattlichsten unter den Frauen Griechenlands. Sophokles bezeugt dies:
Im siebentorigen Theben nur, das du mir nennst,
Geschieht es, daß ein Menschenweib einen Gott gebiert.
Den Sommer in ihr zu verbringen, ist die Stadt sehr geeignet. Sie hat viel kaltes Wasser und Gärten. Auch wird sie von Winden umfächelt und bietet Aussicht auf grünes Gelände. Sie ist früchtereich und übervoll von sommerlicher Marktware. Sie ist aber holzarm und als Winteraufenthalt denkbar ungünstig wegen der Flüsse und Winde. Auch fällt dort Schnee und bildet sich viel Schlamm.
Es mögen noch die Verse des *Komikers* Laon folgen (obwohl der Dichter damit die Thebaner eher loben als der Wahrheit die Ehre geben will; als er nämlich beim Ehebruch dort ertappt wurde, ließ man ihn laufen, nachdem er sich um einen geringen Preis beim Beleidigten losgekauft hatte):
Den Mann Böotiens achte, fliehe nicht die Frau;
Denn er ist wacker und sie ist gar liebenswert.

Herakleides, 3. Jh. v. Chr.

Klima und Menschen

In Athen ist die Luft zart, und darauf glaubt man den Scharfsinn der Attiker zurückführen zu können; in Theben dagegen ist sie dumpf, und deshalb sollen die Thebaner schwerfällig und kräftig sein.

Cicero, 1. Jh. v. Chr. K. Bayer

Glanz und Niedergang

Mykenä, das im Trojanischen Kriege die Führung

λησιν ήγησαμένη, καί Νίνος, ένθα ην Άσσυρίοις βασίλεια, καί Βοιώτιαι Θήβαι προστήναι τοϋ Ελληνικού ποτε άξιωθεΐσαι, αί μεν ήρήμωνται πανώλεθροι, το δε όνομα των Θηβών ές άκρόπολιν μόνην καί οίκήτορας καταβέβηκεν ού πολλούς.

VIII 33 2

BÖOTISCHE STÄTTEN

ΗΡΑΚΛΕΙΔΗΣ

Εντεύθεν εις Τάναγραν στάδια ρλ'. οδός δι' έλαιοφύτου καί συνδένδρου χώρας, παντός καθαρεύουσα τοϋ άπό των κλωπών φόβου. ή δε πόλις τραχεία μεν καί μετέωρος, λευκή δε τη επιφάνεια καί άργιλλώδης· τοις δε τών οικιών προθύροις καί έγκαύμασιν άναθεματικοΐς κάλλιστα κατεσκευασμένη. καρποΐς δε τοις έκ της χώρας σιτικοΐς ού λίαν άφθονος, οίνω δε τω γινομένω κατά τήν Βοιωτίαν πρωτεύουσα.

I 8 Pf.

ΗΡΑΚΛΕΙΔΗΣ

Εντεύθεν εις Πλαταιάς στάδια σ'. οδός ήσυχη μεν έρημος καί λιθώδης, άνατείνουσα δε προς τον Κιθαιρώνα, ού λίαν δε επισφαλής. οί δε πολΐται ούδέν

Griechenlands innehatte, auch Ninos, wo die Königsburg der Assyrer stand, ferner das böotische Theben, das gewürdigt wurde, einmal an der Spitze Griechenlands zu stehen, sanken dahin: die ersteren sind völlig verödet, der Name Thebens aber beschränkte sich auf die Akropolis und deren wenige Bewohner.

Pausanias, 2. Jh. n. Chr.

BÖOTISCHE STÄTTEN

Tanagra

Von *Oropos* nach Tanagra sind es 130 Stadien. Der Weg führt durch Olivenpflanzungen und waldiges Gelände. Man kann dort ganz ohne Furcht vor Diebsgesindel sein. Die Stadt ist uneben und hochgelegen, dem Aussehen nach weißlich und lehmfarben. Prächtig ist sie ausgeschmückt durch Vorhöfe vor den Häusern und enkaustische *(eingebrannte)* Weihgemälde. An Erträgnissen der Getreideäcker auf dem Lande hat sie nicht gerade Überfluß, ihr Wein aber ist der beste unter denen von Böotien.

Herakleides, 3. Jh. v. Chr. Über die Stadt Tanagra, die durch ihre Tonfigürchen weltberühmt wurde, geht heute der Pflug. Nur Trümmer der großen Ringmauer und Gräber sind in der einsamen Landschaft zu sehen.

Platäa

Von dort nach Platäa sind es 200 Stadien. Der Weg ist einigermaßen einsam und steinig; er steigt ein wenig am Hange des Kithairon an, doch ist er nicht eigentlich gefährlich. Die Einwohner haben nichts anderes zu melden,

ἕτερον ἔχουσι λέγειν, ἢ ὅτι 'Αθηναίων εἰσὶν ἄποικοι καὶ ὅτι τῶν 'Ελλήνων καὶ Περσῶν παρ' αὐτοῖς ἡ μάχη ἐγένετο.

I 11 Pf.

ΣΤΡΑΒΩΝ

Λέγουσι δὲ τὸ χωρίον, ὅπερ ἡ λίμνη κατέχει νῦν ἡ Κωπαΐς, ἀνεψῦχθαι πρότερον καὶ γεωργεῖσθαι παντοδαπῶς, ὑπὸ τοῖς 'Ορχομενίοις ὂν πλησίον οἰκοῦσιν· καὶ τοῦτ' οὖν τεκμήριον τοῦ πλούτου τιθέασι.

IX 415

ΠΑΥΣΑΝΙΑΣ

Τοῦ δὲ ὄρους τοῦ Λαφυστίου πέραν ἐστὶν 'Ορχομενός, εἴ τις "Ελλησιν ἄλλη πόλις, ἐπιφανὴς καὶ αὕτη ἐς δόξαν. εὐδαιμονίας δέ ποτε ἐπὶ μέγιστον προαχθεῖσαν ἔμελλεν ἄρα ὑποδέξεσθαι τέλος καὶ ταύτην οὐ πολύ τι ἀποδέον ἢ Μυκήνας τε καὶ Δῆλον.

IX 34 6

ΣΤΡΑΒΩΝ

Λεβάδεια δ' ἐστίν, ὅπου Διὸς Τροφωνίου μαντεῖον ἴδρυται, χάσματος ὑπονόμου κατάβασιν ἔχον, καταβαίνει δ' αὐτὸς ὁ χρηστηριαζόμενος.

IX 414

als daß sie athenische Siedler seien und daß die Schlacht zwischen Hellenen und Persern bei ihnen stattgefunden habe.

Herakleides, 3. Jh. v. Chr. Die Schlacht bei Plataä wurde im Jahre 479 v. Chr. geschlagen.

Der Kopais-See

Man sagt, das Gebiet, das jetzt der Kopais-See einnimmt, sei einst ausgetrocknet und mannigfach bebaut gewesen; es gehöre zur nahegelegenen Stadt Orchomenos, deren Reichtum man hiermit begründen will.

Strabon, um die Zeitwende. Der Kopais-See ist heute durch künstliche Ableitung des Wassers wieder trockengelegt und bietet eine wertvolle Nutzäche für die Landwirtschaft, besonders für die Baumwollkultur.

Orchomenos

Jenseits des Berges Laphystion liegt Orchomenos. Diese Stadt ist ruhmvoll wie nur irgendeine in Griechenland. Einst hob sie das Geschick zu höchstem Wohlstand empor, aber sie sollte einen Niedergang erleben, der kaum hinter dem von Mykenä und Delos zurücksteht.

Pausanias, 2. Jh. n. Chr. In Orchomenos ist das sogenannte Schatzhaus des Minyas zu sehen, ein gewaltiges Kuppelgrab mykenischer Zeit.

Das Orakel bei Lebadeia

Die Stadt Lebadeia ist es, wo das Orakel des Zeus Trophonios errichtet ist. Dieses hat eine Stiege in einen unterirdischen Schlund hinab; wer das Orakel befragen will, steigt selbst hinunter.

Strabon, um die Zeitwende. Am Stadtrande findet man eine mittelalterliche Burg hoch über einer quellenreichen Schlucht. Die genaue Lage des Orakels ist nicht mehr festzustellen.

ΠΑΥΣΑΝΙΑΣ

Προσιόντων δὲ τῇ πόλει πολυάνδριον Θηβαίων ἐστὶν ἐν τῷ πρὸς Φίλιππον ἀγῶνι ἀποθανόντων· ἐπιγέγραπται μὲν δὴ ἐπίγραμμα οὐδέν, ἐπίθημα δ' ἔπεστιν αὐτῷ λέων· φέροι δ' ἂν ἐς τῶν ἀνδρῶν μάλιστα τὸν θυμόν· ἐπίγραμμα δ' ἄπεστιν, ἐμοὶ δοκεῖν, ὅτι οὐδὲ ἐοικότα τῇ τόλμῃ σφίσι τὰ ἐκ τοῦ δαίμονος ἠκολούθησε.

IX 40 10

ΗΣΙΟΔΟΣ

Νάσσατο δ' ἄγχ' Ἑλικῶνος ὀιζυρῇ ἐνὶ κώμῃ,
Ἄσκρῃ, χεῖμα κακῇ, θέρει ἀργαλέῃ, οὐδέ ποτ' ἐσθλῇ.

Erga 539f

ΠΑΥΣΑΝΙΑΣ

Ὁ δὲ Ἑλικὼν ὀρῶν τῶν ἐν τῇ Ἑλλάδι ἐν τοῖς μάλιστά ἐστιν εὔγεως καὶ δένδρων ἡμέρων ἀνάπλεως· καὶ οἱ τῆς ἀνδράχνου θάμνοι παρέχονται τῶν πανταχοῦ καρπὸν αἰξὶν ἥδιστον. λέγουσι δὲ οἱ περὶ τὸν Ἑλικῶνα οἰκοῦντες καὶ ἁπάσας ἐν τῷ ὄρει τὰς πόας καὶ τὰς ῥίζας ἥκιστα ἐπὶ ἀνθρώπου θανάτῳ φύεσθαι.

IX 28 1

Der Löwe von Chäronea

Wenn man sich der Stadt *Chäronea* nähert, sieht man das gemeinsame Grabmal der Thebaner, die in der Schlacht gegen Philipp gefallen sind. Das Denkmal hat keinerlei Aufschrift. Auf dem Sockel ist ein Löwe *sitzend* dargestellt; man könnte das auf den Mut der Krieger beziehen. Eine Aufschrift aber fehlt vielleicht deshalb, weil die göttliche Vorsehung ihnen den Erfolg verweigerte, der ihrem Wagemut entsprochen hätte.

Pausanias, 2. Jh. n. Chr. In der Schlacht bei Chäronea (338 v. Chr.) unterlagen die griechischen Staaten den Makedonen und verloren ihre Freiheit.

Askra, die Heimat Hesiods

Nahe dem Helikon ließ er sich nieder im ärmlichsten Askra,
Übel im Winter, beschwerlich im Sommer und niemals erfreulich

Hesiod, 7. Jh. v. Chr.   Thassilo von Scheffer
Der Dichter spricht von der Übersiedlung seines Vaters von Kleinasien hierher.

Der Helikon

Der Helikon zeichnet sich unter den Bergen Griechenlands durch fruchtbare Erde aus und ist von edlen Bäumen reich bestanden. Auch bietet das Gesträuch des wilden Erdbeerbaums für die Ziegen hier die allerbeste Nahrung. Die Anwohner des Helikon behaupten ferner, daß alle Kräuter und alle Wurzeln auf diesem Berge am allerwenigsten Gifte enthalten, die für den Menschen tödlich sein könnten.

Pausanias, 2. Jh. n. Chr. Der Helikon ist heute größtenteils sehr arm an Vegetation.

ΣΤΡΑΒΩΝ

Ὁ μὲν οὖν Ἑλικὼν οὐ πολὺ διεστηκὼς τοῦ Παρνασσοῦ ἐνάμιλλός ἐστιν ἐκείνῳ κατά τε ὕψος καὶ περίμετρον· ἄμφω γὰρ χιονόβολα τὰ ὄρη καὶ πετρώδη, περιγράφεται δ' οὐ πολλῇ χώρᾳ. ἐνταῦθα δ' ἐστὶ τό τε τῶν Μουσῶν ἱερὸν καὶ ἡ Ἵππου κρήνη καὶ τὸ τῶν Λειβηθρίδων νυμφῶν ἄντρον.

IX 409 f

ΗΣΙΟΔΟΣ

Μουσάων Ἑλικωνιάδων ἀρχώμεθ' ἀείδειν
αἵ θ' Ἑλικῶνος ἔχουσιν ὄρος μέγα τε ζάθεόν τε,
καί τε περὶ κρήνην ἰοειδέα πόσσ' ἁπαλοῖσιν
ὀρχεῦνται καὶ βωμὸν ἐρισθενέος Κρονίωνος·
καί τε λοεσσάμεναι τέρενα χρόα Περμησσοῖο
ἢ Ἵππου κρήνης ἢ Ὀλμειοῦ ζαθέοιο
ἀκροτάτῳ Ἑλικῶνι χοροὺς ἐνεποιήσαντο,
καλούς, ἱμερόεντας, ἐπερρώσαντο δὲ ποσσίν.
ἔνθεν ἀπορνύμεναι, κεκαλυμμέναι ἠέρι πολλῇ,
ἐννύχιαι στεῖχον περικαλλέα ὄσσαν ἱεῖσαι.

Theogon. 1-10

ΗΡΑΚΛΕΙΤΟΣ

Ὁ ἄναξ, οὗ τὸ μαντεῖόν ἐστι τὸ ἐν Δελφοῖς, οὔτε λέγει οὔτε κρύπτει ἀλλὰ σημαίνει.

Fr. 93

Parnaß und Helikon

Der Helikon, der nicht weit vom Parnaß entfernt ist, gleicht diesem an Höhe und Umfang. Beides sind nämlich schneetragende und steinige Berge von verhältnismäßig geringem Umfang. Hier auf dem Helikon liegt das Musenheiligtum und die Hippokrene *(Roßquelle)* und die Höhle der leibethrischen Nymphen.

Strabon, um die Zeitwende. Die Roßquelle schlug der Sage nach der Pegasos mit seinem Huf aus dem Boden. Der Helikon ist 1750 m, der Parnaß 2450 m hoch.

Der Berg der Musen

Musen am Helikon, ihr, von euch beginn ich zu singen,
Die des Helikon Höhe, die heilige, große, bewohnen
Und um die bläuliche Quelle mit zartgeschmeidigen
                                      Füßen
Tanzen und um den Altar des kampferprobten Kronion,
Wenn sie den zarten Leib sich im Permessos gereinigt
Oder am Roßquell oder der heiligen Flut des Olmeios.
Herrliche Reigen schlingen sie auf des Helikon Gipfel,
Anmutsvoll, und schwingen im Tanze rührig die Füße.
Dann von dort sich wendend, in dichtem Nebel geborgen,
Wandern sie in der Nacht und senden köstliche Kunde.

Hesiod, 7. Jh. v. Chr.   Thassilo von Scheffer

Das Orakel

Der Herr, dem das Orakel in Delphi gehört, sagt nichts und birgt nichts, er bedeutet.

Heraklit, 6. Jh. v. Chr.   H. Diels

DICHTERISCHE VERKLÄRUNG
ΠΙΝΔΑΡΟΣ

Πρὸς Ὀλυμπίου Διός σε, χρυσέα
κλυτόμαντι Πυθοῖ,
λίσσομαι Χαρίτεσ-
σίν τε καὶ σὺν Ἀφροδίτᾳ,
ἐν ζαθέῳ με δέξαι χρόνῳ
ἀοίδιμον Πιερίδων προφάταν
ὕδατι γὰρ ἐπὶ χαλκοπύλῳ
ψόφον ἀίων Κασταλίας
ὀρφανὸν ἀνδρῶν χορεύσιος ἦλθον
ἔταις ἀμαχανίαν
ἀλέξων τε-
οἶσιν ἐμαῖς τε τιμαῖς·
ἦτορι δὲ φίλῳ
παῖς ἅτε ματέρι κεδνᾷ
πειθόμενος κατέβαν στεφανῶν
καὶ θαλιᾶν τροφὸν ἄλσος Ἀπόλλωνος, τόθι Λατοΐδαν
θαμινὰ Δελφῶν κόραι
χθονὸς ὀμφαλὸν παρὰ
σκιάεντα μελπόμεναι
ποδὶ κροτέοντι γᾶν θοῷ.

Paian VI 1-18

ΕΥΡΙΠΙΛΗΣ

Ἅρματα μὲν τάδε λαμπρὰ τεθρίππων
Ἥλιος ἤδη λάμπει κατὰ γῆν,
ἄστρα δὲ φεύγει πυρὶ τῷδ' αἰθέρος

DICHTERISCHE VERKLÄRUNG
Pindar

Beim Olympier Zeus, berühmte Seherin,
   goldne Pytho, ich fleh
Mit den Huldinnen, dich an,
   zugleich mit Aphrodite:
In der hochheilgen Zeit nimm mich auf,
Der, sangberühmt, der Pieriden Künder ist!
Da ich, Kastalias Ton beim aus Erz
   strömenden Wasser sei verwaist,
Sei ohne Männer zum Chorsang, gehört, kam
Ich, deinen Bürgern
Verlegenheit fernzuhalten und meinem Ansehn;
Meinem Herzen gehorchend wie ein Kind seiner trauten
   Mutter, so ging ich zum blüten- und kranz-
   nährenden Haine Apollons hin,
   wo, den Sprößling der Leto gar oft-
   mals Delphis Jungfrauen nah
Bei dem schattigen Er-
   dennabel feiernd, mit hurtigem Fuß
Aufklopfend, den Boden schla-
   gen.

5. Jh. v. Chr.   O. Werner

Euripides

Sein Strahlengespann lenkt Helios dort
Helleuchtend bereits an dem Himmel herauf,
Und das Sternheer flieht vor der lodernden Glut

ἐς νύχθ' ἱεράν·
Παρνησιάδες δ' ἄβατοι κορυφαὶ
καταλαμπόμεναι τὴν ἡμερίαν
ἀψῖδα βροτοῖσι δέχονται.

σμύρνης δ' ἀνύδρου καπνὸς εἰς ὀρόφους
Φοίβου πέταται.
θάσσει δὲ γυνὴ τρίποδα ζάθεον
Δελφίς, ἀείδουσ' Ἕλλησι βοάς,
ἃς ἂν Ἀπόλλων κελαδήσῃ.

ἀλλ', ὦ Φοίβου Δελφοὶ θέραπες,
τὰς Κασταλίας ἀργυροειδεῖς
βαίνετε δίνας, καθαραῖς δὲ δρόσοις
ἀφυδρανάμενοι στείχετε ναούς·
στόμα τ' εὔφημον φρουρεῖτ' ἀγαθόν,
φήμας τ' ἀγαθὰς
τοῖς ἐθέλουσιν μαντεύεσθαι
γλώσσης ἰδίας ἀποφαίνειν.

Ion 82–101

WÜRDIGUNG UND BESCHREIBUNG
ΣΤΡΑΒΩΝ

Εἴρηται δ' ὅτι καὶ ὁ Παρνασσὸς ἐπὶ τῶν ἑσπερίων ὅρων ἵδρυται τῆς Φωκίδος. τούτου δὴ τὸ μὲν πρὸς δύσιν πλευρὸν οἱ Λοκροὶ κατέχουσιν οἱ Ὀζόλαι, τὸ δὲ νότιον οἱ Δελφοί, πετρῶδες χωρίον θεατροειδές, κατὰ κορυφὴν ἔχον τὸ μαντεῖον καὶ τὴν πόλιν. πρόκειται δὲ τῆς πόλεως ἡ Κίρφις ἐκ τοῦ νοτίου μέρους, ὄρος ἀπότομον,

In die heilige Nacht:
Des erwachenden Tags weltfreuenden Kuß
Ihn empfangen bereits des Parnassosgebirgs
   Lichtstrahlende flammige Häupter.

Schon fliegt zu dem Dach des Apollon der Rauch
Von der Myrrhe hinan;
Auf heiligen Stuhls Dreifuß auch sitzt
Die Prophetin und singt dem hellenischen Volk
   Die erhabenen Sprüche des Phoibos.

Auf, Diener Apolls an dem Delpheraltar,
Brecht auf alsbald zu der silbernen Flut
Des kastalischen Quells, und sobald ihr den Leib
In des reinen Kristalls tauperligem Schaum
Gebadet, so eilt in den Tempel zurück:
Dort hütet den Mund andächtig, um stets
Heilkündenden Worts heiltönigen Schall
Den Befragern des Gotts
   Mit geziemender Lippe zu künden.

5. Jh. v. Chr. J. Minckwitz
Worte Ions, des delphischen Priesters.

WÜRDIGUNG UND BESCHREIBUNG

Die Lage

Es ist schon gesagt, daß auch der Parnaß am westlichen Rande von Phokis liegt. Seine westliche Seite liegt bereits im Gebiet der ozolischen Lokrer, die Südseite gehört Delphi, ein felsiges, amphitheatralisches Gelände, in welchem oben das Orakel und die Stadt liegt. Der Stadt gegenüber erhebt sich südwärts die Kirphis, ein steiler Berg, der

νάπην άπολιπόν μεταξύ, δι' ης ό Πλείστος διαρρεί ποταμός.

IX 418

ΣΤΡΑΒΩΝ

Ή μεν ούν επί το πλείον τιμή τω ίερω τούτω δια το χρηστήριον συνέβη δόξαντι άψευδεστάτω των πάντων υπάρξαι, προσέλαβε δέ τι και ή θέσις του τόπου. της γάρ Ελλάδος έν μέσω πώς έστι της συμπάσης, ένομίσθη δε και της οικουμένης, και έκάλεσαν της γης όμφαλόν.

IX 419

ΣΤΡΑΒΩΝ

Φασί δ' είναι το μαντείον άντρον κοίλον κατά βάθους, ου μάλα εύρύστομον, άναφέρεσθαι δ' έξ αύτου πνεύμα ένθουσιαστικόν, ύπερκείσθαι δε του στομίου τρίποδα ύψηλόν, έφ' όν την Πυθίαν άναβαίνουσαν δεχομένην το πνεύμα άποθεσπίζειν έμμετρά τε και άμετρα· έντείνειν δε και ταύτα εις μέτρον ποιητάς τινας ύπουργούντας τω ίερω.

IX 419

ΠΑΥΣΑΝΙΑΣ

Έν δε τω προνάω τω έν Δελφοίς γεγραμμένα εστίν ωφελήματα άνθρώποις ές βίον· έγράφη δε υπό άνδρων ούς γενέσθαι σοφούς λέγουσιν Έλληνες. ούτοι ούν οι

dazwischen eine Schlucht läßt, die der Pleistos-Fluß durchströmt.

Strabon, um die Zeitwende.

Mittelpunkt der Welt

Die große Achtung, die diesem Heiligtum entgegengebracht wurde, verdankte es vorzüglich dem Orakel, da es im Rufe stand, unter allen übrigen Heiligtümern das untrüglichste zu sein. Es hat aber auch die Lage des Ortes etwas dazu beigetragen. Denn es liegt ungefähr in der Mitte von ganz Griechenland, ja, wie man glaubte, sogar der ganzen Welt, und so nannte man es Nabel der Erde.

Strabon, um die Zeitwende.

Das Allerheiligste

Man sagt, die Orakelstätte sei eine in der Tiefe ausgeweitete Höhle mit nur schmalem Zugang; heraus steige ein begeisternder Dampf; über der Öffnung stehe ein hoher Dreifuß, auf den die Pythia steige und von dem aus sie, den Dampf einatmend, ihre Weissagungen in Versen und in Prosa spreche; Dichter, die dem Heiligtum dienten, setzten auch die Prosasprüche in Verse um.

Strabon, um die Zeitwende. Die Erdöffnung hat sich bei der Ausgrabung (die hier, wie auf Delos, in der Hand der Franzosen lag) nicht mehr nachweisen lassen. Vermutlich wurde sie bei einem Erdbeben zugeschüttet.

Weisheit

In der Vorhalle des Tempels von Delphi stehen Sprüche an der Wand, die den Menschen für ihr Leben von Nutzen sind. Hingeschrieben wurden sie von Männern, die bei den Griechen als Weise gelten. Diese Männer also kamen

ἄνδρες ἀφικόμενοι ἐς Δελφοὺς ἀνέθεσαν τῷ Ἀπόλλωνι τὰ ᾀδόμενα Γνῶθι σαυτὸν καὶ Μηδὲν ἄγαν.

X 24 1

ΗΡΟΔΟΤΟΣ

Τὰ δὲ τῶν Σιφνίων πρήγματα ἤκμαζε τοῦτον τὸν χρόνον, καὶ νησιωτέων μάλιστα ἐπλούτεον, ἅτε ἐόντων αὐτοῖσι ἐν τῇ νήσῳ χρυσέων καὶ ἀργυρέων μετάλλων, οὕτω ὥστε ἀπὸ τῆς δεκάτης τῶν γενομένων αὐτόθεν χρημάτων θησαυρὸς ἐν Δελφοῖσι ἀνάκειται ὅμοια τοῖσι πλουσιωτάτοισι· αὐτοὶ δὲ τὰ γινόμενα τῷ ἐνιαυτῷ ἑκάστῳ χρήματα διενέμοντο.

III 57

ΠΑΥΣΑΝΙΑΣ

Οἱ δὲ θησαυροὶ Θηβαίων ἀπὸ ἔργου τῶν ἐς πόλεμον, καὶ Ἀθηναίων ἐστὶν ὡσαύτως· Κνιδίους δὲ οὐκ οἶδα εἰ ἐπὶ νίκῃ τινὶ ἢ ἐς ἐπίδειξιν εὐδαιμονίας ᾠκοδομήσαντο, ἐπεὶ Θηβαίοις γε ἀπὸ ἔργου τοῦ ἐν Λεύκτροις καὶ Ἀθηναίοις ἀπὸ τῶν ἐς Μαραθῶνα ἀποβάντων ὁμοῦ Δάτιδί εἰσι οἱ θησαυροί.

X 11 5

ΠΑΥΣΑΝΙΑΣ

Τοῦ περιβόλου δὲ τοῦ ἱεροῦ θέατρον ἔχεται θέας ἄξιον· στάδιον δέ σφισιν ἀνωτάτω τῆς πόλεως τοῦτό

nach Delphi und weihten dem Apoll die vielgepriesenen Sprüche „Erkenne dich selbst" und „Nichts allzu sehr".

Pausanias, 2. Jh. n. Chr. Der erste Spruch wurde Thales, der zweite Solon zugeschrieben.

Das Schatzhaus der Siphnier

Die Macht der Siphnier aber blühte zu jener Zeit, und sie waren die reichsten unter den Inselbewohnern, da ihnen auf der Insel Gold- und Silberbergwerke gehörten. Sie waren so reich, daß sie von dem Zehnten, der von dort einging, ein so kostbares Schatzhaus in Delphi errichteten, wie es sich nur sehr reiche Leute leisten können. Sie selbst verteilten das in jedem Jahre anfallende Geld unter sich.

Herodot, 5. Jh. v. Chr.   J. Feix
Das Siphnier-Schatzhaus ist durch besonders wertvollen plastischen Schmuck ausgezeichnet; bedeutende Teile birgt das Museum von Delphi.

Andere Schatzhäuser

Das Schatzhaus der Thebaner ist zum Andenken an einen kriegerischen Erfolg errichtet worden, ebenso das der Athener. Ob das Knidier-Schatzhaus nach einem Siege oder zur Schaustellung des Reichtums gebaut wurde, weiß ich nicht; die Thebaner jedenfalls haben ihr Schatzhaus nach dem Siege von Leuktra errichtet, die Athener aber nach der Schlacht bei Marathon gegen Datis und seine Landetruppen.

Pausanias, 2. Jh. n. Chr. Das Schatzhaus der Athener ist wiederhergestellt worden.

Theater und Stadion

An den Tempelbezirk schließt sich das bemerkenswerte Theater an. Ihr Stadion besitzen die Delphier ganz zuoberst

ἐστιν· ἐπεποίητο δὲ ἐκ τῆς πέτρας, ὁποῖαι περὶ τὸν Παρνασσόν εἰσιν αἱ πολλαί.

X 32 1

ΠΑΥΣΑΝΙΑΣ

Ὑπὲρ δὲ τὴν Κασσοτίδα ἐστὶν οἴκημα γραφὰς ἔχον τῶν Πολυγνώτου, ἀνάθημα μὲν Κνιδίων. καλεῖται δὲ ὑπὸ Δελφῶν Λέσχη, ὅτι ἐνταῦθα συνιόντες τὸ ἀρχαῖον τά τε σπουδαιότερα διελέγοντο καὶ ὁπόσα μυθώδη.

X 25 1

ΠΑΥΣΑΝΙΑΣ

Ἐκ δὲ τοῦ γυμνασίου τὴν ἐς τὸ ἱερὸν ἀνιόντι ἔστιν ἐν δεξιᾷ τῆς ὁδοῦ τὸ ὕδωρ τῆς Κασταλίας· καὶ πιεῖν ἡδύ.

X 8 9

IUSTINUS

Templum autem Apollinis Delphis positum est in monte Parnasso, in rupe undique impendente; ibi civitatem frequentia hominum fecit, qui admiratione maiestatis undique concurrentes in eo saxo consedere. atque ita templum et civitatem non muri, sed praecipitia, nec manu facta, sed naturalia praesidia defendunt, prorsus ut incertum sit, utrum munimentum loci an maiestatas dei plus hic admirationis

der Stadt; es ist aus dem Stein erbaut, der an den Hängen des Parnaß sehr häufig vorkommt.

Pausanias, 2. Jh. n. Chr.

Kassotis-Quelle und Knidier-Lesche

Oberhalb der Kassotis-Quelle steht ein Gebäude, welches Gemälde von Polygnot enthält, eine Weihung der Knidier; von den Delphern wird es Lesche *(Versammlungshaus)* genannt, weil man dort in alter Zeit zusammenkam, um ernstere Dinge zu erörtern und Stadtneuigkeiten auszutauschen.

Pausanias, 2. Jh. n. Chr. Knidos ist eine Stadt an der kleinasiatischen Küste. Polygnot (5. Jh.) ist der Hauptvertreter der klassischen Malerei.

Die Kastalia-Quelle

Wenn man vom Gymnasion in Richtung auf das Heiligtum aufsteigt, sieht man zur Rechten die Kastalia-Quelle. Sie spendet angenehmes Trinkwasser.

Pausanias, 2. Jh. n. Chr. Daß ein Trunk aus dieser Quelle zu dichterischem Schaffen begeistert, ist eine Vorstellung, die wir erst bei römischen Dichtern wie Horaz und Ovid antreffen.

Römische Beschreibung

Der Tempel des Apollon zu Delphi liegt am Hange des Berges Parnaß, ringsumschlossen von Felswänden. Der Zustrom der Menschen, die um der Ehrwürdigkeit des Ortes willen von allen Seiten zusammenkamen und sich dort auf den Felsen niederließen, führte zur Gründung einer Stadt. Und so schirmen den Tempel und die Bürgerschaft nicht Mauern, sondern Felsschroffen, also nicht von Menschenhand, sondern von der Natur geschaffene Schutzwehren,

habeat. media saxi rupes in formam theatri recessit. quamobrem et hominum clamor et si quando accedit tubarum sonus, personantibus et respondentibus inter se rupibus multiplex audiri ampliorque quam editur resonare solet. quae res maiorem maiestatis terrorem ignaris rei et admiratione stupentibus plerumque adfert. in hoc rupis amfractu media ferme montis altitudine planities exigua est, atque in ea profundum terrae foramen, quod in oracula patet: ex quo frigidus spiritus vi quadam velut vento in sublime expulsus mentes vatum in vecordiam vertit, inpletasque deo responsa consulentibus dare cogit. multa igitur ibi et opulenta regum ac populorum visuntur munera quaeque magnificentia sui reddentium vota gratam voluntatem et deorum responsa manifestant.

XXIV 6

ΠΑΥΣΑΝΙΑΣ

Ἰόντι δὲ ἐκ Δελφῶν ἐπὶ τὰ ἄκρα τοῦ Παρνασοῦ, σταδίοις μὲν ὅσον ἑξήκοντα ἀπωτέρω Δελφῶν ἐστιν ἄγαλμα χαλκοῦν, καὶ ῥᾴων εὐζώνῳ ἀνδρὶ ἢ ἡμιόνοις τε καὶ ἵπποις ἐπὶ τὸ ἄντρον ἐστὶν ἄνοδος τὸ Κωρύκιον. σπηλαίων δὲ ὧν εἶδον θέας ἄξιον μάλιστα ἐφαίνετο εἶναί μοι.

Τὸ δὲ ἄντρον τὸ Κωρύκιον μεγέθει τε ὑπερβάλλει τὰ

so daß es völlig ungewiß ist, ob hier die natürlich geschützte Lage oder die Majestät des Gottes mehr Bewunderung verdient. Der mittlere Felshang rundet sich zu einem amphitheatralischen Raum. Deshalb pflegt der Schall der Menschenstimmen und der etwa noch hinzukommende Klang der Posaunen vielfach und verstärkt gehört zu werden, indem die Felsen widerhallen und gleichsam einander antworten. Diese Klangfülle flößt meist denen, die den Sachverhalt nicht kennen und vor Bewunderung staunen, einen um so größeren Schauder vor der göttlichen Hoheit ein. In dieser Krümmung des Felshanges befindet sich etwa auf halber Höhe eine kleine Ebene und darin eine tiefe Erdöffnung, der Ursprung des Orakels. Ihr entströmt, wie von Windeskraft hochgerissen, ein kalter Hauch, versetzt den Geist der Seherinnen in einen Trancezustand und zwingt sie, den Fragenden gottbegeistert Antwort zu geben. Daher auch sieht man dort viele reiche Weihgaben von Königen und Staaten, die durch ihre Pracht die dankbare Gesinnung der Weihenden und die Antwort der Götter bezeugen.

Iustinus, 3. Jh. n. Chr. Aus Pompeius Trogus (um die Zeitwende) geschöpft.

Parnaßbesteigung

Wenn man von Delphi aus den Parnaßgipfeln zustrebt, erblickt man etwa 60 Stadien oberhalb von Delphi ein erzenes Standbild, und von dort ist der Anstieg zu der Korykion-Höhle für einen Mann ohne Gepäck leichter als für Maultiere und Pferde. Von allen Höhlen, die ich sah, schien mir diese am meisten der Beachtung würdig.

Die Korykische übertrifft alle erwähnten an Größe;

εἰρημένα καὶ ἔστιν ἐπὶ πλεῖστον ὁδεῦσαι δ' αὐτοῦ καὶ ἄνευ λαμπτήρων· ὅ τε ὄροφος ἐς αὔταρκες ἀπὸ τοῦ ἐδάφους ἀνέστηκε, καὶ ὕδωρ τὸ μὲν ἀνερχόμενον ἐκ πηγῶν, πλέον δὲ ἔτι ἀπὸ τοῦ ὀρόφου στάζει, ὥστε καὶ δῆλα ἐν τῷ ἐδάφει σταλαγμῶν τὰ ἴχνη διὰ παντός ἐστι τοῦ ἄντρου. ἱερὸν δὲ αὐτὸ οἱ περὶ τὸν Παρνασὸν Κωρυκίων τε εἶναι Νυμφῶν καὶ Πανὸς μάλιστα ἥγηνται. ἀπὸ δὲ τοῦ Κωρυκίου χαλεπόν ἤδη καὶ ἀνδρὶ εὐζώνῳ πρὸς τὰ ἄκρα ἀφικέσθαι τοῦ Παρνασοῦ· τὰ δὲ νεφῶν τέ ἐστιν ἀνωτέρω τὰ ἄκρα, καὶ αἱ Θυιάδες ἐπὶ τούτοις τῷ Διονύσῳ καὶ τῷ Ἀπόλλωνι μαίνονται.

X 32 2–7

ΕΥΡΙΠΙΔΗΣ

Ἰὼ δειράδες Παρνασοῦ πέτρας
ἔχουσαι σκόπελον οὐράνιόν θ' ἕδραν,
ἵνα Βάκχιος ἀμφιπύρους ἀνέχων πεύκας
λαιψηρὰ πηδᾷ νυκτιπόλοις ἅμα σὺν Βάκχαις.

Ion 714–18

ΓΕΩΡΓΙΟΣ Ο ΚΕΔΡΗΝΟΣ

Πέμπει οὖν Ὀριβάσιον τὸν ἰατρὸν καὶ κοιαίστωρα ἐν Δελφοῖς, ἀνεγεῖραι τὸν ναὸν τοῦ Ἀπόλλωνος. ἀπελθὼν οὖν αὐτὸς καὶ τοῦ ἔργου ἁψάμενος, λαμβάνει χρησμὸν παρὰ τοῦ δαίμονος·

man kann sie sehr weit durchschreiten, auch ohne Fackeln. Die Decke erhebt sich frei aufgewölbt über dem Boden; es gibt auch Wasser drinnen, teils sprudelt es aus Quellen, noch mehr aber tropft es von der Decke, so daß auf dem Boden der ganzen Höhle Spuren von Tropfen zu sehen sind. Die Umwohner des Parnaß sehen darin ein Heiligtum der Korykischen Nymphen, besonders aber des Pan. Von der Korykion-Höhle aus ist es selbst für einen Mann ohne Gepäck mühsam, bis zu den Gipfeln hinaufzusteigen. Die Gipfel ragen über die Wolken hinaus, und die Thyiaden feiern dort Dionysos und Apoll zu Ehren ihren bakchantischen Kult.

Pausanias, 2. Jh. n. Chr. Die Korykische Grotte liegt 1420 m hoch, 3 Stunden von Delphi entfernt. Die Thyiaden sind Bakchantinnen.

Schauplatz bakchischer Schwärme

Wehe uns, felsiger Rücken des Parnaß,
Mit deinen Klippen, dem himmlischen Sitz,
Wo Bakchos, Fackeln in beiden Händen hoch haltend,
Rasch im Tanze sich schwingt mit den nächtlich schwärmenden Bakchen.

Euripides, 5. Jh. v. Chr. F. Boehm

Das Ende

Es schickte also *Kaiser Julian Apostata* den Arzt und Quästor Oribasios nach Delphi, um das Orakel im Tempel des Apoll wieder zu beleben. Als er nun dorthin gelangt war und sein Werk in Angriff genommen hatte, erhielt er vom Gotte folgenden Orakelspruch:

Εἴπατε τῷ βασιλῆϊ· χαμαὶ πέσε δαίδαλος αὐλά·
οὐκέτι Φοῖβος ἔχει καλύβαν, οὐ μάντιδα δάφνην,
οὐ παγὰν λαλέουσαν· ἀπέσβετο καὶ λάλον ὕδωρ.

P. 304 a

ΗΡΟΔΟΤΟΣ

Ἀπὸ δὲ τούτων τῶν χώρων ἤιε ἐς τὴν Μηλίδα παρὰ κόλπον θαλάσσης, ἐν τῷ ἄμπωτίς τε καὶ ῥηχίη ἀνὰ πᾶσαν ἡμέρην γίνεται. περὶ δὲ τὸν κόλπον τοῦτόν ἐστι χῶρος πεδιεινός, τῇ μὲν εὐρὺς τῇ δὲ καὶ κάρτα στεινός· περὶ δὲ τὸν χῶρον ὄρεα ὑψηλὰ καὶ ἄβατα περικληίει πᾶσαν τὴν Μηλίδα γῆν, Τρηχίνιαι πέτραι καλεόμεναι.

VII 198

ΗΡΟΔΟΤΟΣ

Ἡ δὲ αὖ διὰ Τρηχῖνος ἔσοδος ἐς τὲν Ἑλλάδα ἐστὶ τῇ στεινοτάτῃ ἡμίπλεθρον. οὐ μέντοι κατὰ τοῦτό γε ἐστὶ τὸ στεινότατον τῆς χώρης τῆς ἄλλης, ἀλλ' ἔμπροσθέ τε Θερμοπυλέων καὶ ὄπισθε, κατά τε Ἀλπηνούς, ὄπισθε ἐόντας, ἐοῦσα ἁμαξιτὸς μούνη, καὶ ἔμπροσθε κατὰ Φοίνικα ποταμὸν ἀγχοῦ Ἀνθήλης πόλιος, ἄλλη ἁμα-

Sagt es dem Herrscher: zerstört ist die kunstgesegnete
    Stätte;
Phoibos hat kein Heim mehr und keinen prophetischen
    Lorbeer;
Nicht mehr dient ihm die Quelle, verstummt ist das mur-
    melnde Wasser.

Georgios Kedrenos, byzantinischer Geschichtsschreiber, wahrscheinlich des 11. Jh. n. Chr.

Malischer Golf und Spercheios-Ebene

Von da aus zog er weiter nach Malis am Meerbusen entlang wo täglich Ebbe und Flut herrscht. Um diese Bucht zieht sich ebenes Land, das an einer Stelle breit, an einer anderen wieder ganz schmal ist. Rings um das Gelände schließen hohe, unzugängliche Berge das ganze Gebiet von Malis ein, die sogenannten trachinischen Felsen.

Herodot, 5. Jh. v. Chr. J. Feix

Das Paßgelände

Der Zugang durch Trachis nach Griechenland aber ist an der schmalsten Stelle nur ein halbes Plethron breit. Hier aber befindet sich noch nicht die schmalste Stelle des übrigen Landes, sondern vor und hinter Thermopylai. Hier bei dem Ort Alpenoi, der dahinter liegt, ist der Paß nur einen Wagen breit; und vorne, am Fluß Phoinix nahe bei der Stadt Anthela, ist der Weg ebenfalls nur wagenbreit.

ξιτὸς μούνη. τῶν δὲ Θερμοπυλέων τὸ μὲν πρὸς ἑσπέρης ὄρος ἄβατόν τε καὶ ἀπόκρημνον, ὑψηλόν, ἀνατεῖνον ἐς τὴν Οἴτην· τὸ δὲ πρὸς τὴν ἠῶ τῆς ὁδοῦ θάλασσα ὑποδέκεται καὶ τενάγεα. ἔστι δὲ ἐν τῇ ἐσόδῳ ταύτῃ θερμὰ λουτρά, τὰ Χύτρους καλέουσι οἱ ἐπιχώριοι, καὶ βωμὸς ἵδρυται Ἡρακλέος ἐπ' αὐτοῖσι. ἐδέδμητο δὲ τεῖχος κατὰ ταύτας τὰς ἐσβολάς, καὶ τό γε παλαιὸν πύλαι ἐπῆσαν.

VII 176

ΗΡΟΔΟΤΟΣ

Ἔχει δὲ ὧδε ἡ ἀτραπὸς αὕτη· ἄρχεται μὲν ἀπὸ τοῦ Ἀσωποῦ ποταμοῦ τοῦ διὰ τῆς διασφάγος ῥέοντος, οὔνομα δὲ τῷ ὄρει τούτῳ καὶ τῇ ἀτραπῷ τὠυτὸ κέεται, Ἀνόπαια· τείνει δὲ ἡ Ἀνόπαια αὕτη κατὰ ῥάχιν τοῦ ὄρεος, λήγει δὲ κατά τε Ἀλπηνὸν πόλιν, πρώτην ἐοῦσαν τῶν Λοκρίδων πρὸς Μηλιέων, καὶ κατὰ Μελαμπύγου τε καλεόμενον λίθον καὶ κατὰ Κερκώπων ἕδρας, τῇ καὶ τὸ στεινότατόν ἐστι.

VII 216

ΣΙΜΩΝΙΔΗΣ

Ὦ ξεῖν', ἄγγειλον Λακεδαιμονίοις', ὅτι τῇδε κείμεθα τοῖς κείνων ῥήμασι πειθόμενοι.

Fr. 88 a Diehl

Im Westen von Thermopylai liegt ein unzugänglicher, abschüssiger und hoher Berg, der sich bis an den Oita hinauf hinzieht. Im Osten des Weges aber treten Meer und Sumpfgelände unmittelbar heran. In diesem Paß gibt es warme Quellen, die die Einheimischen „Kochtöpfe" nennen; in der Nähe steht ein Altar des Herakles. Erbaut war auch eine Mauer an diesem Paßweg, und früher waren sogar Tore darin vorhanden.

Herodot, 5. Jh. v. Chr. J. Feix
Die warme Quelle wird noch heute zu Heilzwecken benutzt. Von der Phoker-Mauer, die Leonidas wieder instand setzte, sind kürzlich Reste nachgewiesen worden.

Der Fußpfad des Ephialtes

Mit diesem Pfad steht es so: Er beginnt am Asopos, der durch die Schlucht strömt; Berg und Pfad tragen den gleichen Namen Anopaia; der Pfad zieht sich bis auf den Rücken des Berges hinauf und endet bei der Stadt Alpenos, dem ersten Ort auf lokrischem Boden von den Maliern aus gesehen, und bei dem sogenannten Melampygosfelsen und den Sitzen der Kerkopen, wo die engste Stelle des Passes liegt.

Herodot, 5. Jh. v. Chr. J. Feix
Über diesen Bergpfad führte der Malier Ephialtes eine Perserschar, die dem Spartanerkönig Leonidas in den Rücken fiel.

Spartanisches Heldentum

Wandrer, kommst du nach Sparta, verkündige dorten,
                                            du habest
Uns hier liegen gesehn, wie das Gesetz es befahl.

Simonides, Anfang des 5. Jh. v. Chr. Friedrich Schiller
Die Schlacht um den Thermopylenpaß fand im Jahre 480 v. Chr. statt.

LIVIUS

Chalcidem ad spectaculum Euripi Euboeaeque, tantae insulae, ponte continenti iunctae descendit.

XLV 27

ΔΙΟΔΩΡΟΣ

Τῆς μὲν οὖν Εὐβοίας κατεσκευάσθη τὸ χῶμα κατὰ τὴν Χαλκίδα, τῆς δὲ Βοιωτίας πλησίον Αὐλίδος· ἐνταῦθα γὰρ ὁ μεταξὺ τόπος ἦν στενώτατος. συνέβαινε μὲν οὖν καὶ πρότερον ἀεὶ κατ' ἐκεῖνον τὸν τόπον εἶναι ῥοῦν καὶ πυκνὰς ποιεῖσθαι τροπὰς τὴν θάλατταν, τότε δὲ πολὺ μᾶλλον ἦν ἐπιτείνοντα τὰ κατὰ τὸν ῥοῦν, ὡς ἂν εἰς στενὸν ἄγαν συγκεκλεισμένης τῆς θαλάττης· ὁ γὰρ διέκπλους ἀπελείφθη μιᾷ νηί. ᾠκοδόμησαν δὲ καὶ πύργους ὑψηλοὺς ἐπ' ἀμφοτέρων τῶν ἄκρων, καὶ ξυλίνας τοῖς διάρροις ἐπέστησαν γεφύρας.

XIII 47 5

ΠΡΟΚΟΠΙΟΣ

Ἀλλὰ καὶ ὁ Σταγειρίτης Ἀριστοτέλης, σοφὸς ἀνὴρ ἐν τοῖς μάλιστα, ἐν Χαλκίδι τῇ τῆς Εὐβοίας τούτου δὴ ἕνεκα γεγονώς, κατανοῶν τε τὸν ταύτῃ πορθμόν, ὅνπερ Εὔριπον ὀνομάζουσι, καὶ λόγον τὸν φυσικὸν ἐς τὸ ἀκριβὲς διερευνᾶσθαι βουλόμενος, ὅπως δὴ καὶ ὅντινα τρόπον ἐνίοτε μὲν τὰ τοῦ πορθμοῦ τούτου ῥεύματα ἐκ δυσμῶν φέρεται, ἐνίοτε δὲ ἐξ ἡλίου ἀνατολῶν, καὶ κατὰ ταῦτα πλεῖν τὰ πλοῖα ξύμπαντα ἐνταῦθα ξυμβαίνει, ἢν δέ ποτε τοῦ ῥοῦ ἐξ ἀνίσχοντος ἡλίου ἰόντος, ἀρξαμένων τε τῶν ναυτῶν ἐνθένδε ξὺν τῇ τοῦ ῥοθίου ἐπιρροῇ ναυτίλλεσθαι, ᾗπερ εἰώθει, ἀπ' ἐναντίας αὐτοῦ τὸ ῥεῦμα ἴῃ, ὅπερ πολλάκις ἐνταῦθα φιλεῖ γίνεσθαι, ἀνα-

Der Euripos

Aemilius Paullus fuhr nach Chalkis hinab, um den Euripos zu sehen und wie Euböa, eine so große Insel, mit dem Festlande durch eine Brücke verbunden ist.

Livius, um die Zeitwende. Vgl. S. 99.

Das Naturwunder

Mit Euböa hing der Damm bei Chalkis, mit Böotien in der Nähe von Aulis zusammen: denn in dieser Gegend war die Meerenge am schmalsten. Schon früher war in dieser Gegend immer eine Strömung des Meeres, und die Richtung derselben änderte sich häufig; nun aber war die Gewalt der Strömung noch viel heftiger, da das Meer in einen so schmalen Raum eingeengt war; es blieb nämlich nur für ein einziges Schiff die Durchfahrt offen. Man erbaute auch hohe Türme an den beiden Enden und schlug hölzerne Brücken über den Durchfluß.

Diodor, um die Zeitwende. J. Fr. Wurm
Der Brücken- und Dammbau fällt in das Jahr 410 v. Chr.

Aristoteles und der Euripos

Auch der Stagirite Aristoteles, einer der klügsten Männer, der sich deshalb nach Chalkis auf Eubia begab und die dortige Meerenge, den sog. Euripos, beobachtete, wollte den natürlichen Grund genau feststellen, wie und auf welche Art und Weise denn die Flut dort einmal von Westen, einmal von Osten komme und sämtliche Schiffe sich danach richten müßten. Wenn nämlich die Seeleute bei östlicher Strömung mit der Flut ihre Fahrt begonnen haben und nun – ein häufiger Fall – die Strömung plötzlich von der entgegengesetzten Seite aus kommt, dann trägt sie die Fahr-

στρέφει μὲν τὰ πλοῖα ταῦτα εὐθὺς ἔνθεν ὥρμηται, τὰ δὲ ἄλλα ἐκ δυσμῶν ἐπὶ θάτερα πλεῖ, καίπερ αὐτοῖς τῶν ἀνέμων τινὸς ὡς ἥκιστα ἐπιπνεύσαντος, ἀλλὰ γαλήνης τε βαθείας τινὸς καὶ νηνεμίας ἐνταῦθα οὔσης, ταῦτα ὁ Σταγειρίτης ἐννοῶν τε καὶ ἀνακυκλῶν ἐπὶ χρόνου μῆκος, δυσθανατῶν ἐπὶ ξυννοίᾳ ἀφίκετο ἐς τὸ μέτρον τοῦ βίου.

VIII 6 2ο

ΗΡΑΚΛΕΙΔΗΣ

Καὶ τοῖς κοινοῖς δὲ ἡ πόλις διαφόρως κατεσκεύασται γυμνασίοις, στοαῖς, ἱεροῖς, θεάτροις, γραφαῖς, ἀνδριᾶσι, τῇ ἀγορᾷ κειμένῃ πρὸς τὰς τῶν ἐργασιῶν χρείας ἀνυπερβλήτως. σύνεγγυς οὖν κειμένου τῆς ἀγορᾶς τοῦ λιμένος καὶ ταχείας τῆς ἐκ τῶν πλοίων γινομένης τῶν φορτίων ἐκκομιδῆς, πολὺς ὁ καταπλέων ἐστὶν εἰς τὸ ἐμπόριον. καὶ γὰρ ὁ Εὔριπος δισσὸν ἔχων τὸν εἴσπλουν ἐφέλκεται τὸν ἔμπορον εἰς τὴν πόλιν. ἡ δὲ χώρα πᾶσα αὐτῶν ἐλαιόφυτος, ἀγαθὴ δὲ καὶ ἡ θάλαττα.

Οἱ δ᾽ ἐνοικοῦντες Ἕλληνες οὐ τῷ γένει μόνον, ἀλλὰ καὶ τῇ φωνῇ· τῶν μαθημάτων ἐντός· φιλαπόδημοι· γραμματικοί· τὰ προσπίπτοντα ἐκ τῆς πατρίδος δυσχερῆ γενναίως φέροντες· δουλεύοντες γὰρ πολὺν ἤδη χρόνον, τοῖς δὲ τρόποις ὄντες ἐλεύθεροι, μεγάλην

zeuge geradewegs zu ihrem Ausgangspunkt zurück; die von Westen her kommenden Schiffe aber können ihren Kurs beibehalten, auch wenn sie keinen Rückenwind haben, vielmehr völlige Windstille herrscht und kein Lüftchen sich regt. Lange Zeit überdachte und prüfte der Stagirite diese Erscheinungen und starb darüber einen schweren Tod.

Prokop, 6. Jh. n. Chr. O. Veh

Chalkis und seine Bewohner

Die Stadt Chalkis ist mit einer bedeutenden Anzahl von öffentlichen Einrichtungen versehen: so besitzt sie Gymnasien, Säulenhallen, Heiligtümer, Theater, Gemälde, Standbilder und einen Markt, der für die Abwicklung der Geschäfte überaus günstig gelegen ist. Da er nahe am Hafen liegt und die Waren schnell von den Schiffen gelöscht werden können, ist der Handelsverkehr sehr rege. Denn auch der Euripos mit seiner doppelten Einfahrt zieht den Kaufmann in die Stadt. Das Landgebiet der Chalkidier ist ganz mit Olivenbäumen bepflanzt; sehr ergiebig ist auch das Meer.

Die Einwohner sind reine Griechen nicht nur dem Stamme, sondern auch der Sprache nach. Die Wissenschaft schätzen sie; gern reisen sie ins Ausland; auch literarisch sind sie interessiert. Das unglückliche Schicksal ihres Vaterlandes tragen sie mit Würde. Denn schon lange unter Fremdherrschaft lebend, haben sie die Freiheit des Charakters bewahrt, indem sie sich eine ungewöhnliche Fähigkeit

εἰλήφασιν ἕξιν τοῦ φέρειν ῥᾳθύμως τὰ προσπίπτοντα.
ὁ στίχος Φιλίσκου·
Χρηστῶν σφόδρ' ἐστὶ Χαλκὶς Ἑλλήνων πόλις.

I 28–30 Pf.

ΣΤΡΑΒΩΝ

Τὴν μὲν οὖν ἀρχαίαν πόλιν κατέσκαψαν Πέρσαι, σαγηνεύσαντες, ὥς φησιν Ἡρόδοτος, τοὺς ἀνθρώπους τῷ πλήθει, περιχυθέντων τῶν βαρβάρων τῷ τείχει, καὶ δεικνύουσι ἔτι τοὺς θεμελίους, καλοῦσι δὲ παλαιὰν Ἐρέτριαν, ἡ δὲ νῦν ἐπέκτισται.

X 448

[ΠΛΑΤΩΝ]

Οἵδε ποτ' Αἰγαίοιο βαρύβρομον οἶδμα λιπόντες
Ἐκβατάνων πεδίῳ κείμεθ' ἐνὶ μεσάτῳ.
χαῖρε κλυτή ποτε πατρὶς Ἐρέτρια, χαίρετ' Ἀθῆναι,
γείτονες Εὐβοίης, χαῖρε θάλασσα φίλη.

Anth. Pal. VII 256

ΠΛΟΥΤΑΡΧΟΣ

Τῆς Εὐβοίας ὁ Αἰδηψός, οὗ τὰ θερμά, χωρίον ἐστὶν αὐτοφυές, πολλὰ πρὸς ἡδονὰς ἔχον ἐλευθερίους καὶ κατεσκευασμένον οἰκήσεσι καὶ διαίταις, κοινὸν ἡβητήριον ἀποδέδεικται τῆς Ἑλλάδος· πολλῶν δὲ καὶ πτη-

aneigneten, leichten Sinnes die Unbill zu ertragen. Daher der Vers des Dichters Philiskos:
Chalkis ist wahrhaft tüchtiger Griechen Heimatstadt.
Herakleides, 3. Jh. v. Chr.

Zerstörung Eretrias

Die alte Stadt zerstörten die Perser; dabei umstellten sie die Bewohner wie wilde Tiere mit einem Netz, um einen Ausdruck des Herodot zu gebrauchen; mit ihren Menschenmassen vermochten sie sich ja rings um die Mauer zu ergießen. Heute noch zeigt man die Fundamente und nennt die Stätte Alt-Eretria. Das jetzige Eretria ist daneben erbaut.

Strabon, um die Zeitwende. *Eretria wurde von den Persern im Jahre 490 v. Chr. besonders grausam zerstört, weil es mit Athen zusammen den Joniern beim Aufstand des Jahres 500 geholfen hatte.*

Von Persern verschleppt

Ach, wir verließen dereinst der Ägäis donnernde Woge,
    und bei Ekbatana nun liegen wir mitten im Land.
Schöne eretrische Heimat, fahr wohl! Fahr wohl auch, Euboias
Nachbar Athen! Fahr wohl, du unsre Liebe – o Meer!

Platon zugeschrieben.   H. Beckby
Grabepigramm auf die nach Persien verschleppten Bürger von Eretria.

Thermalbad Ädepsos

Ädepsos auf Euböa, wo die bekannten warmen Quellen sind, ist ein Ort, der von Natur aus vielerlei für vornehme Lustbarkeiten bietet, und da er manche Gebäude und Gasthäuser besitzt, kann er als Vergnügungs- und Erholungsstätte ganz Griechenlands gelten. Nicht nur das Wild der

νῶν καὶ χερσαίων ἁλισκομένων, οὐχ ἧττον ἡ θάλαττα
παρέχει τὴν ἀγορὰν εὐτράπεζον, ἐν τόποις καθαροῖς
καὶ ἀγχιβαθέσι γενναῖον ἰχθὺν καὶ πολὺν ἐκτρέφουσα.
μάλιστα δ' ἀνθεῖ τὸ χωρίον ἀκμάζοντος ἔαρος· πολλοὶ
γὰρ ἀφικνοῦνται τὴν ὥραν αὐτόθι καὶ συνουσίας ποι-
οῦνται μετ' ἀλλήλων ἐν ἀφθόνοις πᾶσι, καὶ πλείστας
περὶ λόγους ὑπὸ σχολῆς διατριβὰς ἔχουσι.

Quaest. conv. IV 4 1

DICHTERISCHE VERKLÄRUNG

ΚΑΛΛΙΜΑΧΟΣ

Τὴν ἱερήν, ὦ θυμέ, τίνα χρόνον εἴ ποτ' ἀείσεις
Δῆλον, Ἀπόλλωνος κουροτρόφον; ἦ μὲν ἅπασαι
Κυκλάδες, αἳ νήσων ἱερώταται εἰν ἁλὶ κεῖνται,
εὔυμνοι· Δῆλος δ' ἐθέλει τὰ πρῶτα φέρεσθαι
ἐκ Μουσέων, ὅτι Φοῖβον ἀοιδάων μεδέοντα
λοῦσέ τε καὶ σπείρωσε καὶ ὡς θεὸν ᾔνεσε πρώτη.

Hymn. IV 1-6

ΟΜΗΡΟΥ ΥΜΝΟΣ

Δῆλ', εἰ γάρ κ' ἐθέλοις ἕδος ἔμμεναι υἷος ἐμοῖο
Φοίβου Ἀπόλλωνος, θέσθαι τ' ἔνι πίονα νηόν;
ἄλλος δ' οὔ τις σεῖο ποθ' ἅψεται, οὐδέ σε τίσει

Lüfte und des Landes wird dort erlegt; auch das Meer versorgt den Markt mit guter Ware für die Tafel, weil es in seinen klaren und bis zur Küste tiefen Gewässern köstlichen und reichlichen Fisch ernährt. Seine höchste Entfaltung hat das Leben dort, wenn der Frühling in voller Blüte steht. Viele Leute nämlich kommen in dieser Jahreszeit dorthin, leben beim Überfluß an allen Genüssen in fröhlicher Geselligkeit und widmen sich in ihrer Muße meistens lehrreichen Unterhaltungen.

Plutarch, um 100 n. Chr. Heute entwickelt sich Ädepsos dank seinen Thermalquellen wiederum zu einem eleganten Modebad.

DICHTERISCHE VERKLÄRUNG

Kallimachos

Delos, Pflegemutter Apollons, du heiliges Eiland,
Wann wird endlich mein Herz im Liede dich preisen? Obzwar schon
Alle Kykladen, die heiligsten Inseln der purpurnen Salzflut,
Wert des Gesangs sind. Doch wollte Delos als erste empfangen
Musischen Preis, weil sie Phoibos Apollon, den Herren des Liedes,
Wusch und in Windeln legte und göttlich als erste verehrte.
3. Jh. v. Chr.

Homerischer Hymnus

Delos, o möchtest du doch meines Sohnes Phoibos Apollons
Wohnsitz werden, auf dir einen reichen Tempel errichten!
Niemals wird dich ein andrer berühren, niemals dich ehren,

οὐδ' εὔβων σέ γ' ἔσεσθαι ὀίομαι οὔτ' εὔμηλον,
οὐδὲ τρύγην οἴσεις, οὔτ' ἂρ φυτὰ μυρία φύσεις.
αἰ δέ κ' Ἀπόλλωνος ἑκαέργου νηὸν ἔχησθα,
ἄνθρωποί τοι πάντες ἀγινήσουσ' ἑκατόμβας
ἐνθάδ' ἀγειρόμενοι, κνίση δέ τοι ἄσπετος αἰεὶ
δημοῦ ἀναΐξει, βοσκήσεις θ' οἵ κέ σ' ἔχωσι
χειρὸς ἀπ' ἀλλοτρίης, ἐπεὶ οὔ τοι πῖαρ ὑπ' οὖδας.

Hom. hymn. III 51-60

ΟΜΗΡΟΥ ΥΜΝΟΣ

Ἀλλὰ σὺ Δήλῳ, Φοῖβε, μάλιστ' ἐπιτέρπεαι ἦτορ,
ἔνθα τοι ἑλκεχίτωνες Ἰάονες ἠγερέθονται
αὐτοῖς σὺν παίδεσσι καὶ αἰδοίης ἀλόχοισιν.
οἱ δέ σε πυγμαχίῃ τε καὶ ὀρχηθμῷ καὶ ἀοιδῇ
μνησάμενοι τέρπουσιν ὅταν στήσωνται ἀγῶνα.
φαίη κ' ἀθανάτους καὶ ἀγήρως ἔμμεναι αἰεί,
ὃς τότ' ἐπαντιάσει' ὅτ' Ἰάονες ἀθρόοι εἶεν·
πάντων γάρ κεν ἴδοιτο χάριν, τέρψαιτο δὲ θυμὸν
ἄνδρας τ' εἰσορόων καλλιζώνους τε γυναῖκας
νῆάς τ' ὠκείας ἠδ' αὐτῶν κτήματα πολλά.
πρός δὲ τόδε μέγα θαῦμα, ὅου κλέος οὔποτ' ὀλεῖται,
κοῦραι Δηλιάδες Ἑκατηβελέταο θεράπναι.

Hom. Hym. III 146-157

Wirst auch, glaub ich, an Rindern nicht reich, an Schafen
wohl auch nicht.
Ernten wirst du nicht tragen noch Pflanzen zahllos erzeugen.
Hättest du aber den Tempel Apollons, des Schützen ins Weite,
Sammelte sich bei dir alle Welt und brächt' Hekatomben;
Allzeit stiege zum Himmel der unermeßliche Fettdampf;
Alle Menschen, die dich bewohnen, wirst du ernähren,
Freilich durch fremde Hand, da dein eigener Boden nicht
fett ist.
Apollon-Hymnus, 8.-7. Jh. v. Chr. A. Weiher

Homerischer Hymnus

Aber, Phoibos, dein Herz schwelgt doch am reichsten in
Delos.
Dies ist der Ort, wo Ioniens Söhne in wallenden Kleidern
Dir zu Ehren sich sammeln samt Kindern und züchtigen
Weibern. [der Wettstreit
Freude bereiten sie dir, denn sie denken an dich, wenn
Anhebt mit Tänzen und Liedern und Faustkampf. Mancher
der Gäste
Meint wohl, wenn er Ioniens Söhnen dort allen begegnet,
Daß es Unsterbliche seien und solche, die nimmermehr
altern.
Säh er bei allen doch Anmut, schwelgte sein Herz doch in
Freuden,
Wenn er die Männer erblickt und die schön gegürteten
Frauen,
Schiffe in eilender Fahrt und die Fülle ihres Besitztums.
Dies ist noch das größte Wunder, sein Ruhm wird nicht
enden:
Delische Mädchen, Dienerinnen des Schützen ins Weite.
Apollon-Hymnus, 8.-7. Jh. v. Chr. A. Weiher

ΘΕΟΓΝΙΣ

Φοῖβε ἄναξ, ὅτε μέν σε θεὰ τέκε πότνια Λητώ
    φοίνικος ῥαδινῆς χερσὶν ἐφαψαμένη
ἀθανάτων κάλλιστον ἐπὶ τροχοειδέι λίμνῃ,
    πᾶσα μὲν ἐπλήσθη Δῆλος ἀπειρεσίη
ὀδμῆς ἀμβροσίης, ἐγέλασσε δὲ Γαῖα πελώρη,
    γήθησεν δὲ βαθὺς πόντος ἁλὸς πολιῆς.

Eleg. I 5–10

ΠΙΝΔΑΡΟΣ

Χαῖρ', ὦ θεοδμάτα, λιπαροπλοκάμου
    παίδεσσι Λατοῦς ἱμεροέστατον ἔρνος,
πόντου θύγατερ, χθόνος εὐ-
    ρείας ἀκί-
    νητον τέρας, ἅν τε βροτοί
Δᾶλον κικλήσκοισιν, μάκαρες δ' ἐν Ὀλύμπῳ
    τηλέφαντον κυανέας χθονὸς ἄστρον.

ἦν γὰρ τὸ πάροιθε φορη-
    τὰ κυμάτεσ-
    σιν παντοδαπῶν τ' ἀνέμων
ῥιπαῖσιν· ἀλλ' ἁ Κοιογενὴς ὁπότ' ὠδί-
    νεσσι θυίοις' ἀγχιτόκοις ἐπέβα νιν,
δὴ τότε τέσσαρες ὀρθαί
    πρέμνων ἀπώρουσαν χθονίων,
ἂν δ' ἐπικράνοις σχέθον πέ-
    τραν ἀδαμαντοπέδιλοι
κίονες· ἔνθα τεκοῖσ' εὐ-
    δαίμον' ἐπόψατο γένναν.

Proshod. 87–88

Theognis

Als dich, Herrscher Apoll, dort unter dem wipfelnden
            Palmbaum,
 Den sie mit Armen umschlang, Leto, die Hehre, gebar,
Dort am Auge des Sees, dich aller Unsterblichen Schönsten,
 Ward von ambrosischem Duft Delos' geheiligtes Rund
Bis an die Ufer erfüllt, und es lachten umher die Gefilde,
 Und es erglänzte vor Lust blauer die Tiefe des Meers.

Um 500 v. Chr.   Emanuel Geibel

Auf der Insel Delos befindet sich ein kleiner See (heute ist er von Sumpfpflanzen überwuchert), an dem die Palme stand, unter welcher Leto Apoll gebar.

Pindar

Gruß dir, o gottgeschaffene Tochter der Flut,
Den Kindern der glanzhaarigen Leto ein Reis der
Sehnsucht, du der Erde,
 der breiten,
  unbeweglich Wunderbild nun, welches das Volk
Der Menschen Delos nennt, die Unsterblichen im O-
 lymp: der dunklen Erde weitleuchtenden Stern ...
Sie wurde ja ehdem getragen
 von den Wogen
  stoßweis durch allerlei Art
Von Stürmen; als die Koiosentsproßne jedoch, in
 Wehen rasend, nah der Geburt, sie betre-
 ten, da nun erhoben empor aus
Grundfesten des Erdreiches sich vier
Pfeiler auf stählernen Füßen,
 stützten den Fels mit den Scheiteln.
Dort ward sie Mutter und sah,
 welch seliges Paar sie geboren.

5. Jh. v. Chr.   O. Werner

WÜRDIGUNG UND BESCHREIBUNG
PLINIUS

Ceterae Myconus, Seriphus, Cythnus ipsaque longe clarissima et Cycladum media ac templo Apollinis et mercatu celebrata Delos, quae diu fluctuata, ut proditur, sola motum terrae non sensit ad M. Varronis aetatem.

Nat. hist. IV 66

ΘΟΥΚΥΔΙΔΗΣ

Τοῦ δ' αὐτοῦ χειμῶνος καὶ Δῆλον ἐκάθηραν Ἀθηναῖοι κατὰ χρησμὸν δή τινα. θῆκαι ὅσαι ἦσαν τῶν τεθνεώτων ἐν Δήλῳ, πάσας ἀνεῖλον, καὶ τὸ λοιπὸν προεῖπον μήτε ἐναποθνήσκειν ἐν τῇ νήσῳ μήτε ἐντίκτειν, ἀλλ' ἐς τὴν Ῥήνειαν διακομίζεσθαι. καὶ τὴν πεντετηρίδα τότε πρῶτον μετὰ τὴν κάθαρσιν ἐποίησαν οἱ Ἀθηναῖοι. ἦν δέ ποτε καὶ τὸ πάλαι μεγάλη ξύνοδος ἐς τὴν Δῆλον τῶν Ἰώνων τε καὶ περικτιόνων νησιωτῶν· ξύν τε γὰρ γυναιξὶ καὶ παισὶν ἐθεώρουν, ὥσπερ νῦν ἐς τὰ Ἐφέσια Ἴωνες, καὶ ἀγὼν ἐποιεῖτο αὐτόθι καὶ γυμνικὸς καὶ μουσικός, χορούς τε ἀνῆγον αἱ πόλεις.

III 104 1-3

WÜRDIGUNG UND BESCHREIBUNG

Berühmtheit

Die übrigen Kykladen-Inseln sind Mykonos, Seriphos, Kythnos und das bei weitem berühmteste Delos, das in der Mitte der Kykladen liegt und durch den Tempel des Apoll und durch den Handel ausgezeichnet ist. Der Sage nach schwamm es lange umher und wurde als einzige Insel von keinem Erdbeben erschüttert, wenigstens bis zur Zeit M. Varros.

Plinius d. Ä., 1. Jh. n. Chr. Varro war ein römischer Gelehrter des 1. Jh. v. Chr.

Reinigungen und Feste

In demselben Winter unternahmen die Athener gemäß einem Orakelspruch eine kultische Reinigung der Insel Delos. Alle Gräber entfernten sie von der Insel und verboten es, Sterbende oder Gebärende fürderhin dort zu lassen; vielmehr sollten diese nach Rheneia hinübergebracht werden. Damals nach der Reinigung feierten die Athener zum erstenmal das Fest, das seitdem alle vier Jahre gefeiert wird. Es pflegten ja schon seit langem die Jonier und die benachbarten Inselbewohner zu einer großen Festversammlung nach Delos zu kommen. Mit Weibern und Kindern nämlich feierten sie, wie auch jetzt noch die Jonier es beim Ephesien-Fest tun. Und es wurden auch Wettkämpfe veranstaltet, athletische und musische, und die einzelnen Städte führten Chorreigen auf.

Thukydides, 5. Jh. v. Chr.

ΣΤΡΑΒΩΝ

Τὴν μὲν οὖν Δῆλον ἔνδοξον γενομένην οὕτως ἔτι μᾶλλον ηὔξησε κατασκαφεῖσα ὑπὸ Ῥωμαίων Κόρινθος· ἐκεῖσε γὰρ μετεχώρησαν οἱ ἔμποροι, καὶ τῆς ἀτελείας τοῦ ἱεροῦ προκαλουμένης αὐτοὺς καὶ τῆς εὐκαιρίας τοῦ λιμένος· ἐν καλῷ γὰρ κεῖται τοῖς ἐκ τῆς Ἑλλάδος εἰς τὴν Ἀσίαν πλέουσιν· ἥ τε πανήγυρις ἐμπορικόν τι πρᾶγμά ἐστι, καὶ συνήθεις ἦσαν αὐτῇ καὶ Ῥωμαῖοι τῶν ἄλλων μάλιστα, καὶ ὅτε συνειστήκει ἡ Κόρινθος.

X 486

CICERO

Negotium magnum est navigare atque id mense Quintili. sexto die Delum Athenis venimus. pridie Nonas Quintiles a Piraeo ad Zostera vento molesto, qui nos ibidem Nonis tenuit; a. d. VIII Idus ad Ceo iucunde; inde Gyarum saevo vento, non adverso; hinc Syrum, inde Delum, utroque citius quam vellemus, cursum confecimus; nam nosti aphracta Rhodiorum; nihil quod minus fluctum ferre possit. itaque erat in animo nihil festinare nec Delo me movere, nisi omnia ἄκρα Γυρέων pura vidissem.

Epist. ad. Att. V 12 1

Handelsplatz

Die Insel Delos, die auf diese Weise berühmt geworden war, stieg nach der Zerstörung Korinths durch die Römer *(im Jahre 146 v. Chr.)* noch höher empor. Dorthin siedelten die Kaufleute über, weil die Steuerfreiheit des heiligen Bezirkes und die glückliche Lage des Hafens sie anlockte. Dieser liegt nämlich äußert günstig für diejenigen, die aus Italien und Griechenland nach Asien segeln. Und die Festversammlung ihrerseits ist auch ein Handelsgeschäft; übrigens pflegten ja gerade die Römer lebhaften Handelsverkehr mit Delos, auch zu der Zeit, als Korinth noch stand.

Strabon, um die Zeitwende.

Eine Reise nach Delos

So eine Seereise ist keine Kleinigkeit, noch dazu im Quintilis; fünf Tage haben wir von Athen bis Delus gebraucht: am 6. Quintilis vom Piraeus bis Zoster bei häßlichem Wind, der uns auch den 7. dort festhielt; am 8. in angenehmer Fahrt nach Ceus; von da nach Gyarus bei steifer Brise, aber von hinten; von da nach Syrus und dann weiter nach Delus; und beide Male kamen wir schneller ans Ziel, als ich gewünscht hätte. Die rhodischen Ruderschiffe kennt Du ja: wenig seetüchtig. So werde ich die Weiterreise von Delus nicht übereilen und mich nur von der Stelle rühren, wenn alle Gipfel von Gyrae deutlich zu sehen sind.

Cicero, 1. Jh. v. Chr. H. Kasten

ΠΙΝΔΑΡΟΣ

Ήτοι καί έγώ σκόπελον
ναίων διαγινώσκομαι
μέν άρεταΐς άέθλων
Έλλανίσιν, γινώσκομαι δέ καί
μοΐσαν παρέχων άλις·
εί καί τι Διωνύσου άρουρα φέρει
βιόδωρον άμαχανίας άκος.
άνιππός είμι καί
βουνομίας άδαέστερος.

Paian IV 21-27

ΠΑΥΣΑΝΙΑΣ

Σιφνίοις ή νήσος χρυσού μέταλλα ήνεγκε, καί αύτούς των προσιόντων έκέλευσεν ό θεός άποφέρειν δεκάτην ές Δελφούς. οί δέ τόν θησαυρόν ώκοδομήσαντο καί άπέφερον τήν δεκάτην. ώς δέ ύπό άπληστίας έξέλιπον τήν φοράν, έπικλύσασα ή θάλασσα άφανη τά μέταλλά σφισιν έποίησε.

X 11 2

ΣΤΡΑΒΩΝ

Έν δέ τη Πάρω ή Παρία λίθος λεγομένη, άρίστη πρός τήν μαρμαρογλυφίαν.

X 487

ΗΡΟΔΟΤΟΣ

Πρώτοι γάρ Άνδριοι νησιωτέων αίτηθέντες πρός Θεμιστοκλέος χρήματα ούκ έδοσαν, άλλά προϊσχομένου Θεμιστοκλέος λόγον τόνδε, ώς ήκοιεν Άθη-

Keos

Auch ich ja fürwahr, die auf Klippen haust, bin als
trefflich in Wettkämpfen
bekannt in all dem Volk
Von Hellas, bekannt auch, weil Sangeskunst
ich biete genug. Bringt gleich
Dionysos' Heilmittel, das Leben erweckt
Und Bedrängnis verjagt, meine Flur hervor,
Hab Rosse ich doch nicht,
kenne das Weiden von Rindern kaum.

Pindar, 5. Jh. v. Chr.   O. Werner
Die Insel Keos war die Heimat der Dichter Simonides und Bakchylides.

Siphnos

Die Insel der Siphnier besaß Goldbergwerke, und die Gottheit hieß sie den Zehnten ihrer Einkünfte nach Delphi stiften. So bauten sie das Schatzhaus und lieferten den Zehnten ab. Als sie aber aus unersättlicher Habgier die Abgabe nach Delphi unterließen, geschah ein Einbruch des Meeres und vernichtete ihre Bergwerke.

Pausanias, 2. Jh. n. Chr. Vgl. S. 181.

Paros

Auf der Insel Paros findet man den parischen Marmor, der für die Bildhauerei am besten geeignet ist.

Strabon, um die Zeitwende.

Andros

Andros war nämlich die erste Insel, von der Themistokles Geld verlangte. Die Andrier aber gaben nichts. Als Themistokles ihnen vorhielt, die Athener seien mit zwei gewal-

ναῖοι περὶ ἑωυτοὺς ἔχοντες δύο θεοὺς μεγάλους, Πειθώ τε καὶ Ἀναγκαίην, οὕτω τέ σφι κάρτα δοτέα εἶναι χρήματα, ὑπεκρίναντο πρὸς ταῦτα λέγοντες, ὡς κατὰ λόγον ἦσαν ἄρα αἱ Ἀθῆναι μεγάλαι τε καὶ εὐδαίμονες, αἳ θεῶν χρηστῶν ἥκοιεν εὖ· ἐπεὶ Ἀνδρίους γε εἶναι γεωπείνας ἐς τὰ μέγιστα ἀνήκοντας, καὶ θεοὺς δύο ἀχρήστους οὐκ ἐκλείπειν σφέων τὴν νῆσον ἀλλ' ἀεὶ φιλοχωρέειν, Πενίην τε καὶ Ἀμηχανίην, καὶ τούτων τῶν θεῶν ἐπηβόλους ἐόντας Ἀνδρίους οὐ δώσειν χρήματα· οὐδέκοτε γὰρ ἂν τῆς ἑωυτῶν ἀδυναμίης τὴν Ἀθηναίων δύναμιν εἶναι κρέσσω.

VIII 111

ΣΤΡΑΒΩΝ

Τῆνος δὲ πόλιν μὲν οὐ μεγάλην ἔχει, τὸ δ' ἱερὸν τοῦ Ποσειδῶνος μέγα ἐν ἄλσει τῆς πόλεως ἔξω, θέας ἄξιον· ἐν ᾧ καὶ ἑστιατόρια πεποίηται μεγάλα, σημεῖον τοῦ συνέρχεσθαι πλῆθος ἱκανὸν τῶν συνθυόντων αὐτοῖς ἀστυγειτόνων τὰ Ποσειδώνια.

X 487

ΣΤΡΑΒΩΝ

Καὶ τοὺς φαλακροὺς δέ τινες Μυκονίους καλοῦσιν ἀπὸ τοῦ τὸ πάθος τοῦτο ἐπιχωριάζειν τῇ νήσῳ.

tigen Göttern gekommen, mit „Überredung" und „Zwang", so daß jene unbedingt zahlen müßten, antworteten sie und sprachen: Athen müsse wirklich groß und reich sein, wenn es unter dem Schutz so mächtiger Götter komme. Das Land der Andrier aber sei grenzenlos arm. Zwei unheilbringende Gottheiten seien niemals von ihrer Insel gewichen und hätten dort ihren Lieblingssitz, nämlich „Armut" und „Machtlosigkeit". Und weil die Andrier diesen Gottheiten unterworfen seien, könnten sie kein Geld zahlen. Niemals würde Athens Macht stärker sein als ihre Ohnmacht.

Herodot, 5. Jh. v. Chr. *J. Feix*

Tenos

Tenos besitzt zwar nur eine kleine Stadt; dafür aber das große Heiligtum des Poseidon in einem Hain außerhalb der Stadt, welches sehr sehenswert ist. Im Hain sind auch große Speisehallen errichtet, ein Zeichen dafür, daß eine beträchtliche Menge von Nachbarn zusammenkommt, um mit den Teniern gemeinsam das Poseidon-Fest zu feiern.

Strabon, um die Zeitwende. Auch heute ist Tenos ein bedeutender Wallfahrtsort der orthodoxen Ägäis-Bevölkerung.

Mykonos

Auch werden zuweilen die Kahlköpfe Mykonier genannt, weil dieses Leiden auf der Insel heimisch ist.

Strabon, um die Zeitwende.

LUCILIUS

Myconi calva omnis iuventus.

Fr. 1211

ΖΗΝΟΒΙΟΣ

Μυκώνιος γείτων· αὕτη τέτακται ἐπὶ τῶν διαβεβλημένων ἐπὶ γλισχρότητι καὶ μικροπρεπείᾳ, παρὰ τὴν σμικρότητα τῆς Μύκωνος νήσου καὶ εὐτέλειαν.

V 21

ΣΤΡΑΒΩΝ

Ἀπὸ δὲ τῆς Ἴου πρὸς ἑσπέραν ἰόντι Σίκινος καὶ Λάγουσα καὶ Φολέγανδρος, ἣν Ἄρατος σιδηρείην ὀνομάζει διὰ τὴν τραχύτητα· ἐγγὺς δὲ τούτων Κίμωλος, ὅθεν ἡ γῆ ἡ Κιμωλία· ἔνθεν ἡ Σίφνος ἐν ὄψει ἐστίν, ἐφ᾽ ᾗ λέγουσι 'Σίφνιον ἀστράγαλον' διὰ τὴν εὐτέλειαν.

X 484

ΣΟΛΩΝ

Εἴην δὴ τότ᾽ ἐγὼ Φολεγάνδριος ἢ Σικινίτης
ἀντί γ᾽ Ἀθηναίου πατρίδ᾽ ἀμειψάμενος·
αἶψα γὰρ ἂν φάτις ἥδε μετ᾽ ἀνθρώποισι γένοιτο·
"Ἀττικὸς οὗτος ἀνὴρ τῶν Σαλαμιναφετῶν."

Fr 2 3–6 Diehl

Mykonos

Auf Mykonos ist die gesamte Jugend kahlköpfig.

Lucilius, Satiriker des 2. Jh. v. Chr.

Mykonos

Mykonischer Nachbar: Diese Redensart wird von denen gebraucht, die man wegen ihrer Knausrigkeit und Kleinlichkeit tadeln will, eine Anspielung auf die geringe Größe und Armseligkeit der Insel Mykonos.

Zenobios, 2. Jh. n. Chr. Heute ist Mykonos durch seine malerischen Farben ein Anziehungspunkt für Künstler und Touristen.

Kleinste Inseln

Wenn man von Ios westwärts segelt, sieht man Sikinos, Lagusa und Pholegandros, das Arat das eiserne Eiland nennt wegen seiner Rauheit. Nahe diesen Inseln liegt Kimolos, woher die Kimolische Erde stammt. Von dort aus ist Siphnos zu sehen; die Redensart „ein siphnischer Dornstrauch" erklärt sich aus der Dürftigkeit dieser Insel.

Strabon, um die Zeitwende. Aus der sodahaltigen Kimolischen Erde gewann man Seifenlaugen für Bade- und Barbierzwecke: Aristoph. Frösche 712.

Von Athen aus gesehen

Wär ich doch statt ein Athener gleich Pholegandrier,
gleich ein
Sikinetischer Tropf, tauschend mein väterlich Land;
nämlich es möchte Gerede alsbald bei den Leuten entstehen:
„Seht, ein Mann aus Athen, auch so ein Salamisschuft."

Solon, 6. Jh. v. Chr.   E. Preime
Aus der Elegie, mit der Solon seine Mitbürger aufrief, Salamis den Megarern wieder zu entreißen.

ΣΧΟΛΙΑΣΤΗΣ

Ἱερὰν δὲ εἶπε τὴν Θήραν ἤτοι διὰ τὸ περὶ τὴν γῆν ἰδίωμα· κισσαρώδης γὰρ οὖσα πολυφόρος ἐστὶ καὶ πολύκαρπος.

Schol. Pind. Pyth. IV 11

ΑΔΗΛΟΝ

Ἔλθετε πρὸς τέμενος ταυρώπιδος ἀγλαὸν Ἥρης,
Λεσβίδες, ἁβρὰ ποδῶν βήμαθ' ἑλισσόμεναι,
ἔνθα καλὸν στήσασθε θεῇ χορόν· ὔμμι δ' ἀπάρξαι
Σαπφὼ χρυσείην χερσὶν ἔχουσα λύρην.
ὄλβιαι ὀρχηθμοῦ πολυγηθέος· ἦ γλυκὺν ὕμνον
εἰσαΐειν αὐτῆς δόξετε Καλλιόπης.

Anth. Pal. IX 189

ΣΧΟΛΙΑΣΤΗΣ

Παρὰ Λεσβίοις ἀγὼν ἄγεται κάλλους γυναικῶν ἐν τῷ τῆς Ἥρας τεμένει, λεγόμενος καλλιστεῖα.

Schol. Hom. Il. AD IX 129

ΗΡΑΚΛΕΙΔΗΣ Ο ΠΟΝΤΙΚΟΣ

Τὸ δὲ τῶν Αἰολέων ἦθος ἔχει τὸ γαῦρον καὶ ὀγκῶδες, ἔτι δὲ ὑπόχαυνον· ὁμολογεῖ δὲ ταῦτα ταῖς ἱπποτροφίαις αὐτῶν καὶ ξενοδοχίαις· οὐ πανοῦργον δέ, ἀλλὰ

Thera

Pindar bezeichnet Thera *(Santorin)* als heilig wegen der eigentümlichen Beschaffenheit des Bodens; er ist nämlich vulkanisch und trägt darum reichlich und vielerlei Frucht.

Gelehrte Anmerkung aus nachklassischer Zeit zu einem Pindar-Vers. Die Insel Santorin ist heute noch ein tätiger Vulkan.

Frauenfest im Hera-Tempel

Kommt in den schimmernden Hain der hohen, blau-
      äugigen Hera,
lesbische Mädchen, und setzt zierlich zum Tanze den Fuß!
Rüstet euch hier für die Göttin zum herrlichen Reigen!
      Die goldne
Leier im Arme, erhebt Sappho vor euch den Gesang.
Freut euch beglückt an dem fröhlichen Tanz! Es wird
      euch bedünken,
von Kalliope selbst hört ihr ein liebliches Lied.

Wahrscheinlich hellenistisch.   H. Beckby

Schönheitswettbewerb

Auf Lesbos wird im Heiligtum der Hera ein Wettbewerb der Schönheit unter den Frauen ausgetragen, genannt Kallisteia.

Gelehrte Anmerkung zu einem Homer-Vers.

Äolische Sitten

Der Charakter der Äolier zeigt Ausgelassenheit, Prahlsucht, dazu noch Leichtfertigkeit. Diese Eigenschaften passen auch zu ihrer Vorliebe für Pferdezüchterei und

ἐξῃρμένον καὶ τεθαρρηκός. διὸ καὶ οἰκεῖόν ἐστ' αὐτοῖς ἡ φιλοποσία καὶ τὰ ἐρωτικὰ καὶ πᾶσα ἡ περὶ τὴν δίαιταν ἄνεσις.

Athenaios XIV 624 E

ΛΟΓΓΟΣ

Πόλις ἐστὶ τῆς Λέσβου Μιτυλήνη, μεγάλη καὶ καλή· διείληπται γὰρ εὐρίποις ὑπεισρεούσης τῆς θαλάσσης, καὶ κεκόσμηται γεφύραις ξεστοῦ καὶ λευκοῦ λίθου. νομίσαις οὐ πόλιν ὁρᾶν ἀλλὰ νῆσον.

Ταύτης τῆς πόλεως τῆς Μιτυλήνης ὅσον ἀπὸ σταδίων διακοσίων ἀγρὸς ἦν ἀνδρὸς εὐδαίμονος, κτῆμα κάλλιστον· ὄρη θηροτρόφα, πεδία πυροφόρα, γήλοφοι κλημάτων, νομαὶ ποιμνίων· καὶ ἡ θάλασσα προσέκλυζεν ἠϊόνι ἐκτεταμένῃ ψάμμου μαλθακῆς.

Daphnis et Chloe I 1

Εὐλίμενός τε γὰρ ἡ παραθαλασσία καὶ οἰκήσεσιν ἠσκημένη πολυτελῶς, καὶ λουτρὰ συνεχῆ, παράδεισοί τε καὶ ἄλση· τὰ μὲν φύσεως ἔργα, τὰ δ' ἀνθρώπων τέχνῃ· πάντα ἐνηβῆσαι καλά.

Daphnis et Chloe II 12 2

Ἦν δὲ ὁ παράδεισος πάγκαλόν τι χρῆμα καὶ κατὰ τοὺς βασιλικούς. ἐκτέτατο μὲν εἰς σταδίου μῆκος, ἐπέκειτο δὲ ἐν χώρῳ μετεώρῳ, τὸ εὖρος ἔχων πλέθρων τεττάρων. εἴκασεν ἄν τις αὐτὸν πεδίῳ μακρῷ. εἶχε δὲ πάντα δένδρα· μηλέας, μυρρίνας, ὄχνας καὶ ῥοιὰς καὶ

Gastgelage. Bösartig kann man ihr Wesen nicht nennen, wohl aber überschäumend und keck. Darum ist für sie die Freude am Zechen und das verliebte Wesen bezeichnend und überhaupt eine allgemeine Lockerheit im Genuß des Lebens.

Herakleides der Pontiker, 4. Jh. v. Chr., zitiert bei Athenaios.

Szenerie für Daphnis und Chloë

Auf Lesbos liegt eine Stadt Mitylene, groß und schön. Kanäle durchschneiden sie, in welche das Meer einströmt, überspannt durch schmucke Brücken von weißem und geglättetem Gestein. Man möchte glauben, nicht eine Stadt, sondern eine Gruppe von Eilanden zu sehen.

Von dieser Stadt Mitylene also etwa 200 Stadien entfernt lag das Gut eines reichen Mannes, ein herrlicher Besitz: wildnährende Berge, saatschwere Felder, Hügel mit Reben, Weiden mit Herden bedeckt; und die Meerflut bespülte den weichen Sand der langgestreckten Küste.

Die Seeküste ist an schönen Häfen reich und mit Gebäuden herrlich geschmückt. Auch zahlreiche Bäder, Lustgärten und Haine findet man dort; teils sind es Werke der Natur, teils schuf sie der Menschen Kunst, alle zu frohem Genuß geeignet.

Der Lustgarten war eine gar schöne, den königlichen Gärten ähnliche Anlage. Er dehnte sich auf einer Anhöhe bis zu einem Stadion aus und hielt in der Breite vier Plethren. Man hätte ihn für eine weite Aue halten können. Alle Arten von Bäumen wuchsen darin, Äpfel, Myrten, Birnen,

συκᾶς καὶ ἐλαίας· ἑτέρωθι ἄμπελον ὑψηλήν, καὶ ἐπέκειτο ταῖς μηλέαις καὶ ταῖς ὄχναις περκάζουσα, καθάπερ περὶ τοῦ καρποῦ αὐταῖς προσερίζουσα. τοσαῦτα ἥμερα. ἦσαν δὲ καὶ κυπάριττοι καὶ δάφναι καὶ πλάτανοι καὶ πίτυς. ταύταις πάσαις ἀντὶ τῆς ἀμπέλου κιττὸς ἐπέκειτο· καὶ ὁ κόρυμβος αὐτοῦ μέγας ὢν καὶ μελαινόμενος βότρυν ἐμιμεῖτο. ἔνδον ἦν τὰ καρποφόρα φυτά, καθάπερ φρουρούμενα· ἔξωθεν περιειστήκει τὰ ἄκαρπα, καθάπερ θριγγὸς χειροποίητος· καὶ ταῦτα μέντοι λεπτῆς αἱμασιᾶς περιέθει περίβολος. τέτμητο καὶ διακέκριτο πάντα καὶ στέλεχος στελέχους ἀφειστήκει, ἐν μετεώρῳ δὲ οἱ κλάδοι συνέπιπτον ἀλλήλοις καὶ ἐπήλλαττον τὰς κόμας· ἐδόκει μέντοι καὶ ἡ τούτων φύσις εἶναι τέχνη. ἦσαν καὶ ἀνθῶν πρασιαί, ὧν τὰ μὲν ἔφερεν ἡ γῆ, τὰ δὲ ἐποίει τέχνη· ῥοδωνίαι καὶ ὑάκινθοι καὶ κρίνα χειρός ἔργα· ἰωνίας καὶ ναρκίσσους καὶ ἀναγαλλίδας ἔφερεν ἡ γῆ. σκιά τε ἦν θέρους καὶ ἦρος ἄνθη καὶ μετοπώρου ὀπώρα καὶ κατὰ πᾶσαν ὥραν τρυφή.

Ἐντεῦθεν εὔοπτον μὲν ἦν τὸ πεδίον καὶ ἦν ὁρᾶν τοὺς νέμοντας, εὔοπτος δ' ἡ θάλασσα καὶ ἑωρῶντο οἱ παραπλέοντες· ὥστε καὶ ταῦτα μέρος ἐγίνετο τῆς ἐν τῷ παραδείσῳ τρυφῆς. ἵνα τοῦ παραδείσου τὸ μεσαίτατον ἐπὶ μῆκος καὶ εὖρος ἦν, νεὼς Διονύσου καὶ βωμὸς ἦν· περιεῖχε τὸν μὲν βωμὸν κιττός, τὸν νεὼν δὲ κλήματα.

Daphnis et Chloe IV 2–3

auch Granaten und Feigen und Olivenbäume; dazu noch hohe Weinstöcke, die sich mit reifenden Trauben an die Apfel- und Birnbäume anschmiegten, gleich als wollten sie in der Frucht mit ihnen wetteifern. Dies waren die Bäume zahmer Arten. Aber auch Zypressen waren da und Lorbeern und Platanen und Pinien. Um diese alle schlang sich statt des Weines Efeu, und seine Dolden, die groß und schwarz waren, ahmten die Trauben nach. Im inneren Bezirk standen die fruchttragenden Bäume, gleichsam umschirmt; von außen standen die unfruchtbaren, wie eine Umfriedigung von Menschenhand; und um diese lief wieder ein schmales Mauerwerk als Einfassung. Alles war abgeteilt und an seinen Platz gestellt: ein Stamm stand in gehöriger Entfernung von dem anderen, in der Höhe aber stießen die Zweige zusammen und vermischten gegenseitig ihr Laub; es schien auch das, was Natur war, Kunst zu sein. Es waren auch Beete von Blumen da, deren einige die Erde erzeugte, andere aber die Kunst bildete: Rosenhecken und Hyazinthen und Lilien waren durch Kunst gezogen; Veilchen, Narzissen und Anagallis trug die Erde von selbst. Schatten war hier im Sommer, Blumen im Frühling, Früchte im Herbst und in jeder Jahreszeit üppige Fülle.

Von hier aus hatte man freie Aussicht auf die Ebene, und man konnte die Hirten und ihre Herden sehen; man hatte die Aussicht auf das Meer und sah die Vorübersegelnden, so daß auch dies ein Teil der Freuden war, die dieser Lustgarten bot. Genau in seiner Mitte stand ein Tempel des Dionysos und davor ein Altar; den Altar umschlang Efeu, den Tempel aber Reben.

Longus, 3. Jh. n. Chr.   Nach Fr. Jacobs
Aus dem Hirtenroman „Daphnis und Chloe".

ΟΜΗΡΟΥ ΥΜΝΟΣ

Καί Χίος, ή νήσων λιπαρωτάτη είν άλί κείται, ...

Hom. hymn. III 38

ΘΟΥΚΥΔΙΔΗΣ

Χίοι ... πλουσιώτατοι όντες των Ελλήνων ...

VIII 45

ΑΘΗΝΑΙΟΣ

Χαριέστατος δ' έστίν ό Χίος καί του Χίου ό καλούμενος Άριούσιος. διαφοραί δέ αύτου είσι τρεις· ό μέν γάρ αύστηρός έστιν, ό δέ γλυκάζων, ό δέ μέσος τούτων τη γεύσει αύτόκρατος καλείται. ό μέν ούν αύστηρός εύστομός έστι καί τρόφιμος καί μάλλον ούρείται, ό δέ γλυκάζων τρόφιμος, πλήσμιος κοιλίας μαλακτικός, ό δ' αύτόκρατος τη χρεία μέσος έστί. κοινώς δ' ό Χίος πεπτικός, τρόφιμος, αίματος χρηστού γεννητικός, προσηνέστατος, πλήσμιος διά τό παχύς είναι τη δυνάμει.

I 32 Ff.

ΔΙΟΣΚΟΥΡΙΔΗΣ

Γεννάται δέ καί ρητίνη ές αύτης (της σχίνου), καλουμένη σχινίνη, ύπ' ένίων δέ μαστίχη, χρησιμεύουσα πρός αίματος άναγωγάς καί πρός παλαίαν βήχα πινομένη. έστι δέ εύστόμαχος, έρευκτική· μείγνυται δέ καί σμήγμασιν όδόντων καί έπιχρίσμασι προσώπου στιλβοποιούσα, άνακολλά δέ καί τρίχας έν όφθαλμοίς,

Dichterischer Preis

Chios zumal, unter allen Inseln des Meeres die schönste.

Homerischer Hymnus an Apoll, 8.–7. Jh. v. Chr.

Reichtum

Die Chier, ... die reichsten der Hellenen ...

Thukydides, 5. Jh. v. Chr.

Weine von Chios

Der köstlichste Wein ist der von Chios und darunter der sogenannte Ariusios. Es gibt dreierlei Sorten davon: der eine ist herb, der andere süß, der dritte hat einen mittleren Geschmack und wird der Selbstgemischte genannt *(weil man ihn nicht mit Wasser zu mischen braucht)*. Der herbe ist wohlschmeckend, bekömmlich und urintreibend; der süße ist bekömmlich, sättigend und befördert den Stuhlgang. Der Charakter des „Selbstgemischten" liegt dazwischen. Allgemein betrachtet befördert der chiotische Wein die Verdauung, erweist sich als bekömmlich, schafft gesundes Blut, mundet köstlich und sättigt, weil er doch recht schwer ist.

Athenaios, 2. Jh. n. Chr.

Mastix-Harz

Dieser Strauch scheidet auch ein Harz aus, das man das Schinos-Harz nennt oder auch Masticha. Verwendet wird es gegen Blutspucken und nützt bei chronischem Husten. Es bewirkt Aufstoßen und ist gut für den Magen. Es wird auch Zahnpasten beigemengt und auch Gesichtssalben, da es die Haut glänzend macht. Es dient auch dazu, *(nach innen wachsende)* Wimpern wieder in die richtige Lage zu bringen.

στόματός τε ευωδίας παρασκευαστική έστι διαμασωμένη και ούλων σταλτική. γεννάται δε καλλίστη και πλείστη εν Χίω τη νήσω.

I 70 3

ΗΡΟΔΟΤΟΣ

Έμήκυνα δε περί Σαμίων μάλλον, ότι σφι τρία έστι μέγιστα απάντων Ελλήνων έξεργασμένα, όρεός τε ύψηλού ές πεντήκοντα και εκατόν οργυιάς, τούτου όρυγμα κάτωθεν άρξάμενον, άμφίστομον. το μέν μήκος του ορύγματος επτά στάδιοί εισι, το δε ύψος και εύρος όκτώ εκάτερον πόδες. δια παντός δε αυτού άλλο όρυγμα είκοσίπηχυ βάθος όρώρυκται, τρίπουν δε το εύρος, δι' ου το ύδωρ όχετευόμενον δια των σωλήνων παραγίνεται ές την πόλιν άγόμενον από μεγάλης πηγής. αρχιτέκτων δε του ορύγματος τούτου έγένετο Μεγαρεύς Εύπαλίνος Ναυστρόφου. τούτο μεν δη εν των τριών έστι, δεύτερον δε περί λιμένα χώμα εν θαλάσση, βάθος και είκοσι όργυιέων· μήκος δε του χώματος μέζον δύο σταδίων. τρίτον δέ σφι εξέργασται νηός μέγιστος πάντων νηών των ημείς ίδμεν· του αρχιτέκτων πρώτος εγένετο Ροίκος Φιλέω επιχώριος.

III 60

Es erzeugt angenehmen Mundgeruch, wenn es gekaut wird, und entfernt Fleischwucherungen verheilender Wunden. Die beste und ergiebigste Sorte gedeiht auf Chios.

Dioskurides, 1. Jh. n. Chr. Von dem im Mittelmeer häufigen Mastix-Strauch gibt es heute einzig auf der Insel Chios eine kultivierte baumförmige Abart (pistacia lentiscus Chia), die ein wertvolles, wohlriechendes Harz liefert. Heute wird die Masticha in Griechenland im Rohzustand verkauft, um als natürlicher Kaugummi zu dienen, außerdem wird sie als Würze für Süßigkeiten und alkoholische Getränke verwendet.

Wunderwerke der Technik

Ich habe mich mit den Samiern etwas länger beschäftigt, weil sie drei der gewaltigsten Bauwerke aller Griechen aufgeführt haben: Sie durchbohrten einen Berg von 150 Klafter Höhe von unten her und gruben einen Tunnel mit zwei Öffnungen. Seine Länge beträgt sieben Stadien, die Höhe und Breite je acht Fuß. Durch seine ganze Länge ist ein anderer Kanal geführt, zwanzig Ellen tief, drei Fuß breit, durch den das Wasser in Röhren zur Stadt geleitet wird; er kommt aus einer starken Quelle. Baumeister dieses Tunnels war Eupalinos aus Megara, Sohn des Naustrophos. Das ist das eine der drei Bauwerke. Das zweite ist ein Damm im Meer um den Hafen herum, etwa zwanzig Klafter tief; der Damm ist mehr als zwei Stadien lang. Drittens haben sie einen Tempel errichtet, den größten aller uns bekannten Tempel. Der erste Erbauer war Rhoikos, der Sohn des Philes, ein Einheimischer.

J. Feix

Herodot, 5. Jh. v. Chr. Von allen drei Werken sind Reste erhalten. Die Maße, die Herodot angibt, stimmen nicht genau mit der Wirklichkeit überein; doch ist die Anlage der seltsamen Wasserleitung richtig beschrieben.

ΣΤΡΑΒΩΝ

Καλεῖται μὲν οὖν καὶ ἄκρα τις Ἄμπελος βλέπουσά πως πρὸς τὸ τῆς Ἰκαρίας Δρέπανον, ἀλλὰ καὶ τὸ ὄρος ἅπαν, ὃ ποιεῖ τὴν ὅλην νῆσον ὀρεινήν, ὁμωνύμως λέγεται· ἔστι δ' οὐκ εὔοινος, καίπερ εὐοινουσῶν τῶν κύκλῳ νήσων, καὶ τῆς ἠπείρου σχεδόν τι τῆς προσεχοῦς πάσης τοὺς ἀρίστους ἐκφερούσης οἴνους. περὶ μὲν οἴνους οὐ πάνυ εὐτυχεῖ Σάμος, τὰ δ' ἄλλα εὐδαίμων.

XIV 637

ΣΧΟΛΙΑΣΤΗΣ

'Παῖδ' Ἀφροδίτης' εἶπε τὴν Ῥόδον διὰ τὸ κάλλος τῆς νήσου. τινὲς δὲ αὐτήν φασι κληθῆναι οὕτω διὰ τὸ σπουδαῖα ἔχειν ῥόδα· οἱ δὲ διὰ τὸ ῥοώδη εἶναι τὰ περὶ αὐτήν.

Schol. Pind. Ol. VII 24

ΛΟΥΚΙΑΝΟΣ

Ἔστι γὰρ ὄντως ἡ πόλις Ἡλίου, πρέπον ἔχουσα τῷ θεῷ τὸ κάλλος.

Amores 8

ΣΤΡΑΒΩΝ

Ἡ δὲ τῶν Ῥοδίων πόλις κεῖται μὲν ἐπὶ τοῦ ἑωθινοῦ ἀκρωτηρίου, λιμέσι δὲ καὶ ὁδοῖς καὶ τείχεσι καὶ τῇ

Samos – keine Weininsel

Es trägt nun ein Vorgebirge, das nach dem Kap Drepanon auf Ikaria hinüberschaut, den Namen Ampelos *(Weinstock)*; denselben Namen führt aber auch der ganze Kamm, der die Insel insgesamt zu einem Bergland macht. Dabei ist aber die Insel kein gutes Weinland, obwohl die Inseln ringsum guten Wein haben und fast das ganze Festland in der Nähe die besten Weinsorten hervorbringt. Mit dem Wein also hat es die Insel Samos nicht allzu gut getroffen, sonst aber ist sie sehr gesegnet.

Strabon, um die Zeitwende. Heute genießt der Samoswein Weltruf.

Die Insel Rhodos

Pindar nannte Rhodos „Aphroditens Kind" wegen der Schönheit dieser Insel. Einige behaupten, sie heiße Rhodos wegen der herrlichen Rosen, die dort gedeihen, einige aber, weil das Meer um sie herum so reich an Strömungen ist *(rhoodes)*.

Gelehrte Anmerkung zu einem Pindar-Vers.

Die Stadt des Sonnengottes

Es ist aber wahrhaft *Rhodos* die Stadt des Helios, besitzt sie doch eine Schönheit, die dieses Gottes würdig ist.

Lukian, 2. Jh. n. Chr. Die Münzen von Rhodos zeigen auf der einen Seite den Kopf des Helios, auf der anderen eine stilisierte Rose.

Rhodos

Die Stadt Rhodos liegt auf der östlichen Spitze der Insel und unterscheidet sich durch ihre Häfen, durch ihre Straßen

ἄλλῃ κατασκευῇ τοσοῦτον διαφέρει τῶν ἄλλων, ὥστ' οὐκ ἔχομεν εἰπεῖν ἑτέραν ἀλλ' οὐδὲ πάρισον, μή τί γε κρείττω ταύτης τῆς πόλεως. θαυμαστὴ δὲ καὶ ἡ εὐνομία καὶ ἡ ἐπιμέλεια πρός τε τὴν ἄλλην πολιτείαν καὶ τὴν περὶ τὰ ναυτικά, ἀφ' ἧς ἐθαλαττοκράτησε πολὺν χρόνον καὶ τὰ λῃστήρια καθεῖλε καὶ 'Ρωμαίοις ἐγένετο φίλη καὶ τῶν βασιλέων τοῖς φιλορωμαίοις τε καὶ φιλέλλησιν· ἀφ' ὧν αὐτόνομός τε διετέλεσε καὶ πολλοῖς ἀναθήμασιν ἐκοσμήθη, ἃ κεῖται τὰ μὲν πλεῖστα ἐν τῷ Διονυσίῳ καὶ τῷ γυμνασίῳ, ἄλλα δ' ἐν ἄλλοις τόποις. ἄριστα δὲ ὅ τε τοῦ Ἡλίου κολοσσός ὅν φησιν ὁ ποιήσας τὸ ἰαμβεῖον ὅτι 'ἑπτάκις δέκα Χάρης ἐποίει πηχέων ὁ Λίνδιος'. κεῖται δὲ νῦν ὑπὸ σεισμοῦ πεσὼν περικλασθεὶς ἀπὸ τῶν γονάτων. οὐκ ἀνέστησαν δ' αὐτὸν κατά τι λόγιον.

XIV 652

ΔΙΩΝ ΧΡΥΣΟΣΤΟΜΟΣ

Τοιγάρτοι καὶ τὰ τοιαῦτα ὑμῶν ἐπαίνου τυγχάνει, καὶ γιγνώσκεται παρὰ πᾶσιν οὐχ ὡς μικρά, τὸ βάδισμα, ἡ κουρά, τὸ μηδένα σοβεῖν διὰ τῆς πόλεως, ἀναγκάζεσθαι δὲ διὰ τὴν ὑμετέραν συνήθειαν καὶ τοὺς ἐπιδημοῦντας ξένους καθεστώτως πορεύεσθαι· καθάπερ

und Mauern und die sonstigen Anlagen derart von den übrigen, daß wir keine Stadt nennen können, die ihr auch nur ähnlich wäre, geschweige denn ihr überlegen. Bewundernswert ist aber auch die Ausgeglichenheit und Gerechtigkeit der Staatsverfassung und die Sorgfalt der Staatsführung in allen Dingen, besonders aber im Seewesen, weswegen die Stadt für lange Zeit die Seeherrschaft innehatte, das Piratenunwesen vernichten und mit den Römern und den rom- und griechenfreundlichen Königen Freundschaft schließen konnte. Darum blieb sie auch selbständig und wurde mit zahlreichen Weihgaben ausgeschmückt, die sich größtenteils im Dionysos-Heiligtum und im Gymnasion befinden, einige auch anderswo. Etwas ganz Hervorragendes ist die Kolossalstatue des Sonnengottes, von der eine jambische Inschrift sagt: "Der Lindier Chares schuf mich siebzig Ellen hoch." Heute liegt dieser Koloß am Boden, von einem Erdbeben in Kniehöhe umgebrochen. Gemäß einem Orakelspruch hat man ihn nicht wieder aufgerichtet.

Strabon, um die Zeitwende. Der bronzene Koloß von Rhodos gehörte zu den 7 Weltwundern der Alten. Er wurde 285 v. Chr. errichtet und stürzte schon 227 v. Chr. Seine Höhe betrug 34 m. Lindos ist heute die zweitgrößte Stadt auf Rhodos.

Ruhmestitel

Ja, auch solche Eigentümlichkeiten gereichen euch zum Ruhme – und unter den Menschen haben sie wahrlich keine geringe Bedeutung –, nämlich eure Art zu schreiten, euer Haarschnitt, ferner daß man bei euch keinen hastig durch die Stadt laufen sieht und daß unter dem Eindruck eurer

οἶμαι καὶ τοὺς ἀγροίκους ἰδεῖν ἐστιν, ὅταν εἰς παλαίστραν ἢ γυμνάσιον ἔλθωσιν, ἧττον ἀρρύθμως κινουμένους· ἔτι πρὸς τούτοις τῆς ἐσθῆτος ὁ τρόπος, τὸ ἴσως ἄν τινι γελοῖον φανέν, τῆς πορφύρας τὸ μέτρον· τὰ φανερώτερα ἤδη, τὸ μεθ' ἡσυχίας θεωρεῖν, ὁ ποππυσμός· πάντα ταῦτα σεμνὴν τὴν πόλιν ποιεῖ, διὰ ταῦτα τῶν ἄλλων διαφέρειν δοκεῖτε, ἐπὶ τούτοις ἄπασι θαυμάζεσθε, ἀγαπᾶσθε· τῶν λιμένων, τῶν τειχῶν, τῶν νεωρίων μᾶλλον ὑμᾶς κοσμεῖ τὸ ἐν τοῖς ἔθεσιν ἀρχαῖον καὶ Ἑλληνικόν, τὸ παρ' ὑμῖν μὲν ὅταν τις γένηται, εὐθὺς αὐτὸν ἀποβάντα εἰδέναι, κἂν τύχῃ βάρβαρος ὤν, ὅτι οὐ πάρεστιν εἴς τινα πόλιν τῆς Συρίας ἢ τῆς Κιλικίας.

Rhod. XXI 162 ff

ΑΡΙΣΤΕΙΔΗΣ

Εἰσπλέοντι μὲν εὐθὺς λιμένες τοσοῦτοι καὶ τηλικοῦτοι, προβλῆσι λίθοις εἰς τὸ πέλαγος ἐξανεστηκότες, οἱ μὲν τοὺς ἀπ' Ἰωνίας, οἱ δὲ τοὺς ἀπὸ Καρίας δεχόμενοι, οἱ δὲ τοὺς ἀπ' Αἰγύπτου καὶ Κύπρου καὶ Φοινίκης, ὥσπερ ἄλλος ἄλλῃ πόλει πεποιημένος εἰς

Gewohnheit sogar die anwesenden Fremden sich genötigt sehen, ruhig einherzuschreiten, wie man denn auch wahrnehmen kann, daß Bauern, wenn sie eine Palästra oder ein Gymnasion betreten, sich weniger ungeschickt zu benehmen suchen. Zu all dem kommt noch die Schlichtheit der Gewandung hinzu, ich meine – was einem vielleicht lächerlich unbedeutend erscheinen könnte – die geringe Verwendung von Purpurfarbe. Und was eher in die Augen springt: die Ruhe beim Zuschauen im Theater und die Bekundung des Beifalls durch bloßes Schnalzen. Alles das verleiht der Stadt Würde; hierin sieht man einen Unterschied zwischen euch und den anderen; aller dieser Dinge wegen werdet ihr bewundert, werdet ihr geliebt. Mehr noch als die Hafenanlagen, als die Stadtmauer und die Schiffshäuser zeichnet euch das Altertümliche und das echt Hellenische eurer Sitten aus, und wenn einer zu euch kommt, mag es auch ein Barbar sein, so weiß er beim Anlandgehen gleich, daß er sich nicht in irgendeiner Stadt Syriens oder Kilikiens befindet.

Dion Chrysostomos, 1. Jh. n. Chr. Aus einer Mahnrede an die Rhodier, in der er sie als die besten unter den damaligen Griechen bezeichnet.

Rhodos in rhetorischem Preis

Wenn man von der See kam, fand man gleich zahlreiche und umfangreiche Häfen, die sich mit ihren steinernen Molenbauten weit ins Meer vorstreckten, die einen zur Aufnahme der von Jonien, die anderen der von Karien, von Ägypten, Zypern und Phönikien kommenden Schiffe, beinahe als ob für jede auswärtige Stadt ein eigener Hafen zum

ὑποδοχήν· ἐπικείμενα δὲ τοῖς λιμέσι τὰ νεώρια ὅσα καὶ οἷα ἦν, ὅτε τῆς θαλάττης ἐκρατεῖτε, καὶ οὐδὲν ἐλάττω παρὰ τὸν χρόνον, οὐδ' εἰκάζειν ἀναγκάζοντα ὅπου ποτ' ἦν ἄρα, ἀλλ' αὐτὰ ὁρώμενα ἐκπλήττοντα. ὧν καὶ τὰς στέγας εἴ τις ἄνωθεν κατεθεάσατο, εἴκασεν ἂν πεδίῳ κρεμαστῷ τινι. τριήρεις δ' ἐπὶ τούτοις ὑπῆρχεν ἰδεῖν διχρότους καὶ τριχρότους καὶ εἰς ἑπτὰ καὶ εἰς ἐννέα στοίχους, τὰς μὲν πλοΐμους, τὰς δ' ἀποκειμένας ὥσπερ ἐν ταμιείῳ. ὧν εἴ τις ἐβούλετο πλεῖν ἡντινοῦν καθελκύσας, ἐξῆν. ἑτέρων δ' ἐμβόλους χαλκοστόμους, τοὺς μὲν περὶ τοὺς λιμένας, τοὺς δὲ ἐν τοῖς ἄνω τόποις τῆς πόλεως μεμερισμένοις σὺν πολλοῖς καὶ λαμπροῖς τοῖς λαφύροις, τοὺς μὲν ἀπὸ τοῦ Τυρρηνῶν ληστικοῦ, τοὺς δ' ἀπὸ τῶν ἔργων τῶν σὺν Ἀλεξάνδρῳ, τοὺς δ' εἴ ποθεν αὐτῶν ἕκαστος εἰσῆκτο εἰς τὴν πόλιν. τεμένη δὲ θεῶν καὶ ἱερὰ καὶ ἀγάλματα τοσαῦτα μὲν τὸ πλῆθος, τηλικαῦτα δὲ τὸ μέγεθος, τοιαῦτα δὲ τὸ κάλλος, ὥστ' ἄξια εἶναι τῶν ἄλλων ἔργων χαριστήρια, καὶ ὡς μὴ εἶναι διακρῖναι τί τις αὐτῶν μᾶλλον θαυμάσειεν· ὧν γε καὶ ἓν τὸ τυχὸν ἱκανὴν ἑτέρᾳ πόλει φιλοτιμίαν εἶχεν. ἐπὶ δὲ τούτοις εἰκόνας μὲν χαλκᾶς πρὸς ἁπάσας τὰς ἐν τῇ λοιπῇ Ἑλλάδι, γραφὰς δὲ τέχνης πάσης ἄλλας ἀλλαχοῦ τῆς πόλεως ἀνακειμένας, καὶ κόσμους τοὺς μὲν μόνους ὄντας ἐνταῦθα, τοὺς δὲ καλλίστους· καὶ τὴν μὲν ἀκρόπολιν πεδίων καὶ ἀλσῶν μεστήν, τῆς

Empfang geschaffen wäre. Und die am Hafen gelegenen Schiffshäuser, wie zahlreich und wie großartig waren sie, als ihr die Seeherrschaft innehattet. Sie wurden auch nicht geringer während der langen Zeit, und man braucht nicht erst zu mutmaßen, wo sie wohl früher waren, sondern sieht sie mit eignen Augen und staunt darob. Und wenn man die Dächer dieser Schiffshäuser von einer Höhe aus betrachtete, dann hätte man den Eindruck einer hängenden Ebene gehabt. Dazu konnte man noch Kriegsschiffe sehen, zweideckige und dreideckige und bis zu sieben und neun Reihen nebeneinander, die einen fahrtbereit, die anderen gelagert wie in einem Magazin. Wenn man eines von diesen in See stechen lassen wollte, so konnte man es ohne weiteres ins Wasser ziehen und flott machen. Ferner konnte man die erzenen Rammsporne feindlicher Schiffe sehen, einige um die Häfen herum, andere über die höher gelegenen Stadtviertel verteilt, zusammen mit vielen ruhmvollen Beutestücken, die teils aus dem tyrrhenischen Piratenkrieg, teils von den Waffentaten unter Alexander herrührten, teils sonstwoher in die Stadt gebracht worden waren. Sodann gab es Heiligtümer, Tempelbauten und Götterbilder, so reich an Zahl, von solcher Größe und Schönheit, daß sie wahrhaft würdige Dankesgaben für die Taten der Stadt darstellten. Und konnte man denn entscheiden, welches dieser Werke man mehr bewundern sollte? Hätte doch jedes einzelne von ihnen den Ehrgeiz einer anderen Stadt befriedigt. Dazu konnte man noch Standbilder sehen aus Erz, die den Vergleich mit allen anderen in Griechenland aushielten, auch Gemälde verschiedenster Technik, die einen hier, die anderen anderswo in der Stadt geweiht, und Schmuckwerke, von denen es einige nur hier gab, andere

δ' ἄλλης πόλεως οὐδὲν ἕτερον ἑτέρου ὑπερέχον, ἀλλὰ διαρκῆ καὶ ἴσην τὴν κατασκευὴν οὖσαν, ὡς γένοιτ' ἂν οὐ πόλεως, ἀλλὰ μιᾶς οἰκίας. ἀγυιὰς δὲ ἐξ ἀρχῆς εἰς τέλος διηνεκεῖς, ἥκιστα ἀξίας καλεῖσθαι στενωπούς· λαμπρὰν δὲ λαμπρῶς ἀποτεταμένην πανταχῆ τὴν πόλιν. τὸ δὲ ἐπὶ πᾶσι καὶ πρὸ πάντων θαῦμα καὶ ὀφθαλμοῖς κόρον οὐκ ἔχον, τὸν τῶν τειχῶν κύκλον καὶ τῶν ἐγκαταμεμιγμένων πύργων τὸ ὕψος καὶ κάλλος, ἀντὶ λαμπτήρων τοῖς προσπλέουσιν ὄν, ὥστ' εἶναι μόνον τοῖς εἰς Ῥόδον καταίρουσι καὶ προσορῶσι μείζοσιν εὐθὺς τὴν γνώμην γίγνεσθαι. τὸ δὲ πάντων κάλλιστον οὐκ ἀπηρτημένον τὸν κύκλον τοῦτον τῆς ἄλλης πόλεως οὐδὲ κενὸν οὐδὲν ἐν μέσῳ ποιοῦντα, ἀλλὰ προσεχῆ τῆ πόλει, ὥσπερ στέφανον κεφαλῆ περιθέοντα.

Rhod. XLIII 539/40

ΑΙΣΩΠΟΣ

Ἀνήρ τις ἀποδημήσας, εἶτα δὲ πάλιν πρὸς τὴν ἑαυτοῦ γῆν ἐπανελθών, ἄλλα τε πολλὰ ἐν διαφόροις ἠνδραγαθηκέναι χώραις ἐκόμπαζε, καὶ δὴ κἂν τῇ Ῥόδῳ πεπηδηκέναι πήδημα, οἷον οὐδεὶς τῶν ἐπ'

aber die schönsten ihrer Art waren. Und die Akropolis ragte auf, bedeckt von Hainen und freien Flächen, während die übrige Stadt keinerlei Erhebungen aufwies, vielmehr flach und geräumig gebaut war, wie wenn's nicht eine ganze Stadt wäre, sondern eine einzige Bauanlage. Und Straßen gab's, die von einem Ende bis zum anderen gerade verliefen und ganz und gar nicht Gassen genannt werden konnten. Großartig dehnte sich die herrliche Stadt nach allen Seiten hin aus. Und was über allem und vor allem ein wundervoller Anblick und eine rechte Augenweide war, das war der Ring der Stadtmauer und die Schönheit und Größe der Türme, die ihr aufgesetzt waren und die den Heransegelnden gewissermaßen entgegenleuchteten, so daß denen, die auf Rhodos zusteuerten und vom Meere aus darauf blickten, sogleich der Geist erhoben wurde, wie sonst nirgends. Und was das Allerschönste ist, dieser Mauerring war nicht von der übrigen Stadt entfernt und ließ keinerlei leeren Raum dazwischen, sondern schmiegte sich eng an die Stadt an, wie ein Kranz ums Menschenhaupt.

Aelius Aristides (2. Jh. n. Chr.) zugeschrieben. Es folgt eine Schilderung des traurigen Zustandes der Stadt nach dem Erdbeben des Jahres 155.

Hic Rhodus – hic salta!

Einst kehrte ein Mann, der auswärts geweilt hatte, in seine Heimat zurück und rühmte sich, vielerlei Taten an verschiedenen Orten vollbracht zu haben, besonders aber habe er auf Rhodos einen Sprung getan, wie ihn keiner der Zeitgenossen fertigzubringen imstande wäre. Er versicherte

αύτοῦ δυνατὸς ἂν εἴη πηδῆσαι. πρὸς ταῦτα δὲ καὶ μάρτυρας τοὺς ἐκεῖ παρόντας ἔλεγεν ἔχειν. τῶν δὲ παρόντων τις ὑπολαβὼν ἔφη· 'ὦ οὗτος, εἰ ἀληθὲς τοῦτ' ἔστιν, οὐδὲν δεῖ σοι μαρτύρων· ἰδοὺ ἡ 'Ρόδος, ἰδοὺ καὶ τὸ πήδημα.'

Fab. 203 Halm

ΔΑΜΟΞΕΝΟΣ

Νεανίας τις ἐσφαίριζεν εἰς
ἐτῶν ἴσως ἑκκαίδεκ' ἢ ἑπτακαίδεκα,
Κῷος· θεοὺς γὰρ φαίνεθ' ἡ νῆσος φέρειν.
ὃς ἐπεί ποτ' ἐμβλέψειε τοῖς καθημένοις,
ἢ λαμβάνων τὴν σφαῖραν ἢ διδούς, ἅμα
πάντες ἐβοῶμεν·
'ἡ δ' εὐρυθμία, τὸ δ' ἦθος, ἡ τάξις δ' ὅση.'
ἐν τῷ τι πράττειν ἢ λέγειν ἐφαίνετο
τέρας τι κάλλους, ἄνδρες· οὔτ' ἀκήκοα
ἔμπροσθεν οὔθ' ἑόρακα τοιαύτην χάριν.
κακὸν ἄν τι μεῖζον ἔλαβον, εἰ πλείω χρόνον
ἔμεινα· καὶ νῦν δ' οὐχ ὑγιαίνειν μοι δοκῶ.

Athenaeus 15 B Kaib.

ΙΩΑΝΝΗΣ

'Εγὼ 'Ιωάννης, ὁ ἀδελφὸς ὑμῶν καὶ συνκοινωνὸς ἐν τῇ θλίψει καὶ βασιλείᾳ καὶ ὑπομονῇ ἐν 'Ιησοῦ, ἐγενόμην ἐν τῇ νήσῳ τῇ καλουμένῃ Πάτμῳ διὰ τὸν λόγον τοῦ θεοῦ καὶ τὴν μαρτυρίαν 'Ιησοῦ. ἐγενόμην ἐν πνεύματι ἐν τῇ κυριακῇ ἡμέρᾳ, καὶ ἤκουσα ὀπίσω μου φωνὴν μεγάλην ὡς σάλπιγγος λεγούσης· 'Εγώ εἰμι τὸ

auch, er habe hierfür als Zeugen diejenigen, die dort dabei gewesen wären. Von den Herumstehenden erwiderte aber einer: „Du, wenn das wahr ist, so brauchst du keine Zeugen. Hier ist Rhodos, hier sollst du auch springen!"
Äsopische Fabel.

Ein Ephebe von der Insel Kos

Ein Jüngling spielte dort mit einem Ball,
Er zählte wohl sechszehn, siebzehn Lenze nur, von Kos
Gebürtig: Götter bringt dies Land hervor, so scheint's!
Als er die Blicke wandt' zu uns, die wir herum
Dort saßen, und als er fing den Ball und wieder warf,
Da riefen wir allzumal: „Wie schön doch dieser Schwung
Die Glieder, welche Haltung, welch ein Ebenmaß!"
In seinem Tun und Reden schien er uns fürwahr
Ein Schönheitswunder, Freunde! Niemals je zuvor
Vernahm ich oder sah ich solch ein Anmutsspiel.
Ein Unheil hätte ich mir zugezogen, wenn ich dort
Noch länger wär' geblieben, jetzt noch tut's mir weh.
Damoxenos, Dichter der jüngeren Komödie, um 300 v. Chr.

Offenbarung auf Patmos

Ich, Johannes, der auch euer Bruder und Mitgenosse an der Trübsal ist und am Reich und an der Geduld Jesu Christi, war auf der Insel, die da heißt Patmos, um des Wortes Gottes willen und des Zeugnisses Jesu Christi. Ich war im Geist an des Herrn Tag und hörte hinter mir eine große Stimme wie eine Posaune, die sprach: Ich bin das A

Α καί τό Ω, ό πρῶτος καί ό ἔσχατος, καί ὃ βλέπεις γράψον εἰς βιβλίον καί πέμψον ταῖς ἑπτά ἐκκλησίαις.

Apokalypsis I 9-11

ΟΜΗΡΟΥ ΥΜΝΟΣ

Αἰδοίην χρυσοστέφανον καλὴν Ἀφροδίτην
ᾄσομαι, ἣ πάσης Κύπρου κρήδεμνα λέλογχεν
εἰναλίης, ὅθι μιν Ζεφύρου μένος ὑγρὸν ἀέντος
ἤνεικεν κατὰ κῦμα πολυφλοίσβοιο θαλάσσης
ἀφρῷ ἔνι μαλακῷ.

VI 1-5

POMPONIUS MELA

In sinu quem maximum Asia recepit prope media Cypros, ad ortum occasumque recto iugo se inmittens, inter Ciliciam Syriasque porrigitur, ingens, ut quae aliquando novem regna ceperit et nunc aliquot urbes ferat, quarum clarissima Salamis, Paphos et quo primum ex mari Venerem egressam accolae adfirmant Palaeopaphos.

II 102

ΣΤΡΑΒΩΝ

Διάκειται μὲν οὕτως ἡ Κύπρος τῇ θέσει. κατ' ἀρετὴν δ' οὐδεμιᾶς τῶν νήσων λείπεται· καὶ γὰρ εὔοινός

und das O, der Erste und der Letzte; und was du siehest, das schreibe in ein Buch und sende es zu den sieben Gemeinden in Asien.

Johannes, um 100 n. Chr. Luther

Insel der Aphrodite

Singen will ich von Aphrodite, der Züchtigen, Schönen, golden Bekränzten. Das meerumflossene Kypros ward
            ganz ihr,
samt seinen Zinnen, verliehn. In schmiegsamen Schäumen
             entführt sie
Zephirs, des feuchten Brausers, Kraft auf der Woge des rauschenden Meeres. [immer

Homerischer Hymnus an Aphrodite, vorklassisch. A. Weiher

Lage und Größe

Ungefähr in der Mitte des Meerbusens, der am stärksten gegen das asiatische Festland vorspringt, liegt die Insel Zypern, mit einem Gebirgskamm, der sich nach Osten und Westen geradlinig erstreckt, und so schiebt sie sich vor gegen den Winkel zwischen Kilikien und Syrien; ungeheuer groß ist sie, so daß sie einst neun Königreiche umfassen konnte und heute eine ganze Anzahl von Städten aufweist; die berühmtesten sind Salamis, Paphos und Altpaphos, die Stätte, an der nach der Ortssage die Venus dem Meere entstieg.

Pomponius Mela, 1. Jh. n. Chr.

Reichtum des Landes

So also ist die Lage der Insel. Was ihren Wert anlangt, so steht sie keiner Insel nach. Sie hat nämlich guten Wein

ἐστι καὶ εὐέλαιος σίτῳ τε αὐτάρκει χρῆται· μέταλλά τε χαλκοῦ ἐστιν ἄφθονα τὰ ἐν Ταμασσῷ, ἐν οἷς τὸ χαλκανθὲς γίνεται καὶ ὁ ἰὸς τοῦ χαλκοῦ, πρὸς τὰς ἰατρικὰς δυνάμεις χρήσιμα. φησὶ δ' Ἐρατοσθένης τὸ παλαιὸν ὑλομανούντων τῶν πεδίων, ὥστε κατέχεσθαι δρυμοῖς καὶ μὴ γεωργεῖσθαι, μικρὰ μὲν ἐπωφελεῖν πρὸς τοῦτο τὰ μέταλλα, δενδροτομούντων πρὸς τὴν καῦσιν τοῦ χαλκοῦ καὶ τοῦ ἀργύρου, προσγενέσθαι δὲ καὶ τὴν ναυπηγίαν τῶν στόλων ἤδη πλεομένης ἀδεῶς τῆς θαλάττης καὶ μετὰ δυνάμεων.

XIV 684

ΟΜΗΡΟΣ

Κρήτη τις γαῖ' ἔστι, μέσῳ ἐνὶ οἴνοπι πόντῳ,
καλὴ καὶ πίειρα, περίρρυτος· ἐν δ' ἄνθρωποι
πολλοί, ἀπειρέσιοι, καὶ ἐννήκοντα πόληες·
ἄλλη δ' ἄλλων γλῶσσα μεμιγμένη· ἐν μὲν Ἀχαιοί,
ἐν δ' Ἐτεόκρητες μεγαλήτορες, ἐν δὲ Κύδωνες,
Δωριέες τε τριχάϊκες δῖοί τε Πελασγοί·
τῇσι δ' ἐνὶ Κνωσός, μεγάλη πόλις, ἔνθα τε Μίνως
ἐννέωρος βασίλευε Διὸς μεγάλου ὀαριστής.

Odyss. XIX 172-179

ΟΜΗΡΟΣ

Ἔστι δέ τις λισσὴ αἰπεῖά τε εἰς ἅλα πέτρη
ἐσχατιῇ Γόρτυνος, ἐν ἠεροειδέϊ πόντῳ,

und gutes Öl und versorgt sich selber mit Getreide. Die Kupfererzgruben bei Tamassos sind sehr ergiebig; dort wird auch Kupfersulfat gewonnen und Grünspan: beides wird für die Herstellung von Heilmitteln verwendet. Eratosthenes schreibt, die Ebenen seien in alter Zeit dicht überwuchert gewesen, so daß sie vor lauter Wäldern nicht beackert werden konnten. Ein wenig hätten hiergegen die Bergwerke geholfen, da man die Bäume abgeschlagen habe, um das Kupfer und das Silber zu verhütten; hinzugekommen wäre noch der Flottenbau, als man habe wagen können, das Meer mit Seestreitkräften zu befahren.

Strabon, um die Zeitwende.

Kreta

Kreta ist ein Land inmitten des weinroten Meeres,
Schön und ertragreich und wellenumflutet; es leben dort
                                    Menschen
Viele, ja grenzenlos viele in neunzig Städten, doch jede
Spricht eine andere Sprache. Es ist ein Gemisch; denn
                                    Achaier
Finden sich dort und hochbeherzte Eteokreter,
Dorer mit fliegenden Haaren, Kydonen und hehre Peslasger.
Unter den Städten ist Knosos, die große, und Minos als
                                    König
Pflegte mit Zeus, dem Gewaltigen, Rat, je neun volle Jahre.

Homer   A. Weiher

An der Südküste

Dort ist ein glatter Fels, der steil sich hebt aus der Salzflut,
Grad am Rande vor Gortyn im dunstigen Meer, wo der
                                    Südwind

ἔνθα Νότος μέγα κῦμα ποτὶ σκαιὸν ῥίον ὠθεῖ,
ἐς Φαιστόν, μικρὸς δὲ λίθος μέγα κῦμ' ἀποέργει.

Odyss. III 293-296

ΣΤΡΑΒΩΝ

Ἔστι δὲ ὀρεινὴ καὶ δασεῖα ἡ νῆσος, ἔχει δ' αὐλῶνας εὐκάρπους. τῶν ὀρῶν τὰ μὲν πρὸς δύσιν καλεῖται Λευκά, οὐ λειπόμενα τοῦ Ταϋγέτου κατὰ τὸ ὕψος, ἐπὶ τὸ μῆκος δ' ἐκτεταμένα ὅσον τριακοσίων σταδίων, καὶ ποιοῦντα ῥάχιν, τελευτῶσάν πως ἐπὶ τὰ στενά. ἐν μέσῳ δ' ἐστὶ κατὰ τὸ εὐρυχωρότατον τῆς νήσου τὸ Ἰδαῖον ὅρος, ὑψηλότατον τῶν ἐκεῖ, περιφερὲς δ' ἐν κύκλῳ σταδίων ἑξακοσίων· περιοικεῖται δ' ὑπὸ τῶν ἀρίστων πόλεων.

X 475

ΣΤΡΑΒΩΝ

Πόλεις δ' εἰσὶν ἐν τῇ Κρήτῃ πλείους μέν, μέγισται δὲ καὶ ἐπιφανέσταται τρεῖς, Κνωσσός, Γόρτυνα, Κυδωνία. διαφερόντως δὲ τὴν Κνωσσὸν καὶ Ὅμηρος ὑμνεῖ, μεγάλην καλῶν καὶ βασίλειον τοῦ Μίνω, καὶ οἱ ὕστερον. καὶ δὴ καὶ διετέλεσε μέχρι πολλοῦ φερομένη τὰ πρῶτα, εἶτα ἐταπεινώθη καὶ πολλὰ τῶν νομίμων ἀφῃρέθη, μετέστη δὲ τὸ ἀξίωμα εἴς τε Γόρτυναν καὶ Λύκτον,

Mächtige Wogen nach links hindrängt ans gebirgige Ufer,
Phaistos zu, wo ein kleinerer Stein auch mächtige Wogen
Abhält.

Homer A. Weiher

Bergiges Land

Die Insel ist gebirgig und waldreich, sie hat aber fruchtbare Täler. Von den Gebirgsstöcken heißt der westliche Leuka *(die Weißen Berge);* an Höhe steht er dem Taygetos nicht nach; er zieht sich ungefähr 300 Stadien in die Länge und bildet einen Kamm, der etwa bei der schmalsten Stelle der Insel endigt. In der Mitte, dem breitesten Teil der Insel, erhebt sich der Ida, der höchste der dortigen Berge; er hat einen Umfang von 600 Stadien. Rundherum liegen die bedeutendsten Städte.

Strabon, um die Zeitwende. Die Höhe der Leuka beträgt 2452 m, des Ida 2456 m (Taygetos: 2407 m).

Kretische Städte

Städte gibt es auf Kreta nicht wenige, die größten und berühmtesten sind drei: Knossos, Gortyna, Kydonia. Ganz besonders wird Knossos gepriesen, sowohl von Homer, der die Stadt groß nennt und als Königssitz des Minos bezeichnet, wie auch von den Späteren. Tatsächlich behauptete die Stadt lange Zeit die erste Stelle. Später sank sie herab und büßte viele ihrer überlieferten Vorrechte ein. Ihr Ansehen aber ging auf Gortyn und Lyktos über, später gewann

ύστερον δ' άνέλαβε πάλιν το παλαιόν σχήμα το της μητροπόλεως. έχει δ' έπίνειον το Ήράκλειον ή Κνωσσός.

X 476

ΠΛΑΤΩΝ

ΑΘΗΝΑΙΟΣ· Πάντως δ' ή γε έκ Κνωσού όδος εις το του Διος άντρον και ιερόν, ώς άκούομεν, ικανή, και άνάπαυλαι κατά την όδόν, ώς εικός, πνίγους όντος τά νυν, έν τοις υψηλοις δένδρεσίν είσι σκιαραί, και ταις ηλικίαις πρέπον άν ημών είη το διαναπαύεσθαι πυκνά έν αύταις, λόγοις τε άλλήλους παραμυθουμένους την όδον άπασαν ούτω μετά ραστώνης διαπεράναι.
ΚΛΕΙΝΙΑΣ ΚΡΗΣ· Και μην έστιν γε, ώ ξένε, προϊόντι κυπαρίττων τε έν τοις άλσεσιν ύψη και κάλλη θαυμάσια, και λειμώνες έν οίσιν άναπαυόμενοι διατρίβοιμεν άν.

Nom. I 625 B

ΚΑΛΛΙΜΑΧΟΣ

Πώς καί μιν, Δικταιον άείσομεν ήέ Λυκαιον;

έν δοιή μάλα θυμός, έπει γένος άμφήριστον.

Ζεύ, σέ μέν Ίδαίοισιν έν ούρεσί φασι γενέσθαι,

Ζεύ, σέ δ' έν Άρκαδίη· πότεροι, πάτερ, έψεύσαντο;

sie ihren alten Rang als Hauptstadt wieder. Als Hafenort besitzt sie Herakleion.

Strabon, um die Zeitwende. Der von englischen Archäologen ausgegrabene minoische Palast von Knossos (mit dem dazugehörigen Museum in Herakleion) gehört zu den bedeutendsten Sehenswürdigkeiten Griechenlands. Gortyn zeigt eine berühmte altdorische Gesetzesinschrift und Ruinen römischer Zeit.

Auf dem Wege zur Zeusgrotte

Athener: So ist denn wohl der Weg von Knossos zur Grotte und zum Heiligtum des Zeus lang genug. Auch werden wir, denk' ich, unterwegs, was bei der jetzigen Hitze guttut, schattige Erholungsplätze unter hohen Bäumen finden. Unserem vorgerückten Alter wird es entsprechen, daß wir uns dort oft erholen und diesen ganzen Weg mit Bequemlichkeit zurücklegen, während wir unser Gespräch führen.

Kleinias, der Kreter: Wahrlich, o Fremdling, man trifft auf diesem Wege in den Hainen Zypressen von wunderbarer Höhe und Schönheit und auch Wiesen, auf denen wir uns weidlich ausruhen können.

Platon, 4. Jh. v. Chr. Aus der Einleitung zu seinem Alterswerk „Die Gesetze".

Wo kam Zeus auf die Welt?

Soll ihn mein Lied als Diktäer nun preisen oder Lykäer?
Zwiefältig schwankt mir der Sinn, denn seine Geburt ist
                                 umstritten.
Zeus! Bald sagt man, du seist auf den Höhen des Ida ge-
                                 boren,
Bald in Arkadien, Zeus! Wer lügt nun von beiden, o
                                 Vater?

'Κρῆτες ἀεὶ ψεῦσται'· καὶ γὰρ τάφον, ὦ ἄνα, σεῖο

Κρῆτες ἐτεκτήναντο· σὺ δ' οὐ θάνες, ἐσσὶ γὰρ αἰεί.

Hymn. I 4–9

ΠΑΥΛΟΣ

Εἴπέν τις ἐξ αὐτῶν, ἴδιος αὐτῶν προφήτης·
Κρῆτες ἀεὶ ψεῦσται, κακὰ θηρία, γαστέρες ἀργαί.

Nov. Test. Ep. ad Tit. I 12

ΟΜΗΡΟΣ

Ναιετάω δ' Ἰθάκην εὐδείελον· ἐν δ' ὄρος αὐτῇ,
Νήριτον εἰνοσίφυλλον ἀριπρεπές· ἀμφὶ δὲ νῆσοι
πολλαὶ ναιετάουσι μάλα σχεδὸν ἀλλήλῃσι,
Δουλίχιόν τε Σάμη τε καὶ ὑλήεσσα Ζάκυνθος.
αὐτὴ δὲ χθαμαλὴ πανυπερτάτη εἰν ἁλὶ κεῖται
πρὸς ζόφον, αἱ δέ τ' ἄνευθε πρὸς ἠῶ τ' ἠέλιόν τε,
τρηχεῖ', ἀλλ' ἀγαθὴ κουροτρόφος· οὔ τοι ἐγώ γε
ἧς γαίης δύναμαι γλυκερώτερον ἄλλο ἰδέσθαι.

Odyss. IX 21–28

„Kreter sind immer Lügner!" Ein Grab selbst haben,
o Herrscher,
Kreter für dich errichtet. Doch du starbst nie, du bist
ewig!
Kallimachos, 3. Jh. v. Chr. F. Boehm
Auf dem kretischen Ida soll Zeus geboren und auf dem kretischen Dikte-Berge aufgezogen worden sein. Als Geburtsstätte wurde außerdem noch der Berg Lykaion in Arkadien genannt.

Die Kreter sind Lügner

Es hat einer aus ihnen gesagt, ihr eigner Prophet: Die Kreter sind immer Lügner, böse Tiere und faule Bäuche.
Apostel Paulus, 1. Jh. n. Chr. Luther
Paulus schreibt an Titus, den er auf Kreta als Bischof zurückgelassen hat. Der kretische Prophet ist Epimenides 6. Jh. v. Chr.

Das Reich des Odysseus

Ithaka ist mein Besitz, man sieht es von weitem; gar herrlich
Ragt dort und rüttelt den Laubwald Neritons Gipfel.
Im Umkreis
Liegen noch Inseln in Menge und nah beieinander; ich nenne
Same, Dulichion, nenne Zakynthos, das voll ist von Wäl-
dern.
Ithaka selbst liegt niedrig im Meer und am weitesten
westlich;
Abseits liegen die andern nach Osten und Süden; es ist wohl
Rauh, doch nährt es gar treffliche Jugend. Es gibt keinen
Anblick,
Den ich an Süße vergleiche mit jenem der eigenen Heimat.
Homer A. Weiher

ΟΜΗΡΟΣ

Φόρκυνος δέ τίς ἐστι λιμήν, ἁλίοιο γέροντος,
ἐν δήμῳ Ἰθάκης· δύο δὲ προβλῆτες ἐν αὐτῷ
ἀκταὶ ἀπορρῶγες, λιμένος ποτιπεπτηυῖαι,
αἵ τ' ἀνέμων σκεπόωσι δυσαήων μέγα κῦμα
ἔκτοθεν· ἔντοσθεν δέ τ' ἄνευ δεσμοῖο μένουσι
νῆες ἐΰσσελμοι, ὅτ' ἂν ὅρμου μέτρον ἵκωνται.
αὐτὰρ ἐπὶ κρατὸς λιμένος τανύφυλλος ἐλαίη,
ἀγχόθι δ' αὐτῆς ἄντρον ἐπήρατον ἠεροειδές,
ἱρὸν νυμφάων αἳ νηϊάδες καλέονται.

Odyss. XIII 96–104

VERGILIUS

Iam medio apparet fluctu nemorosa Zacynthos
Dulichiumque Sameque et Neritos ardua saxis.
effugimus scopulos Ithacae, Laertia regna,
et terram altricem saevi exsecramur Ulixi.
mox et Leucatae nimbosa cacumina montis
et formidatus nautis aperitur Apollo.

Aeneis III 270–75

JONISCHE INSELN

Der Phorkys-Hafen

Dort ist der Hafen des Phorkys, des Alten vom Meere, im Volke
Ithakas. Letzte Zacken der Berge springen an beiden
Ufern noch vor und senken zum Hafen sich nieder. Sie lassen
Starkes Gewoge von außen nicht ein, auch bei widrigen Winden.
Drinnen indessen warten die Schiffe mit trefflichen Borden
Ohne Taue, sobald sie die Lände erreichen. Ein Ölbaum,
Reich an länglichen Blättern, bezeichnet das Ende des Hafens.
Ganz in der Nähe liegt eine luftige, reizende Grotte.
Nymphen ist sie geweiht, man nennt sie mit Namen Naiaden.

Homer A. Weiher
Ein Naturhafen dieser Art ist an der Südküste von Leukas zu finden.

Reise an den Inseln vorbei

Waldreich zeigt sich mitten im Meer die Insel Zakynthos,
dort liegt Dulichion, Same und Néritos, ragend mit Felsen.
Ithakas Klippen entfliehen wir schnell, dem Reich des Laërtes,
und wir fluchen dem Land, das den grausen Ulixes ernährte.
Sichtbar werden auch bald Leukátes wolkenumwogte
Gipfel, es zeigt sich Apollo bald, der Schrecken der Schiffer.

Vergil, 1. Jh. v. Chr. J. Götte
Vorbeifahrt des Aeneas und der Seinigen an der Heimat ihrer Feinde.

ΣΤΡΑΒΩΝ

Ἔχει δὲ τὸ τοῦ Λευκάτα Ἀπόλλωνος ἱερὸν καὶ τὸ ἅλμα, τὸ τοὺς ἔρωτας παύειν πεπιστευμένον· 'οὗ δὴ λέγεται πρώτη Σαπφώ', ὥς φησιν ὁ Μένανδρος, 'τὸν ὑπέρκομπον θηρῶσα Φάων' οἰστρῶντι πόθῳ ῥῖψαι πέτρας ἀπὸ τηλεφανοῦς ἅλμα κατ' εὐχὴν σήν, δέσποτ' ἄναξ.'

X 452

ΣΤΡΑΒΩΝ

Κορίνθιοι δὲ πεμφθέντες ὑπὸ Κυψέλου καὶ Γόργου ταύτην τε κατέσχον τὴν ἀκτὴν καὶ μέχρι τοῦ Ἀμβρακικοῦ κόλπου προῆλθον καὶ τῆς χερρονήσου διορύξαντες τὸν ἰσθμὸν ἐποίησαν νῆσον τὴν Λευκάδα καὶ μετενέγκαντες τὴν Νήρικον ἐπὶ τὸν τόπον, ὃς ἦν ποτὲ μὲν ἰσθμός, νῦν δὲ πορθμὸς γεφύρᾳ ζευκτός, μετωνόμασαν Λευκάδα ἐπώνυμον, δοκῶ μοι, τοῦ Λευκάτα· πέτρα γάρ ἐστι λευκὴ τὴν χρόαν, προχειμένη τῆς Λευκάδος εἰς τὸ πέλαγος καὶ τὴν Κεφαλληνίαν, ὡς ἐντεῦθεν τοὔνομα λαβεῖν.

X 452

CICERO

Nos a te, ut scis, discessimus a. d. III Non. Nov. Leucadem venimus a. d. VIII Id. Nov., a. d. VII Actium. ibi propter

Sappho-Sprung

Es besitzt aber die Insel das Heiligtum des Apollon Leukatas und *daneben* den „Sprung", von dem es heißt, daß er die Liebe stille. „Dort soll", wie Menander sagt, „als erste Sappho hinabgesprungen sein, als sie in Liebesglut dem stolzen Phaon jagte nach, hinab vom weithin sichtbaren Fels, nicht ohne ein Gebet zu dir, du großer Herr Apoll."

Strabon, um die Zeitwende. Menander, ein Komödiendichter um 300 v. Chr. Diese Legende lieferte den Vorwurf zu Grillparzers Tragödie „Sappho".

Leukas

Die Korinther, die von Kypselos und Gorgos (7. Jh. v. Chr.) ausgesandt waren, besetzten jenen Küstenstrich und drangen bis zum Ambrakischen Golf vor. Indem sie die Landenge der Halbinsel durchstachen, machten sie Leukas erst zu einer Insel. Den einstigen Namen Nerikos beschränkten sie auf jenes Gelände, das einst eine Landenge war, jetzt aber eine überbrückte Meerenge ist, und veränderten den Namen in Leukas. Wie mir scheint, ist das eine Ableitung vom Kap Leukatas. Es ist dies ein Felsen von weißlicher Farbe, der von Leukas aus in Richtung auf Kephallenia ins Meer vorragt, und dieser wiederum hat den Namen von seiner Farbe.

Strabon, um die Zeitwende.

Seefahrt vor den Jonischen Inseln

Wir haben uns, wie Du weißt, am 2. November von Dir getrennt. Am 6. sind wir in Leucas angekommen, am 7. in

tempestatem a. d. VI Id. morati sumus. inde a. d. V Id.
Corcyram bellissime navigavimus. Corcyrae fuimus usque
ad a. d. XVI K. Dec. tempestatibus retenti. a. d. XV K. in
portum Corcyraeorum ad Cassiopen stadia CXX processi-
mus. ibi retenti ventis sumus usque ad a. d. VIIII K.. interea
qui cupide profecti sunt, multi naufragia fecerunt. nos eo
die cenati solvimus; inde austro lenissimo caelo sereno nocte
illa et die postero in Italiam ad Hydruntem ludibundi per-
venimus eodemque vento postridie (id erat a. d. VII K.
Dec.) hora IIII Brundisium venimus.

Ad. fam. XVI 9

ΠΛΟΥΤΑΡΧΟΣ

Οὗτος ἔφη ποτὲ πλέων εἰς Ἰταλίαν ἐπιβῆναι νεὼς ἐμπορικὰ χρήματα καὶ συχνοὺς ἐπιβάτας ἀγούσης· ἑσπέρας δ' ἤδη περὶ τὰς Ἐχινάδας νήσους ἀποσβῆναι τὸ πνεῦμα, καὶ τὴν ναῦν διαφερομένην πλησίον γενέσθαι Παξῶν· ἐγρηγορέναι δὲ τοὺς πλείστους, πολλοὺς δὲ καὶ πίνειν ἔτι δεδειπνηκότας· ἐξαίφνης δὲ φωνὴν ἀπὸ τῆς νήσου τῶν Παξῶν ἀκουσθῆναι, Θαμοῦν τινος βοῇ καλοῦντος ὥστε θαυμάζειν. ὁ δὲ Θαμοῦς Αἰγύπτιος ἦν κυβερνήτης οὐδὲ τῶν ἐμπλεόντων γνώριμος πολλοῖς ἀπ' ὀνόματος. δὶς μὲν οὖν κληθέντα σιωπῆσαι, τὸ

Actium. Dort mußten wir am 8. bleiben, weil es stürmte. Am 9. sind wir von dort nach Corcyra gesegelt und hatten eine herrliche Fahrt. In Corcyra sind wir bis zum 15. geblieben; das stürmische Wetter hielt uns fest. Am 16. sind wir 120 Stadien bis nach Cassiope, dem Hafen von Corcyra, weitergefahren. Dort hielt uns der Wind bis zum 22. fest. Inzwischen haben viele Leute, die die Zeit nicht abwarten konnten, Schiffbruch erlitten. Wir sind an dem genannten Tage nach dem Essen abgefahren und bei ganz leichtem Südwind und heiterem Wetter während der Nacht und des folgenden Tages spielend nach Italien in die Gegend von Hydrus gelangt und mit derselben Brise tags darauf, also am 24., um die vierte Stunde in Brundisium eingetroffen.
Cicero, 1. Jh. v. Chr. H. Kasten

Der große Pan ist tot

Dieser *Epitherses*, ein *Lehrer der Philologie*, wollte einstmals, wie er erzählte, nach Italien reisen und begab sich zu dem Ende auf ein Schiff, welches außer einer Menge Kaufmannswaren noch viele Reisende an Bord hatte. Gegen Abend, da sie auf der Höhe der Echinadischen Inseln waren, bekamen sie eine gänzliche Windstille, und das Schiff wurde von den Strömen bis nah an die Inseln Paxoi getrieben. Die meisten im Schiffe waren noch munter, und viele saßen nach dem Abendessen noch beim Trunke, als man auf einmal von der Küste jener Inseln her eine Stimme hörte, die Thamus

δὲ τρίτον ὑπακοῦσαι τῷ καλοῦντι· κἀκεῖνον ἐπιτείνοντα τὴν φωνὴν εἰπεῖν 'ὁπόταν γένῃ κατὰ τὸ Παλῶδες, ἀπάγγειλον ὅτι Πὰν ὁ μέγας τέθνηκε'. τοῦτ' ἀκούσαντας ὁ Ἐπιθέρσης ἔφη πάντας ἐκπλαγῆναι καὶ διδόντων ἑαυτοῖς λόγον εἴτε ποιῆσαι βέλτιον εἴη τὸ προστεταγμένον εἴτε μὴ πολυπραγμονεῖν ἀλλ' ἐᾶν, οὕτως γνῶναι τὸν Θαμοῦν, εἰ μὲν εἴη πνεῦμα, παραπλεῖν ἡσυχίαν ἔχοντα, νηνεμίας δὲ καὶ γαλήνης περὶ τὸν τόπον γενομένης ἀνειπεῖν ὃ ἤκουσεν. ὡς οὖν ἐγένετο κατὰ τὸ Παλῶδες, οὔτε πνεύματος ὄντος οὔτε κλύδωνος, ἐκ πρύμνης βλέποντα τὸν Θαμοῦν πρὸς τὴν γῆν εἰπεῖν, ὥσπερ ἤκουσεν, ὅτι 'ὁ μέγας Πὰν τέθνηκεν'. οὐ φθῆναι δὲ παυσάμενον αὐτὸν καὶ γενέσθαι μέγαν οὐχ ἑνὸς ἀλλὰ πολλῶν στεναγμὸν ἅμα θαυμασμῷ μεμιγμένον.

De def. orac. 419 b–d

ΟΜΗΡΟΣ

Τὸν δ' ἐς Δωδώνην φάτο βήμεναι, ὄφρα θεοῖο
ἐκ δρυὸς ὑψικόμοιο Διὸς βουλὴν ἐπακούσῃ.

Odyss. XIV 327 f

rief, so laut, daß sich alle darüber verwunderten. Dieser Thamus war ein Ägypter und Steuermann des Schiffes, aber nur wenige kannten ihn dem Namen nach. Auf zweimaliges Rufen schwieg derselbe stille; beim drittenmal antwortete er, worauf denn der Rufende mit angestrengter Stimme sagte: „Wenn du auf die Höhe von Palodes kommst, so verkündige, daß der große Pan gestorben ist." Alle, die dies hörten, erschraken darüber und überlegten untereinander, ob man diesen Auftrag ausrichten oder sich lieber gar nicht damit befassen sollte. Thamus erklärte jedoch, daß er, wenn in dieser Gegend der Wind ginge, stillschweigend vorbeifahren, wenn es aber Windstille und spiegelnde See sein würde, das, was er jetzt gehört, verkündigen wolle. Wie nun das Schiff auf die Höhe des Palodes kam und Wind und Meer daselbst ungemein ruhig waren, rief Thamus vom Heck des Schiffes nach dem Lande hin, wie er es vernommen hatte: „Der große Pan ist gestorben." Kaum hatte er diese Worte geendigt, als sich am Ufer ein lautes, mit Verwunderung vermischtes Seufzen, nicht etwa nur von einer einzigen, sondern von sehr vielen Personen hören ließ.

Plutarch, um 100 n. Chr. J. F. S. Kaltwasser
Dieses soll sich unter der Regierung des Kaisers Tiberius begeben haben.

Dodona

Noch sei er fort in Dodona; aus hochbewipfelter Eiche
Spricht dort Zeus, der Gott, dessen Rat er zu hören verlange.

Homer A. Weiher

ΗΣΙΟΔΟΣ

Ἔστι τις Ἑλλοπίη πολυλήιος ἠδ' εὐλείμων,
ἀφνειὴ μήλοισι καὶ εἰλιπόδεσσι βόεσσιν·
ἐν δ' ἄνδρες ναίουσι πολύρρηνες πολυβοῦται
πολλοὶ ἀπειρέσιοι, φῦλα θνητῶν ἀνθρώπων·
ἔνθα δὲ Δωδώνη τις ἐπ' ἐσχατιῇ πεπόλισται·
τὴν δὲ Ζεὺς ἐφίλησε καὶ ὃν χρηστήριον εἶναι
τίμιον ἀνθρώποις...

Fr. 134 Rzach

ΣΤΡΑΒΩΝ

Τότε μὲν οὖν, ὡς εἶπον, καίπερ οὖσα τραχεῖα καὶ ὀρῶν πλήρης, ὅμως εὐάνδρει ἥ τε Ἤπειρος πᾶσα καὶ ἡ Ἰλλυρίς· νῦν δὲ τὰ πολλὰ μὲν ἐρημία κατέχει, τὰ δ' οἰκούμενα κωμηδὸν καὶ ἐν ἐρειπίοις λείπεται. ἐκλέλοιπε δέ πως καὶ τὸ μαντεῖον τὸ ἐν Δωδώνῃ, καθάπερ τἆλλα.

VII 327

ΗΡΟΔΟΤΟΣ

Τὴν δὲ Θεσσαλίην λόγος ἐστὶ τὸ παλαιὸν εἶναι λίμνην, ὥστε γε συγκεκληιμένην πάντοθεν ὑπερμήκεσι ὄρεσι. τὰ μὲν γὰρ αὐτῆς πρὸς τὴν ἠῶ ἔχοντα τό τε

Entlegenes Land

Ein Hellopien gibt es, mit vielen Feldern und Wiesen,
Reich an Schafen und reich an schleppend wandelnden
    Rindern.
Männer bewohnen das Land, begütert an Kleinvieh und
    Großvieh,
Unermeßlich an Zahl, aus sterblicher Menschen Ge-
    schlechte.
Dort liegt Dodona, erbaut an des Landes äußerster Grenze.
Lieb war Zeus diese Stätte, und dort – so fügt' es sein
    Wille –
Ward sein Orakel errichtet, ein kostbar Gut für die Men-
    schen.

Hesiod, 7. Jh. v. Chr. F. Boehm

Niedergang

Damals also waren, wie ich schon sagte, ganz Epirus und Illyrien trotz ihres rauhen und gebirgigen Charakters reich bevölkert. Jetzt aber liegt Einsamkeit über dem größten Teil des Landes, und die Gebiete, die noch bewohnt sind, weisen nur Dörfer auf und Trümmer. Auch die Bedeutung des Orakels von Dodona ist, wie die der übrigen, zurückgegangen.

Strabon, um die Zeitwende.

Die Landschaft und ihre Entstehung

Von Thessalien erzählt man, es sei in alten Zeiten ein See gewesen, ringsum von himmelhohen Bergen eingeschlossen. Seine Ostseite wird vom Pelion und Ossa begrenzt, die ein gemeinsames Vorland haben, der Norden vom Olym-

Πήλιον όρος καὶ ἡ Ὄσσα ἀποκληίει συμμίσγοντα τὰς ὑπωρέας ἀλλήλοισι, τὰ δὲ πρὸς βορέω ἀνέμου Ὄλυμπος, τὰ δὲ πρὸς ἑσπέρην Πίνδος, τὰ δὲ πρὸς μεσαμβρίην τε καὶ ἄνεμον νότον ἡ Ὄθρυς· τὸ μέσον δὲ τούτων τῶν λεχθέντων ὀρέων ἡ Θεσσαλίη ἐστὶ ἐοῦσα κοίλη. ὥστε ὦν ποταμῶν ἐς αὐτὴν καὶ ἄλλων συχνῶν ἐσβαλλόντων, πέντε δὲ τῶν δοκίμων μάλιστα τῶνδε, Πηνειοῦ καὶ Ἀπιδανοῦ καὶ Ὀνοχώνου καὶ Ἐνιπέος καὶ Παμίσου, οἱ μέν νυν ἐς τὸ πεδίον τοῦτο συλλεγόμενοι ἐκ τῶν ὀρέων τῶν περικληιόντων τὴν Θεσσαλίην ὀνομαζόμενοι δι' ἑνὸς αὐλῶνος καὶ τούτου στεινοῦ ἔκροον ἔχουσι ἐς θάλασσαν, προσυμμίσγοντες τὸ ὕδωρ πάντες ἐς τὠυτό. ἐπεὰν δὲ συμμιχθέωσι τάχιστα, ἐνθεῦτεν ἤδη ὁ Πηνειὸς τῷ οὐνόματι κατακρατέων ἀνωνύμους τοὺς ἄλλους εἶναι ποιέει. τὸ δὲ παλαιὸν λέγεται, οὐκ ἐόντος κω τοῦ αὐλῶνος καὶ διεκρόου τούτου, τοὺς ποταμοὺς τούτους καὶ πρὸς τοῖσι ποταμοῖσι τούτοισι τὴν Βοιβηίδα λίμνην οὔτε ὀνομάζεσθαι κατά περ νῦν, ῥέειν τε οὐδὲν ἧσσον ἢ νῦν, ῥέοντας δὲ ποιέειν τὴν Θεσσαλίην πᾶσαν πέλαγος. αὐτοὶ μέν νυν Θεσσαλοί φασι Ποσειδέωνα ποιῆσαι τὸν αὐλῶνα δι' οὗ ῥέει ὁ Πηνειός, οἰκότα λέγοντες. ὅστις γὰρ νομίζει Ποσειδέωνα τὴν γῆν σείειν καὶ τὰ διεστεῶτα ὑπὸ σεισμοῦ τοῦ θεοῦ τούτου ἔργα εἶναι, καὶ ἂν ἐκεῖνο ἰδὼν φαίη Ποσειδέωνα ποιῆσαι· ἔστι γὰρ σεισμοῦ ἔργον, ὡς ἐμοὶ ἐφαίνετο εἶναι, ἡ διάστασις τῶν ὀρέων.

pos, der Westen vom Pindos, der Mittag und Süden vom Othrys. Der Kessel inmitten dieser genannten Berge ist Thessalien. Noch eine Menge anderer Flüsse strömen ebenfalls zu ihm hinab; die fünf bedeutendsten aber sind folgende: Peneios, Apidanos, Onochonos, Enipeus und Pamisos. Diese Flüsse sammeln sich in der Ebene aus den genannten Thessalien umschließenden Gebirgen und fließen durch eine einzige, dazu noch enge Schlucht heraus ins Meer, nachdem sie sich vorher zu einem Strom vereinigt haben. Von der Stelle ihres Zusammenflusses an gilt nur noch der Name des Peneios für alle gemeinsam, die andern verlieren ihre Namen. In alten Zeiten – so wird erzählt – gab es diese Schlucht und diese Ausflußstelle noch nicht. Jene Flüsse aber und außerdem noch der boibeische See trugen zwar noch nicht ihre heutigen Namen, strömten aber trotzdem nicht weniger als heute und machten durch ihre Flut ganz Thessalien zu einem Meer. Die Thessaler selbst erzählen, Poseidon habe die Schlucht geschaffen, die der Peneios durchfließt, und damit sind sie wohl auch im Recht. Wer nämlich annimmt, daß die Erdbeben und die durch Erdbeben entstehenden Schlünde das Werk dieses Gottes sind, der kann wohl behaupten – wenn er jene Schlucht sieht –, Poseidon habe auch sie gemacht. Dieses Auseinanderklaffen der Berge ist, wie mir erscheint, die Wirkung eines Erbebens.

Herodot, 5. Jh. v. Chr. J. Feix
In der Tat war das thessalische Becken einstmals von einem See ausgefüllt, doch ist das Tempe-Tal nicht das Ergebnis eines Erdbebens (wie auch Philostrat. Imag. II 17, behauptet), sondern langjähriger Erosion.

ΗΡΑΚΛΕΙΔΗΣ

Τὸ καλούμενον Πήλιον ὄρος μέγα τ' ἐστὶ καὶ ὑλῶδες, δένδρα ἔχον τοσαῦτα καρποφόρα, ὅσα καὶ τὰς τῶν γεωργουμένων συμβαίνει χώρας. πᾶν δ' ἐστὶ τὸ ὄρος μαλακόν, γεώλοφόν τε καὶ πάμφορον· ὕλης δ' ἐν αὐτῷ πᾶν φύεται γένος· πλείστην δ' ὀξύην ἔχει καὶ ἐλάτην, σφενδαμνόν τε καὶ ζυγίαν, ἔτι δὲ κυπάρισσον καὶ κέδρον.

II 1 f. Pf.

ΟΜΗΡΟΣ

'Η μὲν ἄρ' ὣς εἰποῦσ' ἀπέβη γλαυκῶπις Ἀθήνη
Οὔλυμπόν δ', ὅθι φασὶ θεῶν ἕδος ἀσφαλὲς αἰεὶ
ἔμμεναι· οὔτ' ἀνέμοισι τινάσσεται οὔτε ποτ' ὄμβρῳ
δεύεται οὔτε χιὼν ἐπιπίλναται, ἀλλὰ μάλ' αἴθρη
πέπταται ἀνέφελος, λευκὴ δ' ἐπιδέδρομεν αἴγλη·
τῷ ἔνι τέρπονται μάκαρες θεοὶ ἤματα πάντα.

Odyss. VI 41–46

ΑΙΛΙΑΝΟΣ

Φέρε οὖν καὶ τὰ καλούμενα Τέμπη τὰ Θετταλικὰ διαγράψωμεν τῷ λόγῳ. ἔστι δὴ χῶρος μεταξὺ κείμενος τοῦ τε Ὀλύμπου καὶ τῆς Ὄσσης. ὄρη δὲ ταῦτά ἐστιν

Der baumreiche Pelion

Der Berg, der Pelion genannt wird, ist groß und waldreich; dort wachsen so vielerlei fruchttragende Bäume wie es sonst nur auf angebautem Land der Fall ist. Der ganze Berg hat sanfte Kuppen, die erdig und fruchtbar sind. Alle Arten von Waldbäumen wachsen dort: am meisten sieht man Buchen, Tannen, Ahorn und Hainbuchen, wie auch noch Zypressen und Zedern.

Herakleides, 3. Jh. v. Chr. Der Pelion wird bereits von Homer (B 757, λ 315) εἰνοσίφυλλον, *d. h. laubschüttelnd, waldreich, genannt. Heute ist er durch sein üppiges Wachstum der Stolz der griechischen Naturfreunde. Von 800 m an aufwärts herrscht die Buche vor.*

Der Olymp

Also sprach sie und ging, Athene mit Augen der Eule,
Fort zum Olympos; dort thronen die Götter immer und sicher,
Sagen die Menschen; ihn rüttelt kein Wind, nie netzt ihn der Regen,
Schnee fällt niemals darauf, so liegt er in himmlischer Klarheit
Wolkenlos, umwallt von blendender Weiße. Dort oben
Leben die seligen Götter in Freuden alle die Tage.

Homer *A. Weiher*

Das Tempe-Tal

Wir wollen nun auch das sogenannte Tempe in Thessalien beschreiben. Tempe ist also eine Gegend, welche zwischen dem Olymp und dem Ossa liegt, zwei Bergen,

ὑπερύψηλα καὶ οἷον ὑπό τινος θείας φροντίδος διεσχισμένα. διαρρεῖ δὲ μέσου αὐτοῦ ὁ καλούμενος Πηνειός. ἐς τοῦτον δὲ καὶ οἱ λοιποὶ ποταμοὶ συρρέουσι καὶ ἀνακοινοῦνται τὸ ὕδωρ αὐτῷ καὶ ἐργάζονται τὸν Πηνειὸν ἐκεῖνοι μέγαν. διατριβὰς δ᾿ ἔχει ποικίλας καὶ παντοδαπὰς ὁ τόπος οὗτος, οὐκ ἀνθρωπίνης χειρὸς ἔργα, ἀλλὰ φύσεως αὐτόματα ἐς κάλλος τότε φιλοτιμησαμένης, ὅτε ἐλάμβανε γένεσιν ὁ χῶρος. κιττὸς μὲν γὰρ πολὺς καὶ εὖ μάλα λάσιος ἐνακμάζει καὶ τέθηλε καὶ δίκην τῶν εὐγενῶν ἀμπέλων κατὰ τῶν ὑψηλῶν δένδρων ἀνέρπει καὶ συμπέφυκεν αὐτοῖς, πολλὴ δὲ σμίλαξ πρὸς αὐτὸν τὸν πάγον ἀνατρέχει καὶ ἐπισκιάζει τὴν πέτραν· καὶ ἐκείνη μὲν ὑπολανθάνει, ὁρᾶται δὲ τὸ χλοάζον πᾶν, καὶ ἔστιν ὀφθαλμῶν πανήγυρις. ἐν αὐτοῖς δὲ τοῖς λείοις καὶ καθημένοις ἄλση τέ ἐστι ποικίλα καὶ ὑποδρομαὶ συνεχεῖς, ἐν ὥρᾳ θέρους καταφυγεῖν ὁδοιπόροις ἥδιστα καταγώγια, ἃ καὶ δίδωσιν ἀσμένως ψυχάσαι. διαρρέουσι δὲ καὶ κρῆναι συχναὶ καὶ ἐπιρρεῖ νάματα ὑδάτων ψυχρῶν καὶ πιεῖν ἡδίστων. λέγεται δὲ τὰ ὕδατα ταῦτα καὶ τοῖς λουσαμένοις ἀγαθὸν εἶναι καὶ ἐς ὑγίειαν αὐτοῖς συμβάλλεσθαι. κατᾴδουσι δὲ καὶ ὄρνιθες ἄλλος ἄλλῃ διεσπαρμένοι, καὶ μάλιστα οἱ μουσικοί, καὶ ἑστιῶσιν εὖ μάλα τὰς ἀκοὰς καὶ παραπέμπουσιν ἀπόνως καὶ σὺν ἡδονῇ διὰ τοῦ μέλους τὸν κάματον τῶν παριόντων ἀφανίσαντες. παρ᾿ ἑκάτερα δὲ τοῦ ποταμοῦ αἱ διατριβαί εἰσιν αἱ προειρημέναι καὶ αἱ ἀνάπαυλαι. διὰ μέσων δὲ τῶν Τεμπῶν ὁ Πηνειὸς ποταμὸς ἔρχεται, σχολῇ καὶ πράως προϊὼν ἐλαίου δίκην, πολλὴ δὲ κατ᾿ αὐτοῦ ἡ σκιὰ ἐκ τῶν παραπεφυκότων

welche sehr hoch und wie durch einen göttlichen Eingriff voneinander gespalten sind. Mitten hindurch fließt der Peneus; in diesen ergießen sich auch noch andere Flüsse und machen ihn, indem sie ihm ihr Wasser zuführen, zu einem bedeutenden Flusse. Der Ort hat viel und mancherlei Reizendes, das nicht durch Menschenhand gebildet, sondern durch die freie Tätigkeit der Natur hervorgebracht ist, welche, als sie der Gegend ihre Entstehung gab, für ihre Schönheit eifrig besorgt war. Der Efeu wächst in Menge, bildet ein sehr dichtes Laubwerk und rankt sich, edlen Reben gleich, an hohen Bäumen in die Höhe, mit denen er zusammenwächst. Ebenso häufig ist die Winde, die sich bis zu den Felsenspitzen hinaufschlingt und das Gestein so überdeckt, daß von diesem nichts zu sehen ist, sondern überall nur das Grüne sichtbar wird und eine festliche Augenweide bildet. Auf der Ebene und in der Niederung aber finden sich verschiedene Gehölze mit dichtbeschatteten Gängen, welche in der heißen Jahreszeit dem Wanderer den angenehmsten Zufluchtsort gewähren, wo er die erwünschte Kühlung findet. Es fließt eine Menge von Bächen hindurch, und kaltes Quellwasser strömt herbei, das nicht nur zum Trinken sehr angenehm ist, sondern auch zum Baden gut und der Gesundheit zuträglich sein soll. Hierzu kommt das Gezwitscher der herumflatternden Vögel, unter denen besonders die Singvögel einen ergötzlichen Genuß den Ohren bereiten, wodurch sie dem Wanderer den Weg mühelos und angenehm machen, so daß er über ihren Liedern seine Müdigkeit vergißt. Die erwähnten reizenden Ruheplätze finden sich auf beiden Seiten des Flusses. Mitten durch Tempe hin fließt der Peneus, still und sanft, wie Öl sich bewegend. Von den an seinen Ufern stehenden Bäumen

δένδρων καὶ τῶν ἐξηρτημένων κλάδων τίκτεται, ὡς ἐπὶ πλεῖστον τῆς ἡμέρας αὐτὴν προήκουσαν ἀποστέγειν τὴν ἀκτῖνα καὶ παρέχειν τοῖς πλέουσι πλεῖν κατὰ ψῦχος.

Var. hist. III 1.

OVIDIUS

Est nemus Haemoniae, praerupta quod undique claudit

silva: vocant Tempe. per quae Penēus ab imo

effusus Pindo spumosis volvitur undis

deiectuque gravi tenues agitantia fumos

nubila conducit summisque adspergine silvis

inpluit et sonitu plus quam vicina fatigat.

haec domus, haec sedes, haec sunt penetralia magni

amnis; in his, residens facto de cautibus antro,

undis iura dabat nymphisque colentibus undas.

Metam. I 568–576

ΣΤΡΑΒΩΝ

Ἀπὸ δὲ τῆς ἀρχῆς τῶν Μακεδονικῶν ὀρῶν καὶ τῶν Παιονικῶν μέχρι Στρυμόνος ποταμοῦ Μακεδόνες τε

und ihren überhängenden Zweigen erhält er vielen Schatten, durch welchen er den größten Teil des Tages über vor den Sonnenstrahlen geschützt wird, so daß er im Kühlen befahren werden kann.

Claudius Aelianus, um 200 n. Chr. Nach Wunderlich
Heute durchzieht die Eisenbahn Saloniki–Athen das Tempe-Tal.

Dichterischer Preis

Tempe heißt eine Schlucht in Thessalien. Waldige Hänge
schließen sie ein. Penēus, dem Fuße des Pindus entsprungen,
wälzt seine schäumenden Wogen hindurch und ballt über
        schweren
Stürzen der Wasser Wolken aus Dunst, die zartere
        Schleier
weiter entsenden, besprengt mit Gischt des ragenden
        Waldes
Wipfel, und tosend betäubt er mehr als was ihm benachbart.
Hier sind Haus und Sitz und hier die Gemächer des großen
Stromes; thronend hier in felsenstarrender Grotte
sprach er den Wassern Recht und den wasserbewohnenden
        Nymphen.

Ovid, um die Zeitwende. E. Rösch

Der Norden Griechenlands

Das Gebiet, was sich von den Makedonischen und Päonischen Bergen bis zum Flusse Strymon erstreckt, be-

οίκοΰσι και Παίονες και τίνες των ορεινών Θρακών· τα δε πέραν Στρυμόνος ήδη μέχρι τοϋ Ποντικού στόματος και του Αίμου πάντα Θρακών έστι πλην της παραλίας· αΰτη δ' ύφ' Ελλήνων οικείται, των μεν επί τη Προποντίδι ιδρυμένων, των δε εφ' Έλλησπόντω και τω Μέλανι κόλπω, των δ' επί τω Αίγαίω. το δε Αίγαίον πέλαγος δύο κλύζει πλευράς της Ελλάδος, την μεν προς έω βλέπουσαν, τείνουσαν δε από Σουνίου προς την άρκτον μέχρι του Θερμαίου κόλπου και Θεσσαλονικείας, Μακεδονικής πόλεως, ή νυν μάλιστα των άλλων εύανδρεί, την δε προς νότον την Μακεδονικήν από Θεσσαλονικείας μέχρι Στρυμόνος· τινές δε και την από Στρυμόνος μέχρι Νέστου τη Μακεδονία προσνέμουσι, επειδή Φίλιππος εσπούδασε διαφερόντως περί ταΰτα τα χωρία, ώστ' έξιδιώσασθαι, και συνεστήσατο προσόδους μεγίστας εκ τών μετάλλων και της άλλης ευφυίας τών τόπων.

VII 323

ΣΤΡΑΒΩΝ

Έστι δ' ο Άθως όρος υψηλόν και μαστοειδές, ώστε τους εν ταις κορυφαις ήδη ανίσχοντος ηλίου κάμνειν

wohnen die Makedonen und die Päonier, außerdem noch einige thrakische Bergstämme. Die Landstriche jenseits des Strymon bis zum Bosporus und dem Haimos-*(Balkan-) Gebirge* gehören insgesamt den Thrakern, abgesehen allerdings von der Küstengegend. Diese wird von Hellenen bewohnt, von denen einige an der Propontis *(dem Marmarameer)* angesiedelt sind, andere am Hellespont *(den Dardanellen)* und an der Schwarzen Bucht *(heute Xeros-Golf)*, wiederum andere an der Ägäis. Das Ägäische Meer bespült zwei Seiten Griechenlands, erstens die Ostküste, und zwar vom Kap Sunion nordwärts bis zum Thermäischen Golf und der Stadt Thessalonike, die jetzt alle anderen Städte Makedoniens an Einwohnerzahl übertrifft, zweitens den nach Süden blickenden, den makedonischen Teil, der sich zwischen Thessalonike und dem Strymon erstreckt. Einige aber rechnen auch das Gebiet zwischen Strymon und Nestos zu Makedonien, da ja König Philipp sich ganz besonders für diesen Landstrich interessierte, so daß er sich ihn schließlich aneignete, und da er sehr bedeutenden Gewinn aus den Bergwerken und den sonstigen Reichtümern dieses Gebietes zog.

Strabon, um die Zeitwende. Das Meer südlich vom Kap Sunion bezeichnet Strabon als das Kretische. Zwischen Strymon und Nestos liegt die Stadt Philippi, eine Gründung Philipps und berühmt durch die Römerschlacht vom Jahre 42 v. Chr.; heute ein bedeutendes Ruinenfeld.

Der Athosberg

Der Athos ist ein Berg von großer Höhe und hat die Gestalt einer weiblichen Brust. So kommt es, daß die Be-

ἀροῦντας, ἡνίκα ἀλεκτοροφωνίας ἀρχὴ παρὰ τοῖς τὴν ἀκτὴν οἰκοῦσίν ἐστιν.

VII Fr. 35

ΗΡΟΔΟΤΟΣ

Ὁ γὰρ Ἄθως ἐστὶ ὄρος μέγα τε καὶ ὀνομαστόν, ἐς θάλασσαν κατῆκον, οἰκημένον ὑπὸ ἀνθρώπων. τῇ δὲ τελευτᾷ ἐς τὴν ἤπειρον τὸ ὄρος, χερσονησοειδές τέ ἐστι καὶ ἰσθμὸς ὡς δυώδεκα σταδίων.

VII 22

ΗΡΟΔΟΤΟΣ

Καὶ τοῦτο μέν, ὡς προσπταισάντων τῶν πρώτων περιπλεόντων περὶ τὸν Ἄθων, προετοιμάζετο ἐκ τριῶν ἐτέων κου μάλιστα ἐς τὸν Ἄθων.

VII 22

Ὡς μὲν ἐμὲ συμβαλλόμενον εὑρίσκειν μεγαλοφροσύνης εἵνεκεν αὐτὸ Ξέρξης ὀρύσσειν ἐκέλευε, ἐθέλων τε δύναμιν ἀποδείκνυσθαι καὶ μνημόσυνα λιπέσθαι. παρεὸν γὰρ μηδένα πόνον λαβόντας τὸν ἰσθμὸν τὰς νέας διειρύσαι, ὀρύσσειν ἐκέλευε διώρυχα τῇ θαλάσσῃ εὖρος ὡς δύο τριήρεας πλέειν ὁμοῦ ἐλαστρεομένας.

VII 24

wohner der Gipfelregion bereits Sonnenaufgang haben und im Schweiße ihres Angesichts pflügen, während bei denen, die unten an der Küste wohnen, der erste Hahnenschrei ertönt.

Strabon, um die Zeitwende. Der Athosgipfel auf dem östlichen Ausläufer der Halbinsel Chalkidike liegt 1935 m hoch.

Die Halbinsel

Der Athos ist ein großer, berühmter Berg, der in das Meer hinausragt, von Menschen bewohnt. Wo der Berg aufs Festland stößt, gleicht er einer Halbinsel; die Landenge beträgt zwölf Stadien.

Herodot, 5. Jh. v. Chr. J. Feix

Der Kanal des Xerxes

Da die ersten, die den Athos umsegeln wollten, Schiffbruch erlitten hatten, hatte man seit etwa drei Jahren Vorarbeiten am Athos geleistet.

Wenn ich mir die Sache so recht überlege, ließ Xerxes diesen Graben aus purem Geltungsbedürfnis ausbauen, um damit seine Macht zu zeigen und ein Denkmal zu hinterlassen; denn sie hätten ohne alle Mühe und Anstrengung die Schiffe über die Landenge ziehen können. Trotzdem ließ er einen so breiten Kanal für das Meer bauen, daß zwei Dreiruderer nebeneinander ihre Ruder benutzen konnten.

Herodot, 5. Jh. v. Chr. J. Feix

ΠΛΟΥΤΑΡΧΟΣ

Οὗτος γὰρ αὐτῷ πρότερον ἐντυχὼν ἔφη τῶν ὀρῶν μάλιστα τὸν Θράκιον Ἄθων διατύπωσιν ἀνδρείκελον δέχεσθαι καὶ διαμόρφωσιν· ἂν οὖν κελεύῃ, μονιμώτατον ἀγαλμάτων αὐτῷ καὶ περιφανέστατον ἐξεργάσεσθαι τὸν Ἄθων, τῇ μὲν ἀριστερᾷ χειρὶ περιλαμβάνοντα μυρίανδρον πόλιν οἰκουμένην, τῇ δὲ δεξιᾷ σπένδοντα ποταμοῦ ῥεῦμα δαψιλὲς εἰς τὴν θάλασσαν ἀπορρέοντος.

Alex. 72 6 f

Ein geplanter Alexander-Koloß

Dieser *Stasikrates* hatte ihm – *Alexander* – einst in einer Unterredung davon gesprochen, man könne keinem Berg so leicht die Form und Gestalt eines Menschen geben wie dem Athos in Thrakien; wenn der König ihm den Befehl gäbe, wolle er den Athos umschaffen zu einem weithin in die Lande sichtbaren Denkmal Alexanders von ewiger Dauer, in der Linken solle er eine Stadt mit zehntausend Einwohnern tragen, aus der rechten wie aus einer Opferschale einen rauschenden Strom ins Meer rinnen lassen.

Plutarch, um 100 n. Chr. W. Ax

RÖMISCHE HULDIGUNG

HORATIUS

Graecia capta ferum victorem cepit et artes
intulit agresti Latio.

Epist. II 1, 156

AUS BRIEFEN AN RÖMISCHE STATTHALTER
PLINIUS

Cogita te missum provinciam Achaiam, illam veram et meram Graeciam, in qua primum humanitas, litterae, etiam fruges inventae esse creduntur, missum ad ordinandum statum liberarum civitatum, id est ad homines maxime homines, ad liberos maxime liberos, qui ius a natura datum virtute, meritis, amicitia, foedere denique et religione tenuerunt. reverere conditores deos et nomina deorum, reverere gloriam veterem et hanc ipsam senectutem, quae in homine venerabilis, in urbibus sacra. sit apud te honor antiquitati, sit ingentibus factis, sit fabulis quoque. nihil ex cuiusquam dignitate, nihil ex libertate, nihil etiam ex iactatione decerpseris. habe ante oculos hanc esse terram, quae nobis miserit iura, quae leges non victis, sed petentibus dederit, Athenas esse, quas adeas, Lacedaemonem esse,

Hellas's Gabe an Rom

Hellas, von rauhen Latinern besiegt, blieb dennoch der
  Sieger,
Denn ihrem bäurischen Land gab es die Schönheit
  der Kunst.

Horaz, 1. Jh. v. Chr.

AUS BRIEFEN AN RÖMISCHE STATTHALTER

Plinius an Maximus

Bedenke, Du wirst in die Provinz Achaia gesandt, das wahre, unverfälschte Griechenland, wo, wie es heißt, zuerst Bildung und Wissenschaft und selbst der Ackerbau erfunden worden ist, wirst entsandt, um Ordnung in die Verfassung freier Städte zu bringen, das heißt: zu Menschen, die im besten Sinne Menschen, zu Freien, die im besten Sinne Freie sind, die dies von der Natur verliehene Recht auf Freiheit durch Tüchtigkeit, Verdienste, Freundschaft, schließlich auch durch getreuliche Erfüllung von Verträgen behauptet haben. Hab' Ehrfurcht vor ihren göttlichen Stadtgründern, den Namen ihrer Gottheiten! Hab' Ehrfurcht vor ihrem alten Ruhm und überhaupt vor ihrem Alter, das bei Menschen ehrwürdig, bei Städten heilig ist! Erweise ihrer Vergangenheit Ehre, ihren Großtaten, auch ihren Mythen! Kränke niemanden in seiner Würde, seiner Freiheit, ja, auch nicht in seiner Eitelkeit! Halte Dir vor Augen, daß es das Land ist, das uns nicht etwa nach einem Siege über uns Rechtssatzungen und Gesetze aufgezwungen, sondern auf unsre Bitte hin geliefert hat, daß es Athen ist, wohin Du gehst, Lacedämon, das Du verwaltest; ihnen den letzten

quam regas; quibus reliquam umbram et residuum libertatis nomen eripere durum, ferum, barbarum est.

Epist. VIII 24 2–4

CICERO

Quod si te sors Afris aut Hispanis aut Gallis praefecisset, immanibus ac barbaris nationibus, tamen esset humanitatis tuae consulere eorum commodis et utilitati salutique servire; cum vero ei generi hominum praesimus, non modo in quo ipsa sit, sed etiam a quo ad alios pervenisse putetur humanitas, certe iis eam potissimum tribuere debemus, a quibus accepimus. non enim me hoc iam dicere pudebit, praesertim in ea vita atque iis rebus gestis, in quibus non potest residere inertiae aut levitatis ulla suspicio, nos ea, quae consecuti sumus, iis studiis et artibus esse adeptos, quae sint nobis Graeciae monumentis disciplinisque tradita.

Ad Quint. fratr. I1, 27 f

Schatten einstiger Größe, den Rest der Freiheit zu rauben, wäre hart, grausam und barbarisch.

Um 100 n. Chr. H. Kasten

Die römische Provinz Achai umfaßte Mittelgriechenland, den Peloponnes und die Kykladen; Nordgriechenland war unter dem Namen Macedonia zusammengefaßt. – Nach römischer Überlieferung erbaten sich die Römer in Athen das Solonische Gesetz und verwendeten es bei der Ausarbeitung des ihrigen.

Cicero an seinen Bruder Quintus

Hätte Dich das Los an die Spitze von wilden Barbarenstämmen, Afrikanern, Spaniern oder Galliern, berufen, Deine Menschenfreundlichkeit würde Dich trotzdem verpflichten, für ihren Vorteil zu sorgen und ihren Interessen, ihrem Wohlergehen zu dienen. Nun sind wir aber über eine Bevölkerung gesetzt, die nicht nur selbst Kultur besitzt, sondern die sie auch, wie allgemein anerkannt, andern vermittelt hat; da müssen wir gewiß vor allem denen gegenüber Kultur beweisen, von denen wir sie empfangen haben. Denn ich scheue mich nachgerade nicht, zumal angesichts unsrer Lebensführung und unsrer Taten irgendein Verdacht von Laxheit oder Charakterlosigkeit nicht aufkommen kann, offen auszusprechen, daß wir unsre Erfolge der Beschäftigung mit den Wissenschaften und Künsten verdanken, die uns in den Denkmälern und Lehren Griechenlands überliefert sind.

1. Jh. v. Chr. H. Kasten

NACHWORT

Die vorliegende Sammlung antiker Texte zu griechischen Stätten erwuchs aus literarischen Besinnungen im Zusammenhang mit dreijährigen, an Glück reichen Wanderungen durch Griechenland; ihre Ausgestaltung erhielt sie in deutschen Bibliotheken im Rückblick auf die erlebten griechischen Fahrten und in der niemals schwindenden Hoffnung auf neue.

Das so zustande gekommene Bändchen mag für Griechenlandfahrer, die sich einen Sinn für das klassische Altertum bewahrt haben, ein neuer, freilich etwas anspruchsvoller Wegweiser sein, eine humanistische Ergänzung zu einem der nützlichen Reiseführer. Und wer das Land mit seiner Seele sucht und keine Möglichkeiten vor sich sieht, bald hineilen zu können, der wird im Durchblättern dieser Sammlung einigen Trost finden: sie stellt ihm das Land in seiner glanzvollen Schönheit und einzigartigen kulturellen Bedeutung in der Sprache der Alten vor das geistige Auge.

So wie man auf Reisen am gleichen Tage Denkmäler verschiedenster Zeitalter, schöpferischer und unschöpferischer, betrachten kann und dort einen monumentalen Bau, hier aber Pflastersteine oder Heizungsanlagen besichtigt, so bietet auch diese Sammlung Textstellen aus einem Zeitraum von anderthalb Jahrtausenden und reicht von der kraftvollen Schönheit Homers bis zur trockenen Gelehrsamkeit eines Strabon oder Pausanias, von der Erhabenheit eines Sophokles oder Pindar bis zum genießerischen Behagen eines Athenaios, von der Gedankenschwere eines Thukydides bis zum Redeprunk eines Aelius Aristides.

An den Anfang sind einige dichterische Schöpfungen gestellt, die das Unwandelbare der griechischen Landschaft in der Sprache

des antiken Naturempfindens zum Ausdruck bringen. Auf einige Selbstzeugnisse der Griechen über ihre geistige Leistung folgt der Hauptteil unserer Sammlung: Unter dem Gesichtspunkt möglicher Wanderziele und nach Landschaften und Stätten geordnet, bietet sie ungefähr alles, was an fesselnden und textlich vorteilhaft abgrenzbaren Stellen aus der dichterischen, rhetorischen, gelehrten, beschreibenden, anekdotischen Literatur des Altertums vorhanden ist und dem Hellenenfreunde Land und Volk lebendig zu machen vermag. An den Schluß sind einige Römerworte gesetzt, um den Einstrom des griechischen Geistes in das Abendland zu erweisen.

Unberücksichtigt blieben bei der Auswahl im allgemeinen diejenigen Stätten und Kulturerscheinungen, die für das Auge des wandernden Nichtfachmannes keine sichtbaren Spuren hinterlassen haben. Ausscheiden mußte aber vor allem, was rein mythologischen und historischen Charakter trägt. Beschreibungen von Schlachten in jener Ebene oder Erzählungen von Sagen, die auf diesem Berge oder an jener Küste spielen, würden eine mehrbändige Sammlung von allzu mannigfaltigem Inhalt ergeben. Auch dürfte der geschichtliche Zusammenhang und das Sagengut dem Hellasfahrer eher vertraut oder doch wenigstens zugänglich sein als die Fülle der weitverstreuten und verschiedenartigen Textstellen, die hier gesammelt wurden und ein neuartiges Wesensbild Altgriechenlands ergeben.

Ein weiteres Auswahlprinzip ist die Beschränkung auf das heutige Siedlungsgebiet des Hellenentums. Eine Hinzunahme der kleinasiatischen, nordafrikanischen, süditalischen Kolonien des Altertums würde das Material sehr anwachsen lassen, ohne daß die Sammlung an inhaltlicher Bedeutsamkeit eine wesentliche Steigerung erführe.

Zur Textgestaltung sei gesagt, daß sie sich meistens an die heute maßgebenden Ausgaben hält. Um das Schriftbild nicht zu

stören, wurde von allen philologischen Angaben über Fragwürdigkeiten des Textes sowie auch über Auslassungen von Sätzen oder Satzteilen abgesehen. Wer sich mit den angeführten Schriftstellern näher befassen will, muß ja ohnehin nach den wissenschaftlichen Ausgaben greifen und wird dabei die Art unserer Textgestaltung feststellen und beurteilen können. Für die Streichungen und Begrenzungen galt der Grundsatz größter Knappheit und Sachbezogenheit.

In die Übersetzungen mußte hie und da ein Wort oder ein Sätzchen eingefügt werden, um das Verständnis des Zusammenhangs zu sichern. Solche Einfügungen des Herausgebers sind *kursiv* gedruckt.

Die Überschriften und kurzen Anmerkungen dienen dazu, eine Verbindung zwischen den ausgewählten Texten und den einzelnen Landschaften, Stätten und kulturellen Erscheinungen herzustellen und so eine Orientierung im Lande und zugleich in der Literatur zu fördern.

Athen, im Herbst 1940.

Georg von Reutern

Zur Neuauflage 1969

Die griechischen und lateinischen Texte wurden vom Verlag nach den neuesten Ausgaben revidiert; einige Übersetzungen wurden durch modernere ersetzt. Im übrigen erwies sich die Zusammenstellung als so sinnreich und sorgfältig, daß weder Streichungen noch Einfügungen notwendig erschienen.

Der Verlag

Orts- und Sachregister

Für die geläufigen griechischen Eigennamen wurden die üblichen eingedeutschten Formen verwendet; wo solche nicht vorhanden sind, wurde auf die altgriechischen Formen zurückgegriffen.

Die Landkarte am Schluß dieses Bandes hält sich jedoch in der gesamten Namengebung streng an die attisch-griechischen Formen.

Acharnai 97
Ägina 105
Ägypter und Griechen 39, 77
Aidepsos 197
Akrokorinth 111, 135
Akropolis von Athen,
 ihr Bau 69, Parthenon 77, 81, 95, Erechtheion 81, Propyläen 79, Niketempel 79, Ölbaum 81
Akropolis
 von Korinth 113, von Messene 135, von Sparta 131, von Theben 131, 167
Amphiaraos-Heiligtum 99
Andros 209
Anopäa 191
Apollontempel
 von Bassä 155, von Delos 199, von Delphi 179, von Leukas 247, 249
Areopag 75
Argos 121, 125
Arkadien,
 Landschaft 151, Tiere 151, Musik 151, Volkscharakter 151, Verödung 153, Hirtenpoesie 157

Askra 171
Asopos 191
Athen
 unter Perikles 63, Geistige Führung 67, Im Urteil Ciceros 73, Paulus auf dem Areopag 75, Verfall 75, Volkscharakter 79, Günstige Lage 65, Welthandel 65, Stadtbeschreibung 77, Bau der Akropolis 69, Beschreibung der Akropolis 79, Theater und Odeion 77, Gymnasien 77, Akademie und Lykeion 75, 77, Stoa 75, Olympieion 77, 85, Mauer 83, Lysikratesdenkmal 83, Lakedämoniergrab 87, Kerameikos 85, 87, Kephissos und Ilissos 87, 89
Athos 265, 267
Attika
 Lage 45, Anfahrt von der See 47, Klima 55, 65, Verkarstung 57, Ebenen und Berge 59, Volkscharakter 45, 55, 79

Bassä 115
Bäume 27, 89, 109, 201, 219, 259

ORTS- UND SACHREGISTER

Berge
Athos 265, Helikon 171, 173 Hymettos 93, Kithairon 167, Kyllene 151, Olymp 259, Parnaß 173, 177, 185, Pelion 255, 259, Berge von Arkadien 150, von Kreta 241, 245, von Thessalien 255

Bergwerke
von Laurion 101, von Makedonien 265, von Siphnos 209, von Zypern 239

Bildwerke
Parthenongiebel 81, Parthenon 81, Promachos 91, Giebel in Olympia 147, Zeus des Phidias 143, Hera-Kultbild in Olympia 149, Hermes des Praxiteles 149, Asklepios in Epidauros 123, Koloß in Rhodos 227

Bienenhonig 15, 57, 69, 77

Bodenbeschaffenheit
von Griechenland 37, von Attika 57, von Böotien 159, der Kykladen 211, 213, von Lakonien 127, Messenien 135

Böotien
Lage 159, Boden 159, Klima 165, Schlachtfelder 161, 169 Volkscharakter 158, 161, 163

Chalkis 193, 195
Chäronea 161, 171
Chios 109, 221

Delos
Bedeutung 205, Reinigungen und Feste 205, Handel 205, 207, Ciceros Reise nach Delos 207

Delphi
Lage 177, Beschreibung 183, Das Orakel 173, 177, 179, Das Allerheiligste 179, Weisheit 179, Schatzhäuser 181, Theater und Stadion 181, Quellen 183, Korykion-Höhle 185, Parnaßbesteigung 185, Ende 187

Dodona 253, 255

Eleusis
Ort und Heiligtum 95, Mysterien 51, 95

Epidauros
Asklepios-Heiligtum 123, 125, Theater 125

Epirus
Entlegenes Land 255, Orakel von Dodona 255, Niedergang 255

Erechtheion 81
Eretria 197
Euripos 159, 193, 195
Europa und Asien 39

Flüsse
Asopos 191, Eurotas 133, Inachos 121, Kephissos und Ilissos 87, Peneios 257, 261, Spercheios 189, Strymon und Nestos 265

Frühling 13, 21, 199

Gebirgslandschaften 27
Golfe
der Ambrakische 249, der Krisäische 113, der Malische 189, der Saronische 104, der Thermäische 265

Helikon 171, 173

ORTS- UNS SACHREGISTER

Heraion
  von Lesbos 215, von Olympia 147, von Samos 223
Herakleion 243
Hera-Kultbild 149
Herbst 19, 23
Hermes des Praxiteles 149
Hippokrene 173
Hymettos 93
Ida 241, 243
Ilissos 87, 89
Isthmos 109
Ithaka 245
Ithome 135

Jahreszeiten, die vier 11, 21

Kalauria (Poros) 107
Kanal
  des Xerxes 267, von Korinth 109, von Leukas 249
Kastalia 175, 177, 183
Keos 207, 209
Kephisia 93
Kephissos 49, 53, 87
Kerameikos 85, 87
Kimolos 213
Kithairon 167
Klima
  von Griechenland 37, von Arkadien 153, von Attika 55, 65, von Böotien 165, von Messenien 135
Knidier-Lesche 183
Knossos 241
Kolonos 51, 55
Koloß von Rhodos 227
Kopais-See 169

Korinth
  Umschlaghafen 111, 207, Akrokorinth 113, Peirene 113, Diogenes in Korinth 113, Römer in Korinth 115, 117, Zerstörung 115, 207
Korkyra 251
Kos 235
Kythnos 205

Lakonien 127, 135
Laurion 101
Lebadeia 169
Lesbos
  Frauenfest 215, Volkscharakter 215, Landschaft 217
Leukas
  die Insel 245, 249, Kanalbau 249, Kap Leukatas 247, 249 Sapphosprung 249
Leuktra 161, 181
Lokris 177, 191
Lysikratesdenkmal 83

Marathon 101, 103, 181
Marmor
  von Paros 209, vom Pentelikon 61
Mastix 221
Mauern
  von Athen 83, 87, von Messene 135, von Rhodos 137, 229, 333
Meeressturm 29, 31, 207, 251
Megalopolis 153
Megara 107
Messenien 135
Mykenä 117
  Löwentor, Quelle, Gräber 119, Ruine 121, 165

Mykonos 211, 213
Mysterien von Eleusis 51, 95
Nacht 11, 29
Nauplia 123
Nestos 265
Niketempel 79

Ölbäume 81, 167, 195
Olympia
  Bedeutung der Olympiade 141, Alkibiades als Sieger 139, Ein Siegergeschlecht 141, Altis 143, Zeusbild des Phidias 143, Giebelsculpturen 147, Herabild und Hermes des Praxiteles 149, Heratempel 149, Stadion 149
Olympieion 77, 85, 123
Olymp 259
Orakel
  von Dodona 253, 255, von Lebadeia 169, von Delphi 173, 177, 179
Orchomenos 169
Oropos 99, 167
Ossa 255, 259

Parnaß 173, 177, 185
Paros 209
Parthenon 71, 77, 81, 95
Patmos 235
Paxoi 251
Peirene 113
Pelion 255, 259
Peneios 257, 261
Perser und Griechen 37
Phigalia 155
Phokis 177

Pholegandros 213
Phorkys-Hafen 247
Pindos 257
Piräus 91, 207
Platää 103, 167
Poros (Kalauria) 107
Poseidontempel
  von Sunion 89
Promachos des Phidias 91
Propyläen 71, 79
Psyttaleia 103

Quellen
  Hippokrene 173, Ilissos-Quelle 89, Kanathos 123, Kassotis 183, Kastalia 175, 177, 183, Peirene 113, Perseus-Quelle 119, Stymphalische Quelle 157
Rhodos
  Beschreibung 225, 229, Koloß 227, Volkscharakter 227, Hic Rhodus – hic salta 233
Rosse 7, 55, 141, 151, 209

Salamis 103
Samos
  Hera-Tempel 223, Werke der Technik 223, Wein 225
Sapphosprung auf Leukas 249
Schlachtfelder
  Chäronea 161, 171, Marathon 101, 181, Platää 103, 167, Salamis 103, Thermopylen 189
Schneefall 25
Seefahrt 7, 31, 45, 47, 55, 65, 109, 207, 229, 249, 251

ORTS- UND SACHREGISTER

Seen
  Boibeïs 257, Kopais 169, Stymphalischer See 157
Sikinos 213
Siphnos 181, 209, 213
Skironische Felsen 107
Sommer 15, 23
Sonnenaufgang 7, 175
Sparta
  die Stadt 129, Akropolis 131, Spartanische Stätten 131, Zerstörung 133, Charakter der Spartaner 127, 133
Strymon 265
Stymphalischer See 157
Sunion 45, 89, 91

Tanagra 167
Taygetos 241
Tegea 155
Tempel
  von Athen 71, 77, 79, 81, von Bassä 155, von Delos 199, von Delphi 179, von Epidauros 123, von Olympia 147, von Samos 223, von Sunion 89, von Tegea 155
Tempe-Tal 259, 263
Tenos 211
Theater
  von Athen 77, von Delphi 181 von Epidauros 125, von Megalopolis 153

Theben
  Stadtbeschreibung 163, Volkscharakter 163, 165, Klima 165, Niedergang 167
Thera (Santorin) 215
Thessalien
  Landschaft und ihre Entstehung 255, Tempe-Tal 259, 263, Pelion 255, 259
Thessalonike 265
Tiryns 121
Trachinische Felsen 189

Wälder 27, 93, 259, 263
Weine 21, 23
  von Böotien 167, von Chios 221, von Keos 209, von Samos 225
Winter 19, 23, 25
Wolken 33, 51

Zakynthos 245, 247
Zeusbild des Phidias 143, 145
Zeusgrotte 243
Zeustempel
  in Athen (Olympieion) 77, 85, 123, in Olympia 147
Zoster 207
Zypern
  Insel der Aphrodite 237, Lage und Größe 237, Reichtum 237

NACHWEIS DER ÜBERSETZUNGEN
die mit freundlicher Genehmigung der Verlage benützt wurden

ARISTOPHANES: Komödien, deutsch von L. Seeger, L. Schneider Verlag Berlin 1940.
DIODOR: Historische Bibliothek, übersetzt von J. Fr. Wurm, Stuttgart 1827–40.
EURIPIDES: Dramen, verdeutscht von J. Minckwitz, Langenscheidt, Berlin o.J.
HESIOD: Sämtliche Werke, deutsch von Th. v. Scheffer, Sammlung Dieterich Bd. 38, Leipzig 1938.
LONGUS: Hirtengeschichten von Daphnis und Chloë, übersetzt von Fr. Jacobs, neubearbeitet von H. Floerke, G. Müller Verlag, Leipzig 1918.
LYRIK:
K. Preisendanz, Griechische Lyrik. Eine Auslese. Insel-Bücherei Nr. 488.
U. v. Wilamowitz-Moellendorff, Reden und Vorträge, Bd. I („Hellenische Naturbilder"), Weidmann, Berlin, 4. Aufl. 1925.
Herder, Sämtliche Werke, Bd. XXVI, hrsg. v. Bernh. Suphan, Berlin 1882.
F. Boehm, unveröffentlicht.
PLATON: Timaios und Kritias, übersetzt und erläutert von O. Apelt, Philos. Bibliothek Nr. 179, Meiner, Leipzig 1919.
PLUTARCH: Griechische Heldenleben, übertragen und herausgegeben von W. Ax, Kröners Taschenausgabe Bd. 66, Leipzig 1933.
Moralisch-philosophische Werke, übersetzt von J. F. S. Kaltwasser, Wien–Prag 1796.
THUKYDIDES: Geschichte des Peloponnesischen Krieges, deutsch von J. D. Heilmann, L. Schneider Verlag, Berlin 1940.
Die Rede des Perikles für die Gefallenen, deutsch von Rud. G. Binding, Insel-Bücherei Nr. 368.
VORSOKRATIKER: Die Fragmente der Vorsokratiker griechisch und deutsch von Herm. Diels, 3 Bde., Weidmann, Berlin, 5. Aufl. 1934–37.

Die nicht signierten Übersetzungen stammen vom Herausgeber

Die Übersetzungen folgender Autoren wurden der
TUSCULUM-BÜCHEREI

– zweisprachige Ausgaben antiker Autoren –
des Heimeran Verlags, München, entnommen:

AISCHYLOS: Tragödien und Fragmente ed. Oskar Werner
ALKAIOS: Lieder ed. Max Treu
ANTHOLOGIA GRAECA ed. Hermann Beckby
CICERO: Atticus-Briefe ed. Helmut Kasten (zur Zeit vergr.)
    Ad familiares ed. Helmut Kasten
    De fato ed. Karl Bayer
    De finibus bonorum et malorum
    ed. Alexander Kabza (zur Zeit vergr.)
    Ad Quintum fratrem ed. Helmut Kasten
HERODOT: Historien ed. Josef Feix
HOMER: Ilias ed. Hans Rupé
    Odyssee ed. Anton Weiher
    Homerische Hymnen ed. Anton Weiher (z. Zt. vergr.)
OVID: Liebeskunst ed. Franz Burger
    Metamorphosen ed. Erich Rösch
PINDAR: Siegesgesänge und Fragmente ed. Oskar Werner
PLATON: Phaidros ed. Wolfgang Buchwald
PLINIUS SECUNDUS: Briefe ed. Helmut Kasten
PROKOP: Gotenkriege ed. Otto Veh
SAPPHO: Lieder ed. Max Treu
SOLON: Dichtungen ed. Eberhard Preime (zur Zeit vergr.)
SOPHOKLES: Tragödien und Fragmente ed. Wilhelm Willige,
    überarbeitet von Karl Bayer
THEOKRIT: ed F. P. Fritz. In Vorbereitung
VERGIL: Aeneis ed. Johannes Götte
    Landleben (Bucolica-Georgica-Catalepton)
    ed. Johannes Götte. In Vorbereitung
XENOPHON: Hellenika ed. Gisela Strasburger. In Vorbereitung

Anregungen für Ihre Bibliothek
Stand Frühjahr 1969

KIRSTEN-KRAIKER, Griechenlandkunde. Ein Führer zu klassischen Stätten. 5., überarbeitete und ergänzte Auflage. Mit 199 Text- und Tafelabbildungen und einer mehrfarbigen Griechenland-Faltkarte. C. Winter Verlag, Heidelberg 1967. 935 Seiten.

PAUSANIAS, Beschreibung Griechenlands. Neu übersetzt und mit einer Einleitung und erklärenden Anmerkungen versehen von Ernst Meyer. (Die Bibliothek der alten Welt, Griech. Reihe.) 2. ergänzte Auflage 1967. 748 Seiten, 48 Abb. auf Tafeln, 9 Plan- und 8 Ktn-Skizzen. Artemis Verlag Zürich 1954

KÄSTNER, ERHARD, Ölberge, Weinberge. Ein Griechenlandbuch. 245 Seiten mit Zeichnungen von Helmut Kaulbach, I Karte. Insel Verlag Wiesbaden 1963.

BAEDEKERS AUTOREISEFÜHRER Jugoslavien und Griechenland. 368 Seiten mit 34 Karten und Plänen, 1 Straßenübersichtskarte von Jugoslavien und Griechenland und 58 Zeichnungen. 5. Auflage 1967/68. Baedekers Verlag Stuttgart.

OTTO, W. F., Die Götter Griechenlands. Das Bild des Göttlichen im Spiegel des griechischen Geistes. 286 Seiten, 8 Abbildungen auf Tafeln. 5. Auflage 1961 Schulte-Bulmke Verlag Frankfurt.

HUNGER, HERBERT, Lexikon der griechischen und römischen Mythologie mit Hinweisen auf das Fortwirken antiker Stoffe und Motive in der bildenden Kunst, Literatur und Musik des Abendlandes bis zur Gegenwart. 389 Seiten mit einem Titelbild und 58 Bildtafeln. 5. erweiterte und ergänzte Auflage 1959. Hollinek Verlag Wien 1955.

ROSE, HERBERT JENNINGS, Griechische Mythologie. Ein Handbuch. Übertragen aus dem Englischen. 364 Seiten. 2. Auflage 1961. Beck Verlag München 1955.

INHALTSVERZEICHNIS

NATUR
- Tageszeiten 7
- Jahreszeiten 11
- Naturbilder 25

LAND UND VOLK 37

LANDSCHAFTEN UND STÄTTEN
- Attika 45
  - Rhetorischer Preis des Landes 45
  - Dichterische Verklärung in klassischer Zeit 49
  - Land und Volk 55
- Athen 61
  - Dichterische Verklärung 61
  - Klassische Würdigung 63
  - Römische Stimmen 73
  - Am Ende des antiken Zeitalters 75
  - Stadtbeschreibung im einzelnen 77
- Attische Stätten 89
- Im Saronischen Golf 103
- Megaris und Isthmos 107
- Korinth 111
- Argolis 117
- Sparta 127
- Messenien 135
- Olympia 137
  - Dichterische Verklärung 137
  - Würdigung und Beschreibung 139
- Arkadien 151
- Böotien 159
  - Land und Volk 159
  - Theben 163
  - Böotische Stätten 167
- Delphi 173
  - Dichterische Verklärung 175
  - Würdigung und Beschreibung 177
- Thermopylen 189
- Euböa 193
- Delos 199
  - Dichterische Verklärung 199
  - Würdigung und Beschreibung 205
- Kykladen 209
- Lesbos, Chios, Samos 215

Dodekanes, Zypern 225
　　Kreta 239
　　Ionische Inseln 245
　　Epirus 253
　　Thessalien 255
　　Makedonien und Thrakien 265
　　Der Athos 265

RÖMISCHE HULDIGUNG 273
　　Nachwort 276
　　Orts- und Sachregister 279
　　Nachweis der Übersetzungen 284

www.ingramcontent.com/pod-product-compliance
Lightning Source LLC
Chambersburg PA
CBHW070329100426
42812CB00005B/1300